MISERIA DEL DERECHO

Pensar de otro modo la liberación animal

Hilda Nely Lucano Ramírez

Prólogo de Jaime Torres Guillén

PLAZA Y VALDÉS

EDITORES

La presente obra ha sido dictaminada y aprobada para su publicación, de acuerdo con el sistema de revisión por pares doble ciego.

*Independientemente de mi propia experiencia,
no me cabe duda de que el renunciar a comer animales
forma parte del destino del género humano.*

Henry David Thoreau (2005: 208)

Índice

Prólogo

El segundo capítulo de *Miseria de la filosofía,* Karl Marx lo tituló «La metafísica de la economía política». En este critica el método que Pierre-Joseph Proudhon expone en *Sistema de las contradicciones económicas,* mejor conocido como *Filosofía de la miseria.* Marx lo considera una metafísica que busca las sustancias de todas las cosas en categorías lógicas. En sus palabras es una metafísica aplicada: como lo hiciera Hegel para la religión, el derecho o la política, Proudhon lo hace para la economía política.

Sin pretender menospreciar la obra, por cierto, poco leída, de Proudhon en la que cuestiona la miseria de la clase trabajadora del siglo XIX en Europa y promueve el debate entre los socialistas de su época, no podemos negar que se equivoca al suponer que en su método «los hechos no prueban sino según la medida de la idea que representan», que la realidad no es sino «la encarnación de las ideas humanas» (Proudhon, 1870: 178-179) y por tanto las leyes de la economía social se establecen según su teoría de las leyes de la razón, a saber, la filosofía.

Con razón, es el método de Proudhon el que se convierte en blanco de Marx. Mientras que el primero ve la sociedad como encarnaciones de categorías lógicas, para el segundo las categorías, en este caso, económicas, «no son más que expresiones teóricas, las abstracciones de las relaciones sociales de producción» (Marx, 1979: 90). Es decir, para Marx son las relaciones sociales dentro de un determinado desarrollo de producción material las que crean las categorías e ideas conforme a dichas relaciones. Por tanto, las ideas y categorías no son eternas, *son productos históricos y transitorios.*

Por lo anterior, no pudo ser más acertado el título del presente libro: *Miseria del derecho.* En efecto, en él se cuestiona cómo el derecho es una metafísica que impone categorías jurídicas a los animales no humanos (AnH) para normalizar el uso, abuso y apropiación de estos e impide pensar de otra manera la relación moral y jurídica de los humanos con aquellos. Como la filosofía de Proudhon, el derecho occidental confunde las ideas con la realidad. Para demostrar lo anterior, la autora despliega una investigación histórica en el mundo occidental sobre la metafísica del derecho y su influencia determinante en los sistemas legales modernos. Lo más relevante de esta indagación es que la autora demuestra que las categorías y conceptos del derecho son productos históricos al contrastar el derecho natural humanocéntrico con el *Corpus iuris civilis* de Cneo Domicio Annio Ulpiano y las versiones modernas del iusnaturalismo con la *Teoría pura del derecho* de Hans Kelsen.

La obra no solo hace uso del análisis histórico y la historia de las ideas, también ejercita un tanto la exposición sociológica del sufrimiento de los animales en las sociedades contemporáneas. En concreto expone cómo, en el capitalismo, esto es, en unas determinadas relaciones sociales basadas en el valor de cambio, se crean las categorías jurídicas para los AnH conforme a estas relaciones. Por tanto, quienes a través del derecho vigente promueven un cambio en la mísera vida que llevan los AnH, sobre todo, los confinados en los grandes corporativos ganaderos, se equivocan como Proudhon al suponer que son las categorías las que se aplicarían a la realidad de los animales. Esta es la base del argumento de la autora en torno a que, en los actuales sistemas jurídicos, es imposible un derecho de los animales. Esto es, aunque existen suficientes evidencias sobre la sintiencia, afectividad, emotividad y conciencia animal, el derecho actual no categorizará a estos como seres capaces de sentir dolor y placer sino como cosas o mercancías. La conclusión está a la vista: el derecho no aborda realidades sino categorías o ideas, como la filosofía de Proudhon, he ahí su miseria.

Me llama la atención que, en el campo del derecho en México, no exista un libro como este. La claridad de la información, los datos y la argumentación contundente de la autora se torna su principal ventaja frente a las versiones acartonadas del actual pensamiento jurídico. Estancadas en lo que la autora llama humanocentrismo y en la actual industria de los derechos humanos, las versiones iusnaturalistas son incapaces de responder, de manera seria y rigurosa la cuestión de los animales en nuestras sociedades. En esto reside la importancia de leer un libro como este. Necesitamos abrir horizontes de justicia y no establecer frontera a esta. Considero que ninguna persona interesada en la filosofía y la práctica del derecho podría dejar pasar la oportunidad de aprender más allá de las doctrinas jurídicas impuestas en las universidades y los tribunales. Esta obra es una oportunidad para ello.

El libro no solo es un recurso de aprendizaje para quien conoce de derecho, lo es también para quienes forman parte de los diversos movimientos animalistas. Va una palabra al respecto. De la crítica al derecho puede inferirse el subtítulo del libro: *Pensar de otro modo la liberación animal*. La autora al tratar el derecho como el resultado de un proceso histórico, llama la atención a los movimientos animalistas y a los estudios críticos del derecho a reflexionar sobre la posibilidad de construir nuevas figuras jurídicas para desobjetivar a los animales, como fue el caso de los esclavos humanos en el mundo antiguo occidental. Pero no solo es el ejercicio intelectual el que importa, para llegar al tema del subtítulo del libro, quien desee seguir la lucha teórica de la autora no solo debe comprender la miseria en que se encuentra el derecho, con respecto al problema del actual sufrimiento de los AnH en las sociedades capitalistas, también debe hacerse responsable de la práctica política, de una cuestión aún no atendida a cabalidad por el pensamiento crítico y los movimientos libertarios del mundo: la liberación animal.

Este doble mensaje lo celebro con reservas. Sobre todo, porque es el primer libro que, dentro de la literatura animalista, busca ampliar la mirada y la acción para hacer converger la lucha materialista contra la explotación de los animales no humanos y las luchas libertarias de los humanos. Esto es motivo de celebración intelectual, aunque como digo, con reservas, porque quienes lucran con el sufrimiento de los animales, no han dejado de triunfar.

Jaime Torres Guillén
Guadalajara, México
Otoño de 2023

Introducción

El presente libro analiza algunos problemas sobre las decisiones institucionales para otorgar o negar reconocimiento jurídico a los animales no humanos (AnH).[1] Examina de qué manera el derecho como disciplina humanística y como sistema normativo, ha desarrollado sus conceptos y juicios a partir de su vínculo con otros saberes (morales, metafísicos, éticos, políticos, económicos) y cosmovisiones como el cristianismo o ideologías como el liberalismo, para imponer categorías jurídicas a los AnH. Derivado de este estudio sostengo que, por lo menos en Occidente,[2] el derecho ha conservado a lo

---

[1]   El concepto «animal no humano» en este trabajo supone una igualdad en el género y una diferencia en la especie, pues, siguiendo la distinción aristotélica, diremos que el género es lo que constituye la unidad y la identidad de varios seres, salvo las diferencias esenciales (Aristóteles, 1995: 224). Esta distinción no tiene una connotación moral, es decir de jerarquía valorativa, sino más bien una distinción epistémica donde los animales humanos somos los que teorizamos, pero a la vez, somos conscientes de que nuestras teorizaciones pueden impactar de manera decisiva a otras especies.

[2]   La investigación debe entenderse enmarcada en el pensamiento, tradiciones jurídicas y principios únicamente de Occidente. Existen otras visiones, ordenamientos, sistemas normativos, pueblos y culturas que se rigen de manera distinta en su relación con los AnH. Esta será una ruta de estudio para posteriores trabajos que inciten a replantear y superar las disyuntivas y obstáculos teóricos e ideológicos que se encontraron en esta tesis, referente al tema de los derechos de los animales y/o su liberación.

largo de su historia una perspectiva humanocéntrica[3] que posibilita y normaliza la objetivación (uso, abuso y apropiación) de los AnH e impide pensar de otra manera la relación moral y jurídica de los humanos con estos. Recientemente el derecho ha reforzado esta objetivación a través de una nueva disciplina llamada ciencia del bienestar animal, la cual no solo reitera la perspectiva humanocéntrica del derecho, sino que, justifica en todos los ámbitos, el exterminio de millones de animales a través de la producción y distribución a nivel mundial para el «consumo humano».

A lo largo de estas páginas sostengo que el derecho y la ciencia del bienestar animal sirven a la lógica capitalista presente en el actual modo de producción que impera en las sociedades modernas. En el sistema de producción capitalista, los AnH se presentan socialmente como valores de cambio y en el proceso cosificante de su comercialización, el derecho cumple un papel normativo con el que hace cotidiana y legaliza dicha cosificación a través del fenómeno jurídico de la objetivación materializado en el uso, abuso y apropiación de los AnH.

---

[3] Comúnmente se habla de antropocentrismo, entendido como un concepto filosófico o idea que considera a los humanos como centro y medida de todas las cosas. Sin embargo, este concepto se edificó bajo el supuesto de que en el hombre (varón) se encontraban las características de la excelencia humana, el *areté*. La participación en la esfera pública fue una característica relevante para excluir de la misma protección moral o jurídica a otros humanos que no eran varones, libres y/o pertenecientes a una etnia. El desprecio se ejercía bajo este supuesto del *ánthropos* virtuoso. Después de 1948 con la Declaración Universal de los Derechos Humanos es que estas características dejaron de tener relevancia para reconocer moral o jurídicamente a alguien, siendo ahora la pertenencia a una especie. Además, como bien lo define la primatología, la familia antro-poide (del griego *ánthropos*, «hombre»; e *idés*, «similar a») está conformada por gorilas, chimpancés, bonobos y humanos. De aquí se deduce que no hay nada que justifique la formación de un grupo para los grandes simios y otro para los humanos. Por lo tanto, el término antropocentrismo es inadecuado porque los otros antropoides no se han considerado como centro y medida de todas las cosas, y porque las «virtudes» emanadas del ánthropos (varón) dejaron de ser referentes para incluir a alguien en el círculo moral y/o jurídico. Dicho esto, utilizaré a lo largo de este trabajo el término humanocentrismo por considerarlo más adecuado (Lucano, 2017: 15). La postura humanocéntrica es una cuestión política, no es neutral a la hora de emitir juicios, expresa su desprecio —teórica y prácticamente— hacia lo animal a través de aceptar el innecesario uso, abuso o destrucción de los AnH.

El argumento que defiendo plantea que en el derecho, al mantener fuertes vínculos con sus fuentes —a saber, cosmovisiones e ideologías enmarcadas en el humanocentrismo, así como con la ciencia del bienestar y el capitalismo—, sus instrumentos analíticos, conceptuales y normativos, se tornan inviables para la creación de los llamados derechos de los animales. Esta es la razón por la que, pese a que hoy existen suficientes evidencias sobre la sintiencia, afectividad, emotividad y conciencia animal, los sistemas jurídicos son incapaces de declarar, a partir de argumentos morales o normativos, la existencia de un derecho animal.

Por tal razón, los problemas que discute esta obra versan sobre los límites y posibilidades que ofrece el derecho para reconocer derechos a los animales, y con ello abolir la objetivación y cosificación animal. Un ejemplo es el problema que se desencadena al confundir deberes con derechos. En los actuales sistemas jurídicos se edifican normas a partir de la creación de ciertos deberes hacia los animales. No pocas veces se afirma que tales normas son derechos. Esto es falso. Como argumentaré a lo largo del libro, los derechos suponen la necesidad de desobjetivar a los AnH y reconocer su capacidad de goce. Las normas vigentes para los AnH se crean para regular su uso, producción y matanza, no para reconocerlos como personas jurídicas o sujetos de derecho.

Desarrollo lo anterior en siete capítulos. En los dos primeros indago sobre las fuentes de la moral y del derecho occidental con el fin de probar los límites que tienen los sistemas jurídicos para generar los derechos de los AnH. En el primer capítulo presento algunas de las fuentes de la moral, expresadas en ideas, conceptos, teorías filosóficas, metafísicas o teológicas, todas enmarcadas en la perspectiva humanocéntrica de la excepción humana. También muestro algunas de las fuentes del derecho de tradición romano-germánica, bases que son ampliamente reconocidas por nuestro actual derecho, que, sin duda, aún se manifiestan en el actual Código Civil mexicano en el que se continúa categorizando y conceptualizando a los AnH como *res* (cosas), bienes o propiedades. Aquí enfatizo la relevancia que tiene sobre el derecho, la idea de la existencia de un derecho natural exclusivo a los humanos. Preguntar por la base moral y jurídica de la responsabilidad que tendrían los animales humanos hacia los AnH es una tarea filosófica, de ahí este desarrollo teórico.

Pero para esgrimir las razones que subyacen en la lucha por la emancipación[4] de los AnH, necesitamos otra herramienta: la política. Aunque ambas tareas se complementan, es común que estén separadas. Para el segundo caso podemos encontrar excelentes trabajos filosóficos sobre las fuentes o fundamentos de la moral y el derecho occidental, que nos permiten obtener una comprensión más clara sobre la construcción de nuestros principios y valores, así como las bases que subyacen en los conceptos y teorías que son utilizados por las actuales instituciones jurídicas que niegan derechos a los AnH. Sin embargo, pocos de estos trabajos se conocen en los movimientos animalistas que se pronuncian por tales derechos. Con el objeto de zanjar esta frontera, este capítulo indaga sobre las fuentes de la moral y del derecho en Occidente, con la finalidad de ofrecer elementos que permita a los diferentes movimientos proanimales, calibrar los alcances y límites que tienen los sistemas jurídicos vigentes para generar derechos a los AnH.

En el capítulo segundo trabajo un breve análisis de diversas concepciones sobre el *ius naturale* o derecho natural y su relación con los conceptos de persona y propiedad, con el objetivo de argumentar que estos conceptos están forjados, en buena medida, bajo la influencia iusnaturalista, otorgándoles una valoración moral. A estos conceptos se les otorgó una forma específica de disposición, tendencia y aspiración centradas en el humanocetrismo. La persona se concibe como excelencia y se contrapone a la *res,* mientras que la propiedad sobre la *res,* se establece como un derecho natural. Sostengo que am-

---

[4] Tomo el concepto antiguo de emancipación cuya raíz latina es *emancipatio* que significa traspaso de una propiedad (Pimentel, 2009: 254); según la Real Academia Española: «Libertad de patria potestad, de la tutela o la servidumbre», en otras palabras, salir de la sujeción en que se estaba. Deshacer o separar algo o alguien de un poder que lo sujeta o lo posee.

bos conceptos afectan de manera negativa a los animales categorizados como *res*.

El tercer capítulo indaga sobre otras fuentes filosóficas más allá de la postura humanocéntrica, con el fin de demostrar que el derecho se inclinó a una tradición jurídica, moral, filosófica y política que privilegió a los humanos y omitió los argumentos elaborados por otros pensadores negando con ello el reconocimiento de los derechos de los animales. Aquí defiendo la idea de que la lucha a favor de los animales[5] es también un asunto filosófico que ha estado presente en la historia a través de las ideas, argumentos, ensayos y debates filosóficos.[6] Si las fuentes del derecho no son ajenas a la moral, y el iusnaturalismo se nutrió de diversas ideas filosóficas, entonces es posible discutir si las tesis de los otros filósofos ofrecen buenas razones para que con ello a los animales se les otorguen derechos.

En el capítulo cuarto presento información y evidencias sobre la sintiencia, afectividad y conciencia de otros animales, con el fin de fortalecer la crítica hacia la objetivación jurídica, la postura bienestarista y la cosificación animal capitalista. Reflexiono sobre los fenómenos del dolor y el sufrimiento que los humanos compartimos con otras especies, y cómo estos fenómenos subjetivos no tienen la misma relevancia moral y jurídica más que cuando son atribuidos a los humanos. Aunque los datos sobre el dolor y el sufrimiento que padecen los animales son evidentes, «la ciencia del bienestar animal» enmarcada en el bienestarismo y por tanto en el humanocentrismo, mantiene compromisos con la ideología capitalista y minimiza, justifica o acepta, el uso, abuso y apropiación de otras especies. Es por esto que en este capítu-

---

[5] La lucha a favor de los animales se expresa a través de todas aquellas teorías, ideas, argumentos o prácticas que cuestionan el humanocentrismo en diversos grados y formas. La creación de los derechos de los animales es una expresión de esta lucha.

[6] Actualmente existe una amplia literatura al respecto. Solo por mencionar alguna se puede consultar: Cavalieri y Singer (1988), Damasio (2006), Feinberg (1974), Francione (2004), Goodall y Bekoff (2003), De Lora (2010), Herrera (1993, 1997), Mosterín (1995, 2007, 2010, 2014), Platts (1997), Riechmann (2017), Riechmann y Mosterín (1995), Singer (1999), Tafalla (2004).

lo postulo otras formas de hacer ciencia y, por tanto, se llega a otras conclusiones en materia del dolor y sufrimiento animal, más allá de las humanocéntricas-capitalistas. Aquí me detengo en la etología, o ciencia del comportamiento, que ha criticado a la postura humanocéntrica a través de investigaciones y hechos observables sobre el comportamiento de otras especies.

En el quinto capítulo reviso la propuesta iuspositivista de Hans Kelsen sobre la obligación que tenemos hacia los AnH con el objetivo de demostrar que, en el mismo campo del derecho, se han desarrollado otras formas de teorizar, describir y definir más allá de la postura humanocéntrica el tema de los animales. Kelsen llegó a señalar que era posible establecer obligaciones con los animales no humanos. Esta afirmación sobre la obligatoriedad no es una tesis aislada o imprecisa, sino resultado de analizar la totalidad del derecho en su validez objetiva, y de concebir cada fenómeno particular solo en su relación sistemática con los demás, viendo en cada parte del derecho la función del todo jurídico (Kelsen, 2007: 200).

También en este capítulo muestro que la perspectiva de Kelsen se adhiere a la crítica iusteórica humanocéntrica, porque muestra que el derecho puede ser injusto, válido y eficaz al mismo tiempo. Además, Kelsen nos advierte sobre la importancia de desmitificar el derecho y evidenciar las ideologías reinantes en un sistema jurídico que se arroga científico y causa específicos efectos: en este caso, efectos negativos sobre la vida de millones de animales. Si bien la exposición de Kelsen sobre la obligatoriedad ante los animales es clara, sin duda, este análisis se enfrenta a una serie de ideologías políticas, económicas, sociales o religiosas que se encuentran en el campo jurídico e imposibilitan que esta propuesta teórica se traduzca inmediatamente en una positivación.

En el sexto capítulo enfatizo la relevancia que ha tenido la idea de la existencia del derecho natural en materia de positivar los derechos humanos, con el fin de argumentar que se puede otorgar la misma relevancia —y justificar la vigencia a pesar de los siglos de distancia— a una de las definiciones que se encuentra en el *Corpus iuris civilis*.

Me refiero en concreto a la de Cneo Domicio Annio Ulpiano sobre el derecho natural para incluir a los AnH como seres con derechos y, quizás también, como punto de partida para la liberación animal. Ulpiano, en su definición, no menciona que el derecho natural de los animales sea estar al servicio de los humanos, es decir, ser domesticados, sino más bien supone que el derecho natural animal se observa y lleva a cabo cuando estos están en libertad y efectúan sus intereses.

Es por lo anterior que en este capítulo reflexiono la posibilidad de buscar nuevas formas y figuras jurídicas para desobjetivar a los animales como sucedió en el caso de los esclavos humanos en el mundo antiguo occidental. No se me acuse inmediatamente de postular un anacronismo, lo que argumento es que, de las figuras de esclavo, liberto e ingenuo se resaltan las características enmarcadas en la función y descripción y no en su acostumbrada metáfora antropomórfica. La relevancia de analizar estas figuras jurídicas antiguas, inexistentes actualmente, radica en incitar a la reflexión y a la posible creación de similares formas de manumisión que se justifiquen en similares procedimientos por los que se crearon ciertas normas para desobjetivar a los esclavos en la Antigüedad occidental y que ahora podrían diseñarse algunas para el caso de los AnH.

En el séptimo y último capítulo me centro en la crítica a la cosificación animal legalizada por el derecho, con el fin de demostrar que los obstáculos para juridificar a los animales como personas o sujetos de derecho no solo radican en que estos conceptos se enmarcan en la metáfora antropomórfica, y en que las fuentes del derecho son humanocéntricas, sino que las categorías jurídicas que objetivan a los AnH son acordes a las relaciones socio-históricas actuales. Me explico: el capitalismo, al cosificar a los AnH, se vale de la objetivación ya dada en el ámbito jurídico para normalizar el uso, abuso y apropiación a gran escala de diversas especies. Así, la crítica se centra en la miseria del derecho, miseria que radica principalmente en considerar sus categorías y fundamentos humanocéntricos bajo una existencia dada, «como categorías fijas, inmutables y eternas» (Marx, 1979: 85), consideración que acarrea efectos negativos para los AnH. A su vez, mi crítica se apoya en aplicar la dialéctica-negativa de Theodor Adorno al concepto de «animal no humano». La negatividad de «lo no humano» ante la concepción animal, así como la afirmación de la animalidad humana expresada mediante el concepto de «animal no humano», son una crítica a la contradicción histórico-jurídica que los ha concebido como cosas a pesar de ser seres sintientes. Lo que argumento es que «lo animal» no es un reflejo del arquetipo humano (antropomorfización); que «lo no humano» niega que sus experiencias de vida puedan ser reducidas a nuestras percepciones y ajustarse a nuestras instituciones (legales, económicas, religiosas). Es, ante todo, una crítica a la aceptación de objetivar o cosificar a los animales no humanos. Con esto sostengo que, bajo la objetivación jurídica y la cosificación capitalista, a los animales se les mantiene atados al Estado y al mercado, por lo que habrá que pensar en otras formas y procedimientos de prácticas políticas —como la llamada liberación animal— que dé accesos a la justicia a favor de los animales.

Al final del libro cierro con una muestra suficiente de todo el pensamiento filosófico y político que en Occidente se ha desplegado a favor de los animales. Con esto llamo la atención al pensamiento crítico actual que ha mantenido en el olvido esta riqueza intelectual y su praxis. En esas líneas abro el horizonte de lo posible para pensar la liberación animal en convergencia con las teorías críticas que han dilucidado la liberación humana. Apelo a que, en un futuro no lejano, la lucha por la liberación de los animales comparta las barricadas de las próximas insurrecciones.

Primera parte
Las fuentes humanocéntricas de la moral y el derecho occidental

Capítulo 1
Excepción humana y derecho natural

1.1. Principales fuentes de la moral occidental

D urante siglos, la filosofía occidental ha problematizado la función y fuentes de la moral. Se ha preguntado cuestiones como ¿De qué manera podría el humano ser virtuoso? ¿La virtud se aprende o es innata? ¿La moral es convencional de cada pueblo, o, es natural y universal? ¿Qué se debe considerar correcto o incorrecto; qué es bueno o malo? ¿A quién corresponde la creación de normas? ¿Cuáles son los fundamentos y bases de la normatividad? No pocas de estas respuestas sirvieron para reconocer o negar obligaciones morales y/o derechos jurídicos, tanto a animales humanos como a no humanos.

Las primeras reflexiones filosóficas y morales en Occidente, en torno a cómo debería comportarse el hombre, el *ánthropos*,[1] se basaron

---

[1] Utilizo el término genérico de hombre que en épocas clásicas y medievales se usaba como *ánthropos*. Este concepto refería la búsqueda del conocimiento de la esencia humana, de la idea del hombre (varón) como *areté* o virtud que debía reflejar lo mejor de la humanidad, en este momento no se utiliza como «el sentimental amor humano hacia los otros miembros de la sociedad» (Jaeger, 1998: 258). Para otros casos usaré el término humano o

en las ideas del orden y perfección del cosmos. Fueron los filósofos de la *physis* (Tales de Mileto, Anaximandro, Anaxímenes, Pitágoras, Anaxágoras) quienes construyeron la idea de un orden y un fin preestablecidos. La *physis*[2] era una forma de expresión del derecho natural cuyas reglas eran cognoscibles como justas y obligatorias (Brentano, 2002). Al observar su entorno, estos filósofos, se dieron cuenta de que existían regularidades, organización y unidad de composición al concebir el mundo como un cosmos «[...] o, dicho en castellano, como una comunidad de las cosas, sujetas a orden y a justicia *(diké)*» (Jaeger, 1998: 159), que afirmaban el sentido de la existencia.

El orden que daba sentido a acontecimientos incomprensibles para el común de los hombres como las situaciones que se podían enmarcar dentro de las tragedias griegas,[3] propiciaba acuerdos entre estos y las instituciones morales o jurídicas del momento. Para elaborar preceptos a seguir *(nomos)*, debían observarse las leyes de la naturaleza que podían descubrirse mediante una facultad interior. Esta experiencia ordinaria de comprender la naturaleza dio lugar a la creencia de que el *ánthropos* ocupaba un lugar especial en el cosmos y el resto solo existía en función a este.

A la facultad interior los filósofos la llamaron alma *(psyché)*. Gracias a que el hombre contaba con alma *(psyché, pneuma)*, razón

---

humanidad, para referirme a cualquier integrante de la especie biológica humana. A diferencia del concepto de *ánthropos,* el primero pretende alejarse de la idea de que en el *ánthropos* (varón) se encuentra lo virtuoso de la humanidad, porque considera que todos los humanos interesan, sin importar su sexo, etnia, edad o inteligencia, la expresión más clara de humanidad es la Declaración Universal de Derechos Humanos de 1948.

[2]   Con todos los defectos semánticos que conlleva, para facilitar la lectura entenderemos *physis* como sinónimo de naturaleza. El concepto *physis* es una creación jonia, su significado era el de constitución, carácter o modo en que actúan las cosas. También era el proceso y constitución en cuanto forma desarrollada, parte constitutiva material, sustancia permanente (Guthrie, 2003: 89).

[3]   En buena medida la educación moral se transmitía a través de diversos relatos como la tragedia, recordemos como en la literatura griega ya se reflexionaba sobre los conflictos que podían surgir entre las leyes humanas y divinas. La fundamentación moral se centraba principalmente en las leyes divinas, de aquí que Sófocles escriba su *Antígona* y Hesíodo trate el tema en su obra *Los trabajos y los días.*

(noús) o entendimiento *(logos)*, es que se pudo descubrir la eterna *diké*.[4] La justicia es orden y, la naturaleza, emana de ella. Así la concibió Anaximandro. Para este filósofo, el mundo es un cosmos dominado por una norma jurídica absoluta e inquebrantable: la armonía. Como bien lo notó W. Jaeger, «es incalculable la influencia de la idea de armonía en todos los aspectos de la vida griega de los tiempos posteriores. Abraza la arquitectura, la poesía y la retórica, la religión y la ética» (Jaeger, 1998: 163). En el mundo griego el orden o la armonía del cosmos, tiene como fin su propia conservación y existe tanto en la naturaleza como en las acciones morales humanas. Así, la naturaleza y la moral son justas, ordenadas y armoniosas. Desde esta visión, el hombre podía aspirar a alcanzar dicha armonía, orden o justicia.

Ante este descubrimiento filosófico, nos acercamos al comienzo de uno de los principales fundamentos de la moral occidental y a su creador: Heráclito. En el pensamiento de Heráclito se observa una preocupación por el escrutinio interior. El hombre es un ser capaz de saberse a sí mismo, dice Heráclito,[5] y revela el descubrimiento de la autoconciencia a través de un enunciado: «Yo me busqué a mí mismo» (Heráclito, 1985: 55). La reflexión sobre la propia conciencia exige en todo hombre responsabilidad de los actos

---

[4] El concepto de *diké* no es etimológicamente claro. Procede del lenguaje procesal, significaba al mismo tiempo el proceso, el juicio y la pena. Por su parte, *themis* se refería a la autoridad del derecho, a su legalidad y validez, mientras que *diké* significaba el cumplimiento de la justicia (Jaeger, 1998: 106-107). Hans Kelsen señala que *Diké* es la diosa del derecho, de la verdad, pues en ese momento histórico la verdad es idéntica a la justicia (Kelsen, 2010: 53-57). Tamayo y Salmorán dicen al respecto: «Durante largo tiempo las teogonías constituyeron la única respuesta al problema del comportamiento jurídico y moral. Son los dioses los que han fijado las normas de la vida social, y los poetas, de todos los géneros, han alabado siempre su magnificencia. Entre los griegos, por ejemplo, *Diké* era la diosa poderosa, y ninguno podía contrariar impunemente las bases sagradas de su autoridad» (Tamayo y Salmorán, 1976: 15).

[5] Werner Jaeger (1998: 177-180) reconoce en Heráclito el nacimiento de la ética y revisa algunos fragmentos filosóficos expuestos por el filósofo de Éfeso para mostrar características de la eticidad en el pensamiento humano.

morales. La autoconciencia, que vuelve la reflexión hacia uno mismo es común a todos los hombres, pues, según Heráclito: «Hay posibilidad para todo hombre de conocerse a sí mismo y ser sabio» (Heráclito, 1985: 58). La conciencia de sí no era ajena al pensamiento griego (Mondolfo, 1986: 219). La sabiduría era considerada *areté,* excelencia que se adquiere cuando se conoce «la inteligencia que gobierna todas las cosas por medio de todas las cosas» (Heráclito, 1985: 42).

En la interpretación de Heráclito, el hombre no solo forma parte del cosmos y debe guiarse por las normas de la *diké* eterna. Además, su alma, por su parentesco con el fuego eterno del cosmos le permitirá obtener un conocimiento de la sabiduría divina. De esta manera, los hombres podían perfeccionar sus actos morales al conocer la *diké* eterna emanada del ser.

La oposición entre el pensamiento cosmológico de los filósofos naturalistas y el pensamiento religioso de matiz órfico que había prevalecido en tiempos anteriores, se sintetizan en el pensamiento de Heráclito. Sobre todo, en su concepto de *nomos divino,* fundado en la norma del mundo y la norma de la vida del filósofo (Jaeger, 1998: 180). Heráclito se pregunta por la moral como práctica de vivir, cuyas fuentes emanan del orden, la naturaleza y la conciencia de sí. Esta reflexión interior es teleológica, es decir, nos habla del fin que debería alcanzar el comportamiento del hombre: la excelencia. Este escrutinio reflexivo se vuelve a expresar siglos después en el pensamiento de Sócrates (469-399 a. C.).

Conviene precisar que la conciencia interior del actuar moral del hombre no significa autonomía. En el pensamiento griego, el ser o Dios son pieza clave para la orientación de la conducta moral. Las normas, leyes o principios morales no las genera el hombre, estas preexisten. De esta manera, la fuente de la normatividad se origina en la *physis,* en el ser, aunque solo puede conocerse a través del alma, inmortal y divina. La prueba de la existencia del alma se hace evidente para los filósofos, a través del fenómeno psíquico del escrutinio reflexivo.

Ahora bien, para Sócrates este escrutinio reflexivo (*mayéutica*) era un examen necesario,[6] que permitía evaluar, seleccionar y dirigir sus actos. Sócrates no duda que la virtud es influencia divina y no un aprendizaje (Platón, 1996: 227). Esto es relevante porque para la mayoría de los filósofos clásicos el fundamento de la moral no es convencional,[7] sino preexiste a cualquier acción normativa. Como se puede observar, el supuesto gnoseológico de que el hombre virtuoso debe descubrir las mejores normas a través del alma está vinculado al supuesto ontológico de la preexistencia de un orden cósmico. La perfección moral solo puede alcanzarse a través de este vínculo.

Este tratamiento filosófico de la moral fue recibido en el mundo cristiano, pero tuvo una rehabilitación teológica. Las valoraciones cristianas que se relacionan con las fuentes de la moralidad tienen en su concepción más antigua la inquebrantable obediencia que le debemos a Dios. El hombre es imagen divina y en él se cumplen las virtudes morales. Por ello para Tomás de Aquino «la virtud es un hábito que se refiere siempre al bien» (Aquino, 1994: 111) porque se deriva de la causa eficiente que es Dios. Toda la comunidad del universo es gobernada por la razón divina, por tal motivo la criatura racional está sometida a la «providencia» de un modo más excelente, en cuanto participa de esta.

El hombre, a través de un proceso de purificación eleva su alma, que culmina en la contemplación y gozo en el todo divino, sede de la sabiduría y la felicidad (Álvarez, 2006). La fuente de la moral se gesta

---

[6] La necesidad de fundamentar la moral está presente en los *Diálogos* de Platón, principalmente en *Menón o de la Virtud*, pero también se encuentra en otros diálogos. Ejemplo de esto son: en *Protágoras o de los sofistas* se toca el tema de la virtud política; en *Gorgias o de la retórica* están cuestiones de la justicia, del autodominio, de las pasiones; en *Fedón o del alma* asuntos sobre el alma, la inmortalidad, el bien, la belleza, etcétera.

[7] Para el sofista Protágoras *el hombre es la medida de todas las cosas,* era mediante su valoración y opinión que el hombre les daba significado, de aquí que existían diversos pueblos con diferentes costumbres. Los sofistas pensaban que la moral era una convención de cada pueblo, aunque también existía una naturaleza humana y ambos elementos, *physis* y *nomos,* formaban la cultura humana, es decir, para ellos existía un orden natural y un orden determinado que se expresaba en las leyes humanas (García, 2006).

en Dios y en su ley eterna, esta ley reúne a la diversidad de seres que expresan la infinita perfección divina en la unidad de orden de una comunidad universal (Simón, 1987). Desde esta teología moral, la ley que permite al hombre estar dentro del orden es la *ley natural* la cual participa de la *ley eterna* que tiene como origen a Dios. Cuando el hombre cumple las virtudes morales, manifiesta la exigencia de la racionalidad, facultad que le es exclusiva por su cercanía a la divinidad. Así, la fuente de normatividad son los preceptos divinos descubiertos por la razón más apta y virtuosa. Para quien tenga dificultad de descubrirlos y practicarlos existirá la autoridad, poder legítimo del orden moral (Schneewind, 2009: 24).

De las anteriores referencias al mundo clásico, se puede decir que los dos supuestos (gnoseológico y ontológico) descubiertos por los filósofos de la *physis,* prevalecerán *mutatis mutandis* en la teología moral cristiana, pero también en la filosofía moral de la Ilustración y la Modernidad (García, 2006: 73). En efecto, después del fin de la Edad Media, un nuevo ingrediente para la filosofía moral apareció en Europa durante los siglos XVII y XVIII, a saber, la idea de autogobierno. Esta perspectiva en la historia de la filosofía se denominó voluntarismo, el cual:

[…] se centraba en la creencia de que todos los individuos normales son igualmente capaces de vivir juntos en una moralidad de autogobierno. Según esta opinión, todos tenemos igual capacidad para percibir por nosotros mismos los mandatos de la moral y somos capaces por igual de actuar de acuerdo con ellos, sin importar amenazas o recompensas de otros (Schneewind, 2009: 24).

Si la fuente de las normas deviene de una autoridad legítima, su obediencia no se deduce del temor a la autoridad. Es fruto del autogobierno o de la razón que considera legítimo el mandato de la autoridad. De esta manera, los dictados de la razón son conclusiones relativas a la conservación y defensa de los hombres, mientras que la ley es la palabra de quien por derecho tenía mandato sobre los demás. Una persona hace lo correcto porque la razón le indica que lo es.

Para comprender mejor esta idea, Thomas Hobbes hace una distinción entre *ius* y *lex,* el derecho y la ley. El derecho, dice Hobbes, «consiste en la libertad de hacer y omitir, mientras que la ley determina y obliga a una de esas dos cosas» (Hobbes, 2017: 113). Desde los supuestos del voluntarismo el contenido de la moralidad se gesta en la razón natural, pero su fuente radica en Dios. Por eso el legislador resulta necesario para la realización de la obligación, es decir para hacer normativa la moralidad. Con el paso del tiempo, fueron estas ideas sobre la fuente de la moral y la existencia de una supuesta naturaleza humana, por lo que se concluyó que solo los humanos[8] son sujetos morales.[9]

Posteriormente, el supuesto de poseer una facultad para razonar se articuló con la idea de autonomía moral. Fue Immanuel Kant quien resaltó la facultad de la autonomía en el hombre como elemento necesario y suficiente para formar parte de la comunidad moral. Kant tenía el interés de establecer los principios metafísicos de la moral, siendo

---

[8]   A partir de aquí uso la nominación humana para referirme a esta especie. Decir ser humano es suponer que las demás especies no participan de una ontología y eso es tener un pensamiento humanocéntrico.

[9]   Durante y después de la «Declaración de los Derechos del Hombre y del Ciudadano» (1789) se comienza a poner más atención a los deberes que tienen los sujetos con capacidad racional, esto es, capaces de discernir entre lo correcto e incorrecto. Mujeres como Mary Wollstonecraft (1759-1797) comienzan a reclamar el reconocimiento de esta capacidad. A su vez, en 1924 con la aprobación de la «Declaración de Ginebra sobre los Derechos del Niño» y en 1971 de la «Declaración de los Derechos del Retrasado Mental», se resalta la necesidad de incluir en la protección jurídica a estos sectores que habían quedado excluidos por la ausencia de la capacidad de hecho. De esta forma a partir de la «Declaración Universal de los Derechos Humanos» (1948) podríamos hablar de que todos los humanos importan y no solo aquellos que cuentan con capacidad de obligación moral y jurídica. Pero esto no es un asunto solo de humanos. El primatólogo holandés Frans de Waal (2007a, 2007b) nos ofrece buenas razones para sostener que otros primates son también seres morales, pero es importante señalar que la moralidad en estos seres se corresponde a la teoría del asentimiento reflexivo si se evalúa a través de la observación de las conductas de estos seres, no en relación a una igualdad del asentimiento reflexivo que se pueda comunicar o teorizar. Ante distintas especies, distintos intereses, de manera análoga, ante distintas especies distintas moralidades. El tema sobre algunos elementos para considerar a los AnH en el marco jurídico se atenderá en el cuarto capítulo.

la razón el tribunal de la conciencia, porque «sólo el uso de la razón pura [...] es trascendente y se manifiesta en exigencias y mandatos» (Kant, 1975: 101). Es en la experiencia unísona del deber moral, afirmó Kant, que nos es «"dado" un hecho "de razón" que nos muestra incuestionablemente que poseemos libertad y autonomía, por ser miembros del reino de lo noumental»[10] (Schneewind, 2009: 23).

Sobre el punto, conviene subrayar que Kant elabora una ética deontológica, fundada en principios y deberes y no en fines como lo postularon las éticas teleológicas griegas. Así, la fuente de la moral moderna se gesta en la razón pura, que actúa conforme al deber, esto es, en función de principios formales a los que Kant denomina «Imperativos». Por ejemplo, el Imperativo Categórico (IC) debe ser necesario, universal y válido.[11] En el IC las obligaciones morales no son deseos, sino deberes categóricos aceptados por cualquier sujeto racional. Los deseos caben en los imperativos hipotéticos, que son contingentes, particulares y susceptibles de validez.

Para establecer un deber con los demás seres humanos Kant postula un Imperativo Práctico (IP) cuyo principio dicta: «obra de tal modo que uses la humanidad, tanto en tu persona como en la persona de cualquier otro, siempre como un fin al mismo tiempo y nunca solamente como un medio» (Kant, 1975: 44-45). Estos deberes y principios suponen la existencia de una naturaleza humana, de aquello que se halla «por encima de todo precio» o que posee un «valor interno»: la dignidad (Kant, 1975: 48).

De esta manera, diría Kant, la autonomía moral es el fundamento de la dignidad, base de la naturaleza humana (Kant, 1975). Según esta filosofía, los hombres, por ser los únicos portadores de razón y capaces de discernir y cumplir con obligaciones, tienen dignidad y no pueden ser reducidos a meros instrumentos (Lucano, 2017). La

---

[10] Con este término Kant denomina aquello que nos es dado como un hecho de razón.

[11] El IC se enuncia de la siguiente manera: «Obra sólo según una máxima tal que puedas querer al mismo tiempo que se torne ley universal» (Kant, 1975: 39).

dignidad como fuente de la moral, resulta en la actualidad un elemento importante para reconocer a todos los humanos, sin excepción, como poseedores de derechos morales. Es importante resaltar que el concepto de dignidad que posibilita este reconocimiento no está enmarcado totalmente en el kantiano, sino más bien se ajusta «secularmente» a la perspectiva cristiana que supone que la dignidad se obtiene por la creencia de que fuimos creados a imagen y semejanza de Dios.

Ahora bien, cuando preguntamos ¿Por qué debo hacer esto?, ¿de verdad debo hacer esto? Planteamos cuestiones normativas (Korsgaard, 2000: 29). A través de estas y otras interrogantes normativas se genera una justificación en torno a la exigencia de la moralidad, y se motiva estudiar las teorías morales. Esto a su vez permite comprender y valorar nuestras acciones morales.

Las preguntas normativas resultan relevantes en la actualidad porque tanto la metafísica teológica de la Antigüedad griega, como los sistemas religiosos medievales conservaban una teleología en sus normas éticas. Ello legitimaba sus exigencias morales. En otras palabras, su teleología era suficiente para demostrar que la moral era normativa o estaba justificada. «En cambio, la Concepción Moderna Científica del Mundo, al privarnos de la idea de que el mundo tiene un propósito, nos ha quitado esta justificación» (Korsgaard, 2000: 32). Lo que sucedió en términos morales una vez que el mundo medieval se derrumbó, fue que ya no se construyeron sistemas morales para el progreso de las virtudes humanas.

La consecuencia del desencantamiento del mundo no solo tuvo como efecto el fin de la justificación moral, sino que, al carecer de instituciones para la acción moral, la sociedad moderna conservó retazos de filosofías y teologías morales, en especial, aquellas que se detenían en la idea de la naturaleza humana. Las que extendían su consideración moral hacia los AnH como la filosofía de Plutarco cayeron en el olvido. De esta manera filósofos, teólogos y reformadores de la sociedad moderna afirmaron la moral como dominio exclusivo de los humanos y persistieron en buscar las características de su naturaleza.

Así nació lo que Jean-Marie Schaeffer (2009) denomina la tesis de excepción humana o lo que nombro como humanocentrismo.[12]

Esta tesis resulta de la conjunción de cuatro afirmaciones. La primera de ellas es la ruptura óntica y se expresa así: «[...] el mundo de los seres vivientes está constituido por dos clases radicalmente disyuntas, las formas animales de la vida de un lado, el hombre del otro» (Schaeffer, 2009: 23). Cuando los filósofos de la naturaleza descubrieron que el humano era capaz de la autoconciencia, comunicaron un enunciado de hecho[13] que a lo largo de la tradición filosófica humanocéntrica se trasformó en un enunciado de valoración moral. Ahí el humano se colocó en el centro. La segunda afirmación dice: «existen dos modalidades de ser, la realidad material, por un lado, y la realidad espiritual por el otro» (Schaeffer, 2009: 26). Una de las fuentes de la moral derivada del cristianismo, fortaleció el supuesto de la excepción humana bajo la tesis de la «dualidad ontológica» o la creencia de la existencia de dos entidades que componían al humano: cuerpo y alma. Esta representación posicionó a la especie humana dentro de los seres singulares en quienes habitaba un alma eterna por ser la especie privilegiada creada a imagen y semejanza de Dios.

La tercera afirmación sobre la excepción humana se sustenta sobre una concepción gnoseocéntrica: «lo que hay [en el humano] de propiamente —y exclusivamente— humano en él es el conocimiento» (Schaeffer, 2009: 25). Esta idea se puede localizar en dos versiones del conocimiento occidental: la teología y la filosofía. Creerse imagen y semejanza de su creador, o poseer facultades de entendimiento excepcionales, supuso que estas versiones divulgaran semejante tesis.

---

[12] Véase nota 3 de la «Introducción».

[13] No se niega que existan propiedades específicas en la especie humana que la hacen diferente de otras formas de vida, estos son hechos reales, lo que se pone en tela de juicio es que esas desigualdades sirvan para justificar el dominio, uso y abuso de otras especies. Resulta evidente que la valoración de una característica humana comúnmente ha servido para justificar la idea de que es mejor que las características propias que poseen otros animales, sin embargo, es más factible pensar que cada especie por ser diferente requiere estar equipada con ciertas características que para otra especie no son necesarias.

Por último, la cuarta afirmación propone la tesis de que el conocimiento humano exige una vía de acceso que se distingue radicalmente de los medios cognitivos que nos facultan para conocer nuestro entorno,[14] esta tesis «desemboca en un ideal cognitivo antinaturalista» (Schaeffer, 2009: 25). Es decir, no es posible aplicar los mismos métodos de investigación válidos que utiliza el humano para conocer la realidad, la naturaleza y a los demás animales, que cuando pretende conocer lo humano, pues supone que la esencia humana tiene un carácter excepcional y no puede conocerse. Bajo esta idea de la excepción surgió en la cultura occidental, el supuesto que afirma que la naturaleza y los animales no humanos pueden ser objetivados y cosificados porque se supone que podemos conocerlos en su totalidad; mientras que a los humanos, por ser sujetos de excepción, se les privilegió en todas las dimensiones que esa cultura desarrolló.

Las cuatro afirmaciones sobre la tesis de la excepción humana no tienen en consideración que nuestra identidad se genera en la interacción con otras especies, y que estamos emparentados genealógicamente con otros AnH. Es verdad que la concepción que tenemos sobre nosotros, sobre nuestra naturaleza humana, surge de un humanocentrismo epistémico,[15] sin embargo, no se sigue de aquí un necesario humanocentrismo moral que exalta y excluye a los demás animales de la protección moral y/o jurídica. El humanocentrismo se encuentra comúnmente en estas cuatro afirmaciones frecuentemente usadas en la supuesta existencia de una naturaleza humana. Al fundar estas fuen-

---

[14]   Según Schaeffer, Husserl es el mejor ejemplo de esta tesis (Shaeffer, 2009).

[15]   El humanocentrismo epistémico hace referencia al concepto de antropocentrismo epistémico de Jorge Riechmann (2005) que es la forma humana de conocer, percibir y concebir el mundo, diferente a otros animales, porque estamos dotados biológicamente de ciertos mecanismos sensoriales o estructura neuronal. De igual forma podría decirse de los demás animales, por ejemplo, la cigüeña es cigüeñocéntrica o el perro perrocéntrico, porque todos los animales perciben un mundo a partir de sus mecanismos y estructuras biológicas.

tes de la moral occidental, el tema de los derechos para los animales queda comprometido.

La conclusión a la que llegamos hasta aquí es la siguiente: el mundo occidental ha generado un escrutinio filosófico sobre la moral, pero eso no justifica una consideración moral exclusiva para la especie humana en detrimento de otras especies. Es necesario extender dicha consideración a partir no solo de sacar a la luz las distintas filosofías que sí lo hicieron y fueron olvidadas, sino también, desde lo que ahora ya sabemos sobre la conciencia y afectividad de los AnH, sobre su capacidad de sentir dolor y experimentar subjetivamente el sufrimiento. Incluso sobre los distintos grados y modos de conciencia de algunos de estos. Todo esto podría ser suficiente para poner en cuestión nuestras fuentes tradicionales egocéntricas de la moral en virtud del interés, deseo y voluntad de vivir de los AnH.

Si esto sucedió en el ámbito de la moral, en el campo del derecho las cosas no son tan distintas. En este los AnH son catalogados comúnmente como propiedad, *res* (cosas), recursos o bienes, para los humanos. Para comprender esta situación es necesario también rastrear las fuentes de esta disciplina, principalmente el derecho civil, y reflexionar sobre los alcances y límites de otorgar derechos a los animales bajo los supuestos y fundamentos jurídicos tradicionales.

1.2. LAS BASES DEL DERECHO DE TRADICIÓN ROMANO-GERMÁNICA

Sin pretender abarcar todas las fuentes del derecho occidental, me ceñiré a buena parte del derecho de tradición romano-germánica. Sobre este elaboro un breve panorama sobre algunas de sus bases que son ampliamente reconocidas y que se enmarcan en la perspectiva humanocéntrica antes mencionada. La idea occidental sobre que el derecho es universal, válido y necesario, sin duda tiene sus raíces en la concepción del derecho romano. Argumento que habría que reconocer que, a lo largo de la historia, algunas de estas bases han influido de manera decisiva, consciente o inconscientemente, para negar el estatus de persona o sujeto de derecho a los AnH.

El derecho romano como fuente de normatividad genealógica y valorativa de nuestros sistemas jurídicos vigentes, permite conocer la trayectoria y transformación de algunas de sus instituciones, nociones o conceptos, que resultan relevantes a la hora de atender algún problema que atañe a la regulación del comportamiento humano por vía de la coerción jurídica. Atender parte de la historia de ese derecho, permite comprender, en buena medida, la situación actual de los AnH categorizados y conceptualizados en los diferentes códigos civiles. Pero también, y esto es decisivo, nos posibilita tener mayor claridad sobre los alcances y obstáculos para crear los denominados derechos para los animales.

La principal fuente del derecho romano se originó a través de las creencias religiosas institucionalizadas y reconocidas, así como de algunas teorías filosóficas de la moral y las costumbres. La influencia filosófica de Marco Tulio Cicerón, quien difundió la filosofía estoica griega entre los romanos a través de su doctrina jurídica, destaca la formulación del derecho natural. Esta ha sido, sin duda, una de las bases fundamentales para justificar el derecho occidental.

La llamada ciencia del derecho no se formuló «del mero conocimiento de los edictos de los pretores o de la ley de las Doce Tablas, sino del seno de la filosofía, *ex intima philosophia.* Esta nos enseña que hay en todos los hombres una razón común que proviene de Dios, y es la ley misma» (Truyol y Serra, 1976: 206). Bajo esta perspectiva filosófica estoica, se enaltece la idea del humano, mientras que todos los seres vivos tienden solo a conservarse a sí mismos. La tesis de esta doctrina natural afirma que los AnH se conservan por instinto o impulso primigenio, mientras que los humanos lo hacen a través de la razón, de aquí que la naturaleza humana se caracteriza por la racionalidad que está constituida como un elemento divino.

Para los estoicos, el humano debía vivir de acuerdo a la naturaleza y la razón. Cicerón retoma estas ideas estoicas sobre el derecho natural relacionándolas con el derecho positivo (Célorio, 2005), principalmente bajo la influencia de Panecio de Rodas[16] y su discípulo Posidonio de Apamea. Más que elaborar una teoría propia, fue un vehículo de trasmisión del derecho natural (Truyol y Serra, 1976: 210). El derecho romano obtiene de esta herencia estoica su efectiva característica de ser un sistema flexible, capaz de convertirse en un derecho común para otros pueblos[17] y de asumir una posición humanocéntrica.[18]

Este derecho natural suponía la existencia de un estado universal, del que, tanto humanos, como dioses, participan y son guiados por la recta razón, esto es: es la ley de la naturaleza de carácter inmutable y obligatoria para todos los humanos (Sabine, 2004). Así, el deber de obedecer se ciñe en la ley natural, «una ley que no ha sido dictada por una autoridad histórica, sino que ha sido revelada al hombre por medio de la razón» (Bobbio, 1992: 183). Entonces, el problema sobre la existencia de un ordenamiento justo se originó bajo la idea de la existencia de una ley natural pensada como un todo, una ley de las cosas y de las relaciones humanas.

Aunque el derecho natural romano tenía un ideal de universalidad, era necesario elaborar un derecho que reconociera los actos jurídicos de los extranjeros residentes en Roma. El *ius gentium* a diferencia del *ius naturale* era un concepto jurídico que permitía regular las prácticas jurídicas con aquellos que no eran ciudadanos. El derecho de gentes o *ius gentium* suponía una coincidencia normativa universal de todos los pueblos que permitía llegar a acuerdos (Brentano, 2002: 9), mientras que el derecho natural era aquel otorgado naturalmente a todos los humanos y por tanto tenía mayor relevancia que el derecho de gentes.

---

[16] La exposición de Panecio en el círculo de Escipión parecía ofrecer los medios de conservar lo mejor de los viejos ideales romanos, a través del cultivo del arte y las letras, armonizados por una buena voluntad, a esto los romanos denominaron *humanitas,* este ideal ejerció una gran influencia sobre el estudio del derecho romano (Sabine, 2004).

[17] Esta doctrina estoica también la desarrollaron otros pensadores romanos como Séneca, Epicteto —que aunque nació en Hierápolis pasó gran parte de su vida en Roma— y Marco Aurelio, que han sido reconocidos en la historia occidental por su aportación a esta cultura.

[18] Plutarco cuestionó los preceptos estoicos en su *Moralia,* principalmente interesa resaltar aquellos que excluían a los animales del círculo moral y jurídico. Los argumentos de este filósofo serán abordados en el tercer capítulo.

Por su parte el derecho civil o *ius civile* regulaba las conductas de los ciudadanos, y aunque era muy claro, el derecho natural mantenía una mayor validez universal. De tal manera que, si el *ius gentium* o el *ius civile* entraban en conflicto con el *ius naturale,* las normas de los primeros eran consideradas como mandatos arbitrarios (Célorio, 2005).

Esto se debió a que, en la Antigüedad grecorromana bajo la influencia del estoicismo, la idea sobre el derecho natural refería a lo que es «equitativo y bueno», por lo que se pensó que la jurisprudencia era la ciencia de lo justo y de lo injusto, y era el conocimiento de las cosas divinas y humanas (Petit, 2013: 19), pues existía una relación entre el derecho y las concepciones religiosas. Por tanto, lo que se estableciera a través del derecho natural debía ser lo mejor para todos.

Posteriormente, el derecho natural, al cuestionar algunas costumbres (como la esclavitud o la desigualdad), contribuyó a la creencia de que su fundamento ya no era de carácter religioso y ceremonial, sino racional y secular. Así, la idea del *ius naturale* que fomentaba la igualdad de la ley, ofreció a los juristas romanos el ideal de hacer de su profesión un *ars boni et aequi* (Sabine, 2004). De esta forma, el derecho establecía el reparo del daño infligido a una persona o familia determinada, a su vez, impedía la lucha privada y era quién restablecía la paz[19] (Sabine, 2004: 171). En otras palabras, el derecho tomaba matices de ser necesario para la convivencia humana. La jurisprudencia romana influyó en las siguientes generaciones para elaborar la normatividad jurídica, pues:

> Su sabiduría jurídica, acrisolada por el tiempo y enriquecida, a partir del siglo IV, por el cristianismo fue incorporada al *Corpus iuris civilis,* promulgado en 533-534 por el emperador Justiniano (527-565), nutriendo

---

[19] Siglos más tarde, Thomas Hobbes pensó que era mejor que los hombres renunciaran de manera voluntaria a su derecho en pro de la paz. Así, según esta filosofía, nació la sociedad civil *(societas civilis)* bajo un pacto o contrato social. Este contrato traería beneficios bajo la idea de la igualdad jurídica porque la ley mediaría con igualdad entre los hombres; se establecería un poder común en un hombre o una asamblea que reduciría todas las voluntades de los hombres en una sola voluntad (Lucano, 2018: 77-98).

los 50 libros del Digesto o Pandectas, [...] El derecho romano fue, así, con la filosofía griega y la religión cristiana, piedra angular en la construcción del mundo occidental (Truyol y Serra, 1976: 215).

Estas tres instituciones oficiales coincidieron en que el humano era un ser superior a los demás animales, ya sea por poseer razón, un alma o características de cierta divinidad. Desde esta postura humanocéntrica, se fomentaron ideas como la de la dignidad humana, para sentar las bases modernas del derecho. Pero no fue hasta la consolidación del cristianismo como fuente normativa para el derecho, que este obtuvo su poder y autoridad absoluta. El cristianismo es una religión que en sus orígenes pertenece a la Antigüedad, pero al ser su práctica abierta a lo nuevo, va perdurando por los siglos. Esta característica le permitió consolidarse como religión oficial del Imperio romano (Truyol y Serra, 1976: 243). El reconocimiento del Imperio romano fomentó nuevas relaciones entre la Iglesia y el Estado, así:

> Entre el siglo v y xi [...] Se consideraba que el emperador o el rey era el representante sagrado de la fe entre todos los pueblos de su imperio o reino. Se le llamaba vicario de Cristo (el Papa todavía no se arrogaba este título, sino que se llamaba vicario de San Pedro). La comunidad de fe y de lealtad no sólo fue requisito necesario para el ulterior surgimiento de la nueva identidad jurídica separada de la iglesia encabezada por el papado; también fue fundamento necesario para esa identidad legal (Berman, 1996: 61).

La importancia que tuvo el cristianismo para crear una fuente normativa, como es la idea de Dios, en cierta medida es por la novedad de la personalidad de este, Él es creador y de Él dependen todas las criaturas, Él obtiene un señorío en todo el mundo. La ley de este Dios es ley universal que coincide con los anhelos del derecho romano del ser global. De tal manera, el deber de obedecer al poder constituyente deriva del hecho de que ha sido autorizado por Dios para dictar normas jurídicas válidas (Bobbio, 1992: 183).

La influencia de la religión cristiana en el derecho no solo fue en el terreno de las ideas, también en la práctica misma. Los ministros de la Iglesia eran los que promulgaban leyes de tal manera que no existía una distinción clara en las sanciones que tenían un origen religioso y uno secular. Ejemplo de esto fueron los llamados penitenciales que eran prácticas de la Iglesia en los primeros siglos de la era cristiana, tanto en Oriente como en Occidente, que exigían la penitencia pública por pecados horribles. Los obispos eran los que sentenciaban a los culpables, imponiéndoles diversos periodos de ayuno y privación de los sacramentos.

> [...] la ley penitencia y el derecho consuetudinario pertenecían a la misma cultura. Todos los grandes delitos seculares —homicidio, robo, similares— también eran pecados que había que expiar por medio de la penitencia; y todos los principales delitos eclesiásticos —pecados sexuales y maritales, hechicería y magia, violación de votos monacales, etc.— también eran delitos prohibidos por el derecho consuetudinario, y sometidos a sanciones seculares. De hecho, las autoridades seculares que administraban el derecho penal eran, en gran parte el propio clero (Berman, 1996: 83).

Incluso, los delitos seculares eran considerados pecados; de hecho, la palabra delito y pecado eran intercambiables (Berman, 1996: 80). Los deberes que la doctrina cristiana había instaurado eran de carácter espiritual y secular, si bien comúnmente estos aparecen como opuestos, no se debía violar ninguno de los dos, pues de manera análoga implicaba a las dos instituciones imperantes —la Iglesia y el Estado— que necesitaban el apoyo y la ayuda mutua (Sabine, 2004: 161). De igual forma la personalidad humana, que se justificaba bajo los preceptos cristianos y que la postularon como la creación de Dios a su imagen y semejanza, adquiere un valor propio.

> Con la personalidad, el cristianismo revela al hombre su intimidad, trasladándose así decididamente el centro de gravedad de la vida moral a la interioridad del sujeto. Con ello superaba el cristianismo la antropología

griega clásica, que absorbiera integralmente al hombre en la naturaleza o en la sociedad, exteriorizando al máximo su existencia (Truyol y Serra, 1976: 249).

Con esta nueva personalidad del humano se pretende un universal: la humanidad. Esto es, tiene un destino que aspira a una historia universal distanciándose así de su precedente: el *Antiguo Testamento* judío. Así fue como el cristianismo aportó nuevos elementos a tres ideas fundamentales para la noción del derecho natural humanocéntrico, a saber: el concepto de persona; una noción más exacta de Dios, su relación con los hombres y el orden moral; y el sentido de la dignidad del hombre (Hervada, 1996). Además, la aspiración de universalidad del derecho al unir sus fuerzas con la religión se vio realizada. En efecto, estos pueblos encontraron en ella la comunión ya que aún no se gestaba el sentimiento de nacionalidad característico del pensamiento moderno (Sabine, 2004).

Otro hecho importante sobre la pretensión de universalidad del derecho romano fue la codificación de Justiniano. En este texto se mantiene la separación del *ius* y de las *leges* y comprende: El *Código,* el *Digesto,* las *Instituciones,* una *Nueva edición del Código* y las *Novelas.* «Los trabajos de Justiniano tienen un doble carácter: a) en primer lugar es una obra de codificación, obra completa, abrazando todas las partes del derecho, el *ius* y las *leges;* b) Es también una obra de legislación, Justiniano no se contenta solamente con codificar, da fuerza de ley a todas sus colecciones, a las *Instituciones,* al *Digesto* y al *Código*» (Petit, 2013: 63). La influencia cristiana en la obra de Justiniano, también se hizo presente. Se observa sobre todo en las *Novellae* o Novelas, que constituyen la legislación propia del emperador; pero es asimismo perceptible, a través de interpolaciones, en su obra compiladora y en las *Institutiones* (Hervada, 1996: 111). Entre los jurisconsultos más destacados que conforman la codificación de Justiniano encontramos a Gayo, quien proporcionó a la posteridad, una fuente valiosa para el conocimiento del derecho clásico. Por otra parte, la invasión que llevaron a cabo los pueblos germanos en el occidente del Imperio romano tuvo como consecuencia que, en la misma concepción del derecho romano, se comprendan las llamadas leyes romano-bárbaras que se sancionaron a instancia de los caudillos o reyes germanos (Argüello, 1998: 3). Posteriormente, este derecho romano sobrevivió a la conquista del Imperio de Occidente por los bárbaros, la legislación de Justiniano reemplazó al Edicto de Teodorico y se practicó en el periodo de la Edad Media.

> Los juristas del Medievo tardío estudiaban estos textos a partir de una serie de supuestos y técnicas comunes, y en consecuencia formaron una escuela común. El *Corpus iuris civilis* era una recopilación del Derecho romano antiguo, elaborada en el Imperio romano de Oriente, y rescatada en Occidente en los primeros siglos del segundo milenio después de Cristo. La otra colección de textos jurídicos autoritativos, el *Corpus iuris cannonici,* se conformaba una mezcla de textos sagrados y leyes antiguas de las iglesias cristianas y la nueva ley de la recién consolidada Iglesia católica romana (Madrazo, 2016: 43).

Más tarde en el siglo XI, el papa Gregorio VII estableció que a los siguientes papas se les reconociera el poder de excomulgar al emperador y a cualquier titular del poder temporal. Esta excomunión anulaba el deber de los súbditos hacia la autoridad sancionada. Así «[…] el Papa se adjudicó la facultad de crear leyes nuevas, llamadas *decretae* (que en conjunto se conocieron como el *ius novum,* o derecho nuevo, por oposición al *ius antiquum,* o derecho antiguo, de los cánones conciliares que se estaban recopilando alrededor de esa época» (Berman, 1996: 214).

Gregorio enfatizó el origen divino de la autoridad pontificia y su infalibilidad, de esta manera el poder divino se anteponía al poder temporal. También proclamó la supremacía legal del papa sobre todos los cristianos y la supremacía jurídica del clero a las órdenes del papa, sobre todas las autoridades seculares. Por tanto, «Para principios del siglo XII, la Iglesia había amasado un conjunto de leyes tan abundante que [Harold] Berman lo entiende como el prototipo de los sistemas jurídicos modernos» (Madrazo, 2016: 48).

Esta introducción del pensamiento religioso en el derecho, su poder de resolver conflictos sociales y de regular el comportamiento de los humanos, no solo por el hecho de ser castigados por las leyes humanas, sino por el temor de ser castigados por siempre, tuvo un legado en los posteriores siglos. Dejó un legado de tensiones entre el Estado y la Iglesia, pero «también dejó un legado de instituciones gubernamentales y jurídicas, tanto eclesiásticas como seculares, para resolver las tensiones y mantener un equilibrio en todo el sistema» (Berman, 1996: 126).

De esta manera la Iglesia conservaba las ideas y los instrumentos para la reflexión técnica sobre un sistema normativo que de manera relevante influyó en la escuela de Bolonia y las universidades francesas, tanto en el ámbito del derecho canónico como el civil (Augusto, 1996). Posteriormente en el siglo XII surgieron nuevas actitudes hacia el estudio del derecho materializados en los glosadores[20] quienes despertaron en Europa la afición por el estudio de esta área y en la universidad, «en específico con el estudio de la recopilación jurídica elaborada en el siglo VI bajo la tutela de Justiniano, el emperador romano de Oriente: el *Corpus iuris civilis*» (Madrazo, 2016: 49).

A su vez, algunas doctrinas filosóficas junto con sus metodologías se hicieron presentes en esta época. Platón y Aristóteles habían sido estudiados por los padres de la Iglesia, y si no existía una distinción clara entre la Iglesia y el derecho secular, no es difícil de comprender que el pensamiento de estos filósofos también fuera adoptado por los estudiosos del derecho. Al respecto Harold Berman sostiene que:

> El método de los juristas europeos del siglo XII fue una transformación de los métodos de razonamiento dialéctico característicos de la filosofía griega antigua y del derecho romano clásico y postclásico. [...] Aristóteles refinó mucho los conceptos platónicos del razonamiento dialéctico. Dis-

---

[20] Ejemplo de esto fueron: el glosador Vacario que llevó a Inglaterra manuscritos de las colecciones de Justiniano o Placentino que fundó en 1180 una escuela de derecho donde se adquiría el conocimiento sobre el derecho de Justiniano. Para una mayor información revisar Petit (2013).

tinguió en primer lugar, entre razonar a partir de premisas de las que se sabe que son necesariamente ciertas (como todos los hombres son mortales o el fuego quema), y razonar a partir de premisas generalmente aceptadas o propuestas por expertos pero que son discutibles (como el hombre es un animal político o la filosofía es deseable como rama de estudio). Sólo el segundo tipo de razonamiento es dialéctico, según Aristóteles y puesto que sus premisas son discutibles, no es capaz de llegar a la certidumbre, sino sólo a probabilidades. En cambio el primer tipo de razonamiento, llamado apodíctico, es el único capaz de demostrar verdades necesarias, ya que sólo de premisas indiscutibles pueden sacarse conclusiones indiscutibles (Berman, 1996: 143).

Sin embargo, a pesar de esta clara distinción entre el razonamiento apodíctico y el dialéctico realizada por Aristóteles, donde negaba el carácter apodíctico del razonamiento dialéctico, porque sus premisas eran inciertas:

[...] los juristas de la Europa occidental del siglo XII aplicaron la dialéctica aristotélica con el fin de demostrar lo que es verdadero y lo que es justo. Pusieron de cabeza a Aristóteles, combinando el razonamiento dialéctico y el apodíctico, y aplicando ambos al análisis y la síntesis de las normas jurídicas. En contraste con los juristas romanos y los filósofos griegos, supusieron que por medio de la razón podían probar la verdad y la justicia universales de los textos jurídicos que eran autoridad. Según ellos, los edictos y *responsa* del derecho romano, en particular y en conjunto, constituían lo que ciertamente no habían constituido en la mente de los propios juristas romanos: un derecho natural escrito, una *ratio scripta* que, junto con la Biblia, los escritos patrísticos y los cánones de la Iglesia, debía considerarse sagrado (Berman, 1996: 151).

El anhelo de alcanzar la verdad en el derecho fue sin duda una idea para desactivar las críticas que podían poner en entredicho su validez en otros lugares, tiempos o culturas. Por eso, al utilizar el método aristotélico se suponía la unión entre la razón y la sacralidad de las leyes. Además, es preciso destacar que en este mismo siglo XII, con el surgimiento de las universidades, se desarrolló una ciencia sistemática del derecho de manera paulatina. La escuela de los glosadores se dispersó por toda Europa desde Bolonia. El estudio del *Corpus iuris civilis* originó el surgimiento de juristas seculares, aunque «[...] los glosadores abordaban el *Corpus iuris civilis* prácticamente de la misma manera que un teólogo contemporáneo hubiera abordado la Biblia» (Madrazo, 2016: 52).

Por su parte, la compilación de Justiniano, que era una multiplicidad de textos con funciones, fuentes y autores diferentes, era tratada como un todo único y válido por lo que «Si los textos autoritativos parecían estar en conflicto, o incompletos, se asumía que se debía a nuestra deficiente comprensión, no a que los textos fuesen contradictorios o incompletos» (Madrazo, 2016: 58). Esta postura tiene como fuente la idea sobre la ley natural: una ley contenedora de verdad, que era revelada por la razón. De igual manera se asumían los ideales sobre el derecho de ser universal y válido como una representación de omnipotencia sin límites.

De esta manera la unión entre dos instituciones, una religiosa y otra seglar, propició una aceptación casi general e incuestionable sobre los deberes que tenían los humanos. En la doctrina jurídica de Tomás de Aquino existían cuatro tipos de leyes, a saber: la *ley eterna,* una divina sabiduría que rige todos los movimientos del universo; la *ley natural,* que permite al humano saber de las intenciones de Dios por medio del uso de la razón; la *ley divina,* que es la revelada por Dios a los humanos por medio de la Biblia; y la *ley humana,* promulgada por quien tiene a su cargo el cuidado de la comunidad (Célorio, 2005). Así, la ley humana derivaba de la ley natural y eterna, esta última representaba para Tomás de Aquino el principio ordenador de toda la creación:

El orden del universo lleva consigo estás dos cosas: la conservación de la diversidad de los seres creados por Dios y la moción de los mismos, porque bajo ambos aspectos se hallan ordenadas las cosas [...] conforme a un plan único de Dios, las cosas son gobernadas diversamente conforme a su naturaleza, obran por sí mismas, en cuanto que tienen dominio de sus actos; y estas tales son gobernadas por Dios no solamente en cuanto son movidas por Dios mismo, que obra en ellas interiormente, sino también en cuanto que por Él son inducidas al bien [...] Está claro que no pueden ser gobernadas por Dios de este modo las criaturas irracionales, que son sólo determinadas, sin determinarse a ellas mismas (Aquino, 1954: 737-740).

Según Tomás de Aquino, solo los humanos al saberse gobernados por Dios participaban de la razón y podían guiarse bajo los preceptos de la ley natural, que tiene como presupuestos una universalidad e inmutabilidad. Estas ideas al irse arraigando en las instituciones de Occidente posibilitaron que la ley natural fuera compatible con situaciones históricas variables, claro está, solo eran evidentes si la razón las aplicaba de manera adecuada a los preceptos cristianos. La influencia del pensamiento tomista en el derecho como fuente de normatividad es retomada de la siguiente manera:

En el siglo XVI, los teólogos católicos enfrentaban el reto de la Reforma protestante. En respuesta, revitalizaron sus doctrinas reformulando todas las principales ramas del conocimiento —entre ellas el derecho— en función de lo que se había convertido en ortodoxia católica: la teología tomista. Esta reformulación tuvo un impacto profundo en el derecho y las disciplinas jurídicas: el desplazamiento del modelo de la revelación por el modelo de la creación como fuente del conocimiento del derecho (Madrazo, 2016: 75).

La influencia de las tesis tomistas, en el campo del naciente derecho sistemático se evidencian principalmente en «las suposiciones metafísicas y metodológicas, que apuntalaban la obra doctrinal de los escolásticos salmantinos [...]» (Madrazo, 2016: 97), para estos Tomás de Aquino justificó la necesidad de esas doctrinas y subrayó su importancia en el cuerpo de estudios humanísticos. Uno de los conceptos clave para el derecho —que se atenderá con mayor detalle en el siguiente capítulo— es el de persona que Tomás de Aquino retoma de Boecio. Para este último, la persona es sustancia individual de naturaleza racional *(rationalis naturae individua substantia)*. Esta característica racional se enaltece en el pensamiento aristotélico-tomista para el cual, el mundo es cognoscible únicamente para la razón humana; esta razón fue implantada en el *ánthropos* por Dios para compartir su razón divina. El humano comparte con Dios la personalidad, y a la personalidad del hombre se le atribuye dignidad que significa excelencia o jerarquía. Es decir, su dignidad radica en la naturaleza racional.

La ley que rige la naturaleza humana es la ley natural, ella orienta el comportamiento de la persona en aras de su perfección. La ley eterna tiene un significado analógico, pues no es un mandato, sino un fin que persigue toda la creación, y el humano lo hace a través de la ley natural que la razón cumple gracias a la deliberación, es decir, el humano «obedece libremente». En suma: la ley natural existe independientemente y solo por medio de la razón es posible descubrirla.

Durante toda la Edad Media se aceptó la existencia y validez de un derecho superior como lo era la concepción sobre el derecho natural. Pero lo interesante de todo esto es que, en las sociedades modernas, los sistemas jurídicos abrevan de dicho derecho (Sabine, 2004). Es verdad que en el siglo XVII John Locke retoma el tema sobre el derecho natural desde un enfoque racionalista, pero la ley natural y humana continúan siendo sustancialmente las mismas que habían sido para Tomás de Aquino (Sabine, 2004). Locke presupone una norma superior y preexistente a toda Constitución que pondría límites al poder del Estado. Para Locke «la libertad natural del hombre consiste en ser libre de cualquier poder superior sobre la tierra y en no estar sometido a la voluntad o a la autoridad legislativa de hombre alguno, sino en tener sólo la ley de naturaleza como norma» (Locke, 2003: 20). Así, el derecho que se adquiere por medio del contrato social es solo el resultado de la libertad y la razón basada en la naturaleza. Tanto Tomás de Aquino como Locke creían que el gobernante estaba obligado por la razón y la justicia, cuyo poder se lograba debido a que las leyes positivas se mantenían de acuerdo con la ley natural (Sabine, 2004).

En la Modernidad este eje metodológico para la búsqueda de los principios del derecho natural racional no tuvo cambios significativos. Por decir algo, en 1789 se proclama la Declaración de los Derechos del Hombre y del Ciudadano. El derecho natural es base de esta Declaración al sostener que «Los representantes del pueblo francés, constituidos en Asamblea Nacional, considerando que la ignorancia, el olvido o el desprecio de los derechos del hombre son las únicas causas de los males públicos y de la corrupción de los gobiernos, han decidido exponer, en una declaración solemne, los derechos naturales, inalienables y sagrados del hombre […]» (Asamblea Nacional Constituyente, 1789). Sobre la fuente que se circunscribe en la idea de que el deber se origina de una «convención originaria», el fundamento se encuentra frecuentemente en el denominado contrato social (Bobbio, 1992). Este contrato traería beneficios bajo la idea de la igualdad jurídica porque la ley mediaría con igualdad entre los hombres; se establecería un poder común entre ellos o una asamblea que reduciría todas las voluntades humanas en una sola voluntad. De esta forma, Hobbes «[…] pretende proporcionar una justificación racional y por lo tanto universal de la existencia del Estado y de señalar los motivos por los cuales sus órdenes deben ser obedecidas» (Bobbio, 2002: 71). El poder se legitima no porque derive de Dios o de la naturaleza, sino de un acuerdo de voluntades, pues según Hobbes, la voluntad de cada hombre es algún bien para sí mismo (Hobbes, 2017: 212). Esta forma de comprender el derecho natural que se deriva en buena medida de la idea metafísica de naturaleza o esencia del ser humano, de su razón, se aproxima ya mucho a la idea de lo que es el derecho positivo (Kelsen, 2010). No fueron pocos los filósofos que se adentraron en esta doctrina: Huigh de van Groot llamado Hugo Grocio, Pufendorf, Leibniz o Wolff, continuaron trabajando sobre la doctrina del derecho natural racional.

Es importante señalar que si bien, uno de los rasgos del iusnaturalismo moderno es recurrir a los argumentos, a la razón y a la *naturalis ratio,* porque «cuando trataron el derecho natural su punto de referencia fue el derecho romano y no la doctrina teológica de la ley natural

[...] (sin embargo) los juristas defendieron la autonomía científica de la ciencia jurídica, pero no negaron la explicación última de la teología» (Hervada, 1996: 252). Este dato es de suma relevancia porque evidencia el residuo teológico que conservan los sistemas jurídicos modernos cuando deliberan si existen deberes y derechos para los AnH.

Una de las bases que sustenta la Declaración Universal de los Derechos Humanos es la idea de que todos los humanos somos poseedores de dignidad, pero ¿qué nos hace dignos?, ¿cuáles son las bases de la idea de dignidad?, ¿por qué solo los humanos poseemos dignidad? La respuesta puede venir desde un ámbito religioso, metafísico o secular, pero es claro que esta Declaración tan importante para reconocer a todos los humanos como poseedores de derechos tiene vestigios de las tres fuentes históricas (Dios, Ley Natural y Convención originaria) abordadas en este apartado. A pesar de tener tanta influencia, dichas fuentes contienen por lo menos un problema: la evidencia de su existencia. Volveré más tarde sobre esto.

En síntesis, Dios, Ley Natural y Convención originaria, han formado parte importante de las teorías jurídicas que justifican la perspectiva humanocéntrica del derecho. Esto no quiere decir que solo los humanos tienen derechos, sino más bien que los derechos giran en torno y en beneficio de ellos. Hoy se sabe que el derecho moderno otorga cierta personalidad a entes no humanos como construcciones, empresas o geografías específicas. Aun con esto, los AnH han sido excluidos de estas consideraciones. Además de lo antes expuesto, otra justificación para excluirlos radica en que el derecho occidental hasta nuestros días tiene una base iusnaturalista prohumana. Esta base sustenta dos categorías que han jugado un papel relevante en este humanocentrismo del derecho, a saber: persona jurídica y propiedad. Desarrollo esta trama en el siguiente capítulo.

CAPÍTULO 2

El espíritu de las teorías del derecho natural humanocéntrico reflejado en las categorías de persona jurídica y propiedad

2.1. LA CONSTRUCCIÓN DE LAS TEORÍAS IUSNATURALISTAS EN EL HUMANOCENTRISMO

El derecho natural o iusnaturalismo no solo es una teoría jurídica, también es un acontecimiento histórico occidental que influyó sobremanera en el desarrollo de los ordenamientos normativos humanocéntricos desde los que se justifica la metafísica de la excepción humana. En lo que sigue revisaré algunas versiones de esta teoría filosófico-jurídica. Me limitaré a aquellas que enfatizan que el derecho natural es exclusivo de la especie humana.

Lo primero que habría que decir es que esta doctrina ha estado ligada al concepto de persona y de propiedad. La noción de persona es amplia en su contenido. Hay diferencias de significado según el campo disciplinar desde donde se aborde. Las versiones jurídicas del derecho natural no pocas veces usan este término para referirse a quienes pertenecen a la especie humana. Es verdad que también se utiliza el concepto para atribuir aspectos jurídicos a entes no humanos, pero, aunque exista este uso, en el derecho natural la base de esa figura abstracta está conformada por humanos, en otras palabras se rige por el principio propersona.[1] Por su parte, el concepto de propiedad tiene su referente en el derecho natural a partir de que la perspectiva humanocéntrica impuso como una verdad revelada, la superioridad ontológica y moral de los humanos frente los AnH. En no pocas teologías, filosofías y perspectivas jurídicas se invisibilizó la animalidad humana en aras de esencializar[2] su existencia y con ello situar a los AnH en la esfera de la *res* (de las cosas) o las propiedades. Fue así como se concibieron estos solo medios y nunca fines.[3]

La existencia *en sí* del derecho natural se ha considerado por siglos una verdad objetiva e incuestionable. Hans Kelsen aclara con profundidad el funcionamiento de todo derecho natural:

> [...] cuando se dice: una ordenación natural, se piensa en una ordenación no basada en la voluntad humana, insuficiente por serlo; no creada «arbitrariamente», sino dada por «sí misma», y en algún modo objetiva, es decir, existente con independencia del querer humano subjetivo, pero no obstante accesible al hombre como hecho fundamental, susceptible de ser conocida por el hombre; de un principio fundamental no producido originariamente por el entendimiento humano o la voluntad humana pero susceptible de ser reproducido por ellos (Kelsen, 2010: 13).

---

[1] Este principio supone que se deberá favorecer y proteger de manera amplia en los derechos y en todo tiempo a las personas humanas (Nava, 2018: 115). Nuestra Constitución es claro ejemplo de esto, bajo los enunciados «Toda persona tiene derecho a [...]» emitidos continuamente en ella.

[2] La esencia en términos aristotélicos es aquello que determina y limita a los seres, es inmutable y es lo que los define (Aristóteles, 1995: 111). La creencia de que los seres humanos poseemos una esencia que nos distingue totalmente de los demás animales tuvo su base en diferentes lecturas de la metafísica de Aristóteles. Charles Darwin (Darwin, 2003) en el siglo XIX rebatió esta perspectiva y mostró que no somos diferentes en esencia o cualidad a otros animales, sino que somos diferentes de manera cuantitativa, por lo tanto, similares en algunos aspectos. Aun con este saber a cuestas, la versión esencialista de los humanos persiste.

[3] Siguiendo la definición de Kant, el reino de los fines es solo para los seres humanos racionales, para este filósofo, los animales no son seres racionales por lo que no son fines sino únicamente medios (Lucano, 2017: 24-26).

Las todavía influyentes Declaración de los Derechos del Ciudadano de 1789[4] y la Declaración Universal de los Derechos Humanos de 1948[5] son clara muestra de esto. Las distintas teorías sobre el derecho natural han ofrecido materia de trabajo a legisladores, jueces y abogados, para crear modelos interpretativos jurídicos, que se enmarcaron en la perspectiva humanocéntrica.

Siguiendo a Isabel Trujillo (2015), el iusnaturalismo, desde un punto de vista histórico, se pude dividir en tradicional y contemporáneo. El iusnaturalismo tradicional tiene tres etapas, a saber, la clásica, medieval y la moderna o ilustrada. La primera se desarrolla en Grecia y Roma, pero continúa hasta la Edad Media dominada por la cultura cristiana. El iusnaturalismo ilustrado se despliega en la Modernidad, época de la ciencia, la Reforma protestante y la conquista de América (Trujillo, 2015: 4). Estas tres formas de iusnaturalismo tradicional son, en sus fundamentos generales, humanocéntricas. A continuación, hago un breve repaso de estas.

2.1.1. Iusnaturalismo clásico

Para los pensadores clásicos del derecho natural, la justicia y la naturaleza eran la cara de una misma moneda: lo justo es natural y lo natural justo. Este derecho que comenzó a concebirse como exterior y superior al humano tendrá algunas modificaciones a lo largo de la historia occidental, pero sin duda, será una de las bases fundamentales para suponer que solo aquellos que participan de este derecho, son merecedores de consideración moral o jurídica.

---

[4] En la introducción de esta declaración se puede leer que «los gobiernos, han resuelto exponer, en una Declaración solemne, los derechos naturales, inalienables y sagrados del hombre».

[5] En su preámbulo esta declaración señala: «Considerando que la libertad, la justicia y la paz en el mundo tienen por base el reconocimiento de la dignidad intrínseca y de los derechos iguales e inalienables de todos los miembros de la familia humana […] Proclama la presente declaración».

Fue a través de la idea del cosmos que los antiguos griegos concibieron el orden, la *diké,* vinculado a las cuestiones normativas humanas. La idea de justicia se genera a través de las relaciones cósmicas universales, siendo las leyes naturales las que regulan dicho orden. El conocimiento filosófico de la naturaleza comenzaba por estudiar ambas sustancias (orden y justicia) para luego establecerlas al interior de las relaciones humanas. La justicia es perceptible en el mundo de los humanos, cuando se restablece el equilibro ante una injusticia, ante el rompimiento de la justicia o del orden preestablecido.

Al rastrear los antecedentes de la idea o noción del derecho, Werner Jaeger encontró en los poemas de Hesíodo, que esta idea se introduce por primera vez, cuando el poeta se enfrenta a su hermano Perses para que se reconozca la esencia del derecho (Jaeger, 1998: 71). Hesíodo, en los *Trabajos y días,* sentencia que son las leyes divinas las que deben regular el actuar de los hombres, pues estas son las más excelsas. Para justificar su reclamo por el derecho a la justicia, clama a Zeus: «Préstame oídos tú que todo lo ves y escuchas; restablece las leyes divinas mediante tu justicia, que yo trataré de poner a Perses en aviso de tu verdad» (Hesíodo, 2014: 122). Se podría decir que en la Grecia antigua existía una idea generalizada de que Zeus establecía la ley del respeto a la justicia y esta podría ser acorde a la naturaleza humana. Hesíodo propone que se realice la justicia en la tierra al decir a su hermano:

> [...] resolvamos nuestra querella de acuerdo a sentencias justas, que por venir de Zeus son las mejores. Pues ya repartimos nuestra herencia y tú te llevaste robado mucho más de la cuenta, lisonjeando descaradamente a los reyes devoradores de regalos que se las componen a su gusto para administrar este tipo de (in)justicia (Hesíodo, 2014: 123-124).

En sus inicios, la noción de derecho natural contiene elementos divinos, metafísicos o místicos. Fueron los pensadores clásicos quienes hicieron una distinción entre un derecho divino o natural —*physis*— que podría ser descubierto por filósofos, y otro artificial —*nomos*— que era creado por los humanos. Sófocles también afirmó esta dualidad del derecho en su *Antígona*. Planteó que el conflicto generado entre el derecho natural o divino y el derecho positivo o de los hombres, aparece cuando este último resulta injusto, o no es acorde a los «preceptos eternos». Antígona está dispuesta a enfrentar y padecer la injusticia de las leyes humanas antes que desobedecer o desatender los preceptos estatuidos por los dioses: leyes perennes e inmutables, naturales a los hombres. El derecho más excelente, entonces era una ley no escrita, que regula la conducta de los hombres. De esta forma, la infracción de la ley natural suponía la destrucción de los vínculos más elementales con el orden natural o con la justicia.

Por su parte, los llamados filósofos de la *physis* aportaron una idea esencial en la construcción de la noción del derecho natural humanocéntrico. Ofrecieron explicaciones más racionales sobre el principio *(arkhé),* el orden y lo justo *(diké)* y realizaron una conexión entre derecho natural y humanos, al ser estos portadores de la facultad para comprender la existencia de dicho orden. Así se postuló, en buena medida, la implicación entre la posesión de la razón[6] y la participación en una comunidad moral o jurídica. Pasados los siglos, en la Grecia antigua, la creencia sobre la existencia de leyes divinas que se anteponían a las formuladas por los hombres no se abandonó. En la figura de Sócrates esta creencia tomó su máximo esplendor. Este filósofo prefirió tomar la cicuta antes de trasgredir las leyes del cosmos, señalándose a sí mismo que «si mueres [Sócrates], morirás víctima de la injusticia, no de las leyes, sino de los hombres» (Platón, 1996: 29). En el pensamiento socrático, las polis y sus leyes formaban parte de una realidad ética, fundadas en el orden divino de las cosas.

La novedad elaborada por los griegos en torno a las leyes generales y la existencia de un orden moral absoluto que determinaban la esencia humana, fueron soportes para crear un prototipo antropológico-ético y jurídico en la cultura occidental. Se conectó el supuesto de que

---

[6] En este momento aún no se habla de una razón subjetiva, sino una razón metafísica que ordena el cosmos.

el orden sería conocido solo por seres racionales, que a su vez serían conscientes de sus actos morales, por lo que la conclusión fue que la justicia les pertenecía. Este supuesto, a saber, que solo la especie humana es capaz de poseer la facultad de conciencia y autoconciencia, ha jugado un importante papel en el ámbito jurídico. A pesar de que este supuesto hoy es obsoleto,[7] el derecho en general tiene una impronta humanocéntrica en buena medida fortalecida por la filosofía occidental.[8] Son pocas las filosofías que apuntan a algo obvio: la concepción de estas facultades se crearon y enmarcaron a partir de un humanomorfismo basado en la categoría de raza, etnia, sexo o especie. Cualquier historia básica del mundo antiguo occidental nos enseña que atenienses y romanos, establecieron distinciones jurídicas basadas en su autorrepresentación.[9]

El ateniense infería que otros poseían conciencia a partir de su experiencia central basada en un antropomorfismo étnico y sexual, de tal manera que la conciencia solo existía en sus iguales, atenienses-varones-libres, y no en los bárbaros, las mujeres, los niños o los esclavos. Así, quienes eran titulares de dichas facultades eran susceptibles de consideración moral y jurídica. De esta forma, la igualdad «significaba vivir y tratar sólo entre pares, lo que presuponía la existencia de desiguales que, naturalmente, siempre constituían la mayoría de la

---

[7] En el año 2012 un grupo de neurocientíficos, neurofarmacólogos, neurofisiólogos y neuroanatomistas proclamaron la *Declaración de Cambridge sobre la Conciencia*. Ellos realizaron una serie de estudios que posibilitaron una reevaluación de las antiguas concepciones sobre el tema de la conciencia animal, para ello aplicaron excitación artificial en las mismas regiones cerebrales entre animales humanos y AnH generando conductas y estados emocionales similares. Estas evidencias indican que «los seres humanos no son los únicos que poseen los sustratos neurológicos necesarios para generar conciencia». Para más información revisar *The Cambridge Declaration on Consciousness* en: Low *et al.* (2012).

[8] El tema de la conciencia desde el ámbito filosófico comenzó a gestarse en distintos autores como Heráclito (1985), Sócrates (Platón, 1996), Descartes (1979), Locke (2005), entre otros. Así como en la actualidad fue retomado por los llamados filósofos de la mente como Daniel Dennett (1995, 2000) o Donald Davidson (1995).

[9] Lo mismo pasó con los europeos que conquistaron América, los reformadores que jerarquizaron a los varones por encima de las mujeres o de los humanistas quienes asignan una ontología superior a los seres humanos por arriba de los animales.

población de una ciudad-estado» (Arendt, 2002: 45). Además, este antropomorfismo étnico y sexual sobre la conciencia, posibilitó la exclusión de «los diferentes» —como las mujeres— de las actividades públicas. De tal forma que todo aquel que solo viviera su vida privada, a quien, al igual que el esclavo, no se le permitiera entrar en la esfera pública, no era considerado plenamente humano (Arendt, 2002: 49).

En el mundo clásico, otra doctrina que contribuyó a la constitución de la existencia de un derecho natural humanocéntrico fue la escuela estoica. Los estoicos tenían dos máximas: vivir de acuerdo consigo mismo y vivir de acuerdo con la naturaleza. Diógenes Laercio escribió como biógrafo que «Zenón fue el primero que en el libro *De la naturaleza del hombre,* dice que el fin es vivir conforme a la naturaleza, que quiere decir, vivir según la virtud, puesto que la naturaleza nos conduce a ella» (Diógenes Laercio, 1984: 179). Esta perspectiva supuso que la virtud le pertenece a la naturaleza humana porque esta se fundamenta en la razón, elemento divino de nuestro ser. Así, vivir según la naturaleza equivale a vivir de acuerdo con la razón, con la razón divina. Con estas creencias se gesta la idea tan arraigada de suponer que los humanos son seres semidivinos, superiores a cualquier otro ser en la tierra.

Uno de los mayores representantes de esta escuela fue Crisipo, cuya influencia en el pensamiento jurídico posterior, es considerable. Crisipo tenía un precepto que rezaba así: «la naturaleza de acuerdo con la cual se debe vivir es la universal y la particular del hombre» (Sin autor, 1996: 300). Lo más virtuoso y divino se asemeja a la mejor naturaleza, y según los estoicos, esta solo se podía encontrar en los humanos, pues ellos al igual que los dioses eran seres racionales. Para Crisipo:

La justicia *(diké)* tiene origen divino, pero su práctica, la acción recta *(orthe práxis)* y conforme a la justicia no puede estar supeditada al castigo de los dioses, sino al hecho de que es un bien en sí mismo […] La justicia, sin embargo, es un vínculo exclusivo entre los hombres y los dioses. Al sabio no lo liga ningún vínculo de justicia con respecto de los animales (Crisipo de Solos, 2006: 90).

Se debe en buena medida a los estoicos la concepción sobre la ampliación del concepto de *nomos* cuyo significado denota ley y justicia universal. «De esta manera se consiguió —no sin esfuerzo— la combinación duradera de los conceptos naturaleza y Derecho en la expresión Derecho natural» (Bloch, 2011: 69). La noción del derecho natural de los estoicos se encuentra en el pensamiento romano de Marco Tulio Cicerón. Para Cicerón resultaba importante que el derecho natural se concibiera como una emanación de la *ratio*. «Cicerón cita a Crisipo, quien, dice él, identificó a Júpiter con la ley, y explica que la ley es la razón suma enclavada en la naturaleza, y que ordena lo que debe hacerse y prohíbe lo contrario» (Friedrich, 1988: 50). La conclusión es simple: todo aquel que es capaz de conocer lo justo por medio de la razón, es acreedor de un derecho que siempre ha existido: el derecho natural. Cicerón es fiel a la concepción estoica sobre el derecho natural. En el Libro I de *La república y las leyes,* escribe:

> [...] de todos los temas sobre los que tratan las discusiones de los sabios, no hay nada que destaque más que el hecho de comprender claramente que hemos nacido con un objetivo: la justicia; y que el derecho no ha sido establecido por convención sino por naturaleza. Tal hecho resultará evidente, si se observa la sociedad y la unión de los hombres entre sí (Cicerón, 1989: 204).

La naturaleza humana, según la escuela estoica, obliga a que los humanos se amen a sí mismos y a quienes han engendrado; también a unirse a los demás y ayudarles. Para esta escuela la naturaleza social es propia del humano y la justicia su valor principal. Esta concepción griega atrajo la atención de los jurisconsultos romanos para quienes la noción del derecho natural posibilitaba la creencia de un derecho innato, anterior a las leyes escritas y aplicable a todos los hombres (Petit, 2013: 18-19).

En cuanto a la razón como esencia de los hombres, Cicerón afirmó que la filosofía es la que nos enseña que existe en todos los seres humanos una razón común que proviene de Dios, que es la ley; inmutable y eterna. A través de ella sabemos qué está permitido y prohibido hacer. Es primigenia y anterior a cualquier ley escrita. Únicamente las leyes humanas son tales cuando participan de ella (Truyol y Serra, 1976). En el Libro II, de *La república y las leyes,* Cicerón aclara a Quinto que «[…] la ley no es algo forjado por el talento humano, ni por ningún decreto de los pueblos, sino algo de carácter eterno que rige el mundo entero en virtud de su sabiduría para mandar y para prohibir» (Cicerón, 1989: 227).

Cicerón asume la libertad como un derecho generalizable a todos los hombres y con ello pone en cuestión la esclavitud. Por eso «los juristas romanos, reflexionando sobre el derecho positivo de sus tiempos y sobre sus instituciones llegan a la conclusión de que la esclavitud solo es justa en el derecho positivo, pero no lo es desde el punto de vista natural. Pues es de derecho natural que todos los hombres sean libres» (Trujillo, 2015: 8). Si bien, las ideas iusnaturalistas propagadas por Cicerón en torno a la esclavitud resultan progresistas, sigue el patrón del iusnaturalismo clásico humanocéntrico. La única excepción de este iusnaturalismo es el pensamiento de Ulpiano[10] para quien el *ius natura* (diferente del *ius civile* y del *ius gentium*) es el derecho que la naturaleza ha dado a todos los animales y sus preceptos abarcan tanto al mundo de los humanos como al de los AnH. A diferencia de la definición de Ulpiano, sobre el derecho natural, que incluía a todos los animales, para la tradición estoica resultaba absurdo tratar de incluir a los AnH en el círculo moral o jurídico. El mismo Cicerón en su formación estoica expresaba esta imposibilidad:

> […] las demás cosas han nacido para el beneficio de los hombres y los dioses, mientras que los hombres han nacido para su propia comunidad y sociedad, de manera que pueden usar a los animales para su utilidad sin cometer injusticia; y puesto que la naturaleza del hombre es tal, que entre él y el género humano existe una especie de derecho civil, el que lo observe será justo, el que lo transgreda injusto (Cicerón, 2003: 32).

---

[10] La postura de Ulpiano y otras definiciones, que podrían apoyar a este trabajo se abordarán con mayor detenimiento en los últimos capítulos.

Sin embargo, no cabe duda que la influencia de Cicerón como vehículo de la doctrina estoica, en particular la que atañe al derecho natural, fue enorme en los siglos posteriores. Cicerón fue la fuente principal de los padres de la Iglesia occidental y de los escolásticos. En el periodo del Renacimiento, se admiró la perfección de su estilo, atribuyéndole un culto que se prolongó hasta el siglo XIX (Truyol y Serra, 1976).

Fue en este marco filosófico e histórico que la *ratio* como esencia del hombre llevó a la cultura grecolatina a la construcción de la noción de *humanitas*. Fue este concepto el que permitió el desarrollo del derecho positivo al disponer de «un criterio valorativo que, o introducía innovaciones en la legislación, o en todo caso humanizaría su aplicación, gracias a una interpretación amplia en el sentido de los cánones de la justicia natural» (Truyol y Serra, 1976: 213). De esta manera la relación entre la *humanitas* y el derecho se generó a través de la creencia de que el hombre podía conquistar el dominio de una vida totalmente racional. De ahí que el «pensar y vivir bien» según la recta razón estoica, son el modelo antropológico para los marcos normativos del derecho occidental.

Al enaltecer la idea de la razón como esencia humana, se negaron las pasiones, y con ello nuestra animalidad. Los estoicos veían en los animales el mejor ejemplo donde se materializaban las pasiones. En sus *Epístolas morales a Lucilio,* Séneca a propósito dice:

> Como ningún animal secunda la razón, ni el que es feroz, ni el doméstico y manso, pues su naturaleza es insensible a los consejos, así tampoco las pasiones, por más débiles que sean, ni la secundan, ni la escuchan. [...] Por lo tanto, si la razón se impone, las pasiones ni siquiera comenzarán [...] (Séneca, 2014: 383).

Esta distinción entre lo racional humano y lo irracional animal, será el ardid para negar derechos a todo aquel que no se enmarque dentro de la antropomorfización de la razón. En suma, al menos dos ideas clásicas sobre el derecho natural estuvieron presentes en la Edad Media. Por un lado, el supuesto de participación de este derecho con una deidad; y, por otro, la alusión que lo ligaba nuevamente al humano, pero bajo nuevas formas antropológicas y divinas. La razón fue el criterio para considerar a los humanos dentro del círculo moral social, ya sea dentro del marco del derecho o bajo los supuestos teológicos judeo-cristianos. Tuvieron que pasar siglos antes que la sintiencia, el dolor o el sufrimiento de los AnH, fuera criterio suficiente para pensar su consideración moral.

2.1.2. Iusnaturalismo medieval

En la Edad Media, los fundamentos del derecho natural estuvieron ligados a los preceptos cristianos. En este periodo de la historia occidental la ciencia jurídica apenas se distinguía de la ciencia teológica (Madrazo, 2016: 55). Por este motivo abordaremos a dos representantes de la teología cristiana como lo fueron Agustín de Hipona y Tomás de Aquino.

Los teólogos cristianos, de manera general adoptaron y asociaron la expresión del *ius naturale* con la ley ya dictada e impresa en los corazones de los hombres por Dios. Los fundamentos de esta ley se revelaban en las Escrituras por medio de sabiduría divina. La tradición que instaura el derecho natural como pauta de justicia cognoscible por la razón humana, tuvo como una de sus fuentes principales las *Epístolas paulinas*.

> [...] en la Epístola a los Romanos, II, 14-15. Los gentiles que no conocen la ley mosaica, obran en el sentido de ella movidos por la naturaleza, llevan en sí mismos su ley, una ley escrita en sus corazones, y de la que dan testimonio su conciencia y sus pensamientos, ora les acusen, ora les defiendan. Establece aquí San Pablo una graduación a la vez ontológica e histórica entre la moralidad natural y la sobrenatural (Truyol y Serra, 1976: 254).

El derecho natural se comprendía como aquello que estaba escrito en los Evangelios e interpretado por los teólogos o juristas cristianos.

De manera paulatina, en esta etapa, la noción sobre el derecho natural fue cada vez más ortodoxa.

> Durante los primeros siglos de Roma, el derecho está íntimamente unido y, por decirlo así, subordinado a la religión; pero no por eso conserva menos su dominio propio, y los romanos tuvieron expresiones diferentes para designar las instituciones que ellos consideran como de origen divino y las que emanaban de los hombres. *Fas* es el derecho sagrado, *lex divina; jus* es la obra de la humanidad, *lex humana*. Esta distinción acaba, por otra parte, por debilitarse, y la palabra *jus* se aplica al derecho en toda su integridad (Petit, 2013: 18).

Al conjugarse aspectos religiosos y filosóficos se asumió en el ámbito jurídico que el *fas* al ser la expresión divina era el elemento guía del derecho, del *jus*. Los humanos debían obediencia al derecho, más aún, cuando coincidía con lo decretado por la revelación cristiana. Para Agustín de Hipona la ley natural es un aspecto de la ley eterna, de la razón divina y voluntad de Dios *(ratio divina vel voluntas Dei)*. La ley eterna se revela en la conciencia humana como una ley ética natural, que funciona como base de las leyes creadas por los humanos. Con esta ley se participa del orden divino. «Con ello supera San Agustín el panteísmo de Heráclito y de los estoicos, y sustituye su iusnaturalismo cosmológico por un iusnaturalismo teocéntrico que ha de ser la base de todas las ulteriores concepciones cristianas» (Truyol y Serra, 1976: 276). De esta manera el universo es producto de la acción de un Dios creador y personal quien gobierna y rige a toda su creación. Para Agustín existe una conexión entre Dios hijo y la humanidad cuya naturaleza es exclusiva de los cristianos. Para conservar el ser del hombre, era necesario convertirse a la ley católica (De Hipona, 1994: 168).

El pensamiento agustiniano tuvo influencia después de la caída del Imperio romano. En los siglos posteriores, se abre una nueva época en la que algunos pensadores como Isidoro de Sevilla (556-636) comienzan a recoger elementos de la tradición jurídica antigua, reuniéndolos en compendios. Isidoro transmitió a la Edad Media una clasificación sobre el derecho que Tomás de Aquino resumirá seiscientos años después en tres puntos principales: «que la ley humana concuerde con la religión a fin de estar en armonía con la ley divina; que convenga a la disciplina de las costumbres para ser una expresión de la ley natural; que contribuya a la salud pública para corresponder a la utilidad de los hombres» (De Aquino, 1976: 285).

El derecho natural de corte cristiano, durante siglos permaneció inalterable y obtuvo gran resonancia en el derecho civil y canónico medieval (Bialostosky, 2007: 4). De aquí, la importancia de comprender la recepción abierta que obtuvo la «sabiduría jurídica, acrisolada por el tiempo y enriquecida, a partir del siglo IV, por el cristianismo, incorporada al *Corpus iuris civilis,* promulgado en 533-534 por el emperador Justiniano» (Truyol y Serra, 1976: 215). Esta recepción posibilitó que se aceptaran, tal como habían sido definidos en esta compilación, conceptos jurídicos como el *ius naturale.*

En el *Digesto* de Justiniano se puede leer: «Dícese derecho en varios modos. En un modo, cuando se llama derecho lo que es siempre equitativo y bueno, como es el derecho natural; en otro modo, lo que en cada ciudad es útil para todos o los más, cual es el derecho civil [...]» (Justiniano, 1990: 27) o que el derecho natural es «el que la razón natural establece entre todos los hombres, es observado igualmente por todos» (Justiniano, 1990: 27). Justiniano llevó a cabo esta compilación en aras de las ideas de la época. La huella teológica cristina se hace presente en el proemio de su obra:

> Con el auxilio de Dios *(Deo auctore)* gobernando el imperio que nos fue entregado por la Majestad del Cielo [...] entre todas las cosas no se halla ninguna tan digna de atención como la autoridad de las leyes, la cual dispone bien las cosas divinas y las humanas [...] fue nuestro cuidado comenzar por los antepasados sacratísimos príncipes, y enmendar y transmitir a una vía luminosa sus constituciones, para que reunidas en un Código y purgadas de toda superflua repetición y de toda iniquísima discordia, ofrezcan a todos los hombres pronta defensa de su sinceridad (Justiniano, 1990: 7).

La producción de ideas teológicas con respecto a la teoría del derecho natural continúan desarrollándose, y la idea de Agustín de Hipona sobre la existencia de una ley eterna es transmitida y aceptada por Tomás de Aquino. Para ambos solo los seres racionales participan de la ley eterna que no es otra que la ley natural (Truyol y Serra, 1976: 342). Tomás de Aquino así la define:

> [...] la ley natural prescribe a todo hombre vivir virtuosamente [...] es única y la misma para todos, al menos en cuanto sus principios generales [...] es inmutable, en el sentido al menos de que nada se le podría cercenar, porque si la naturaleza misma no cambia, lo establecido conforme a la naturaleza no puede dejar de ser [...] no puede ser borrada del corazón del hombre, al menos en cuanto a sus principios generales en su sentido esencial (De Aquino, 1976: 283-284).

Esta ley natural posibilita que la ley humana sea útil a través del ejercicio. Y bajo la concepción tomista: «Toda ley humana deriva de la ley natural. Porque en las cosas humanas no es justo sino lo establecido por la regla de la razón; y la primera regla de la razón es la ley natural» (De Aquino, 1976: 285). Desde esta concepción religiosa la naturaleza humana se diseñó bajo el supuesto de que los hombres habían sido creados a imagen y semejanza de Dios (Gen. 1: 26) en cuanto a su alma (De Aquino, 1976: 111). La unión entre naturaleza humana y derecho natural se genera por vía divina, al interior de un orden ético innato. El orden del universo, bajo esta perspectiva religiosa, se rige por la ley eterna, que tiene como primer fin el de su propia conservación. Este orden que existe en la naturaleza gobierna a todos los seres, y es, según Tomás de Aquino, la razón de la sabiduría divina que mueve todas las cosas hacia su debido fin (Adame, 1996: 157).

En suma, los fundamentos del derecho natural en la época clásica y medieval están basados en conceptos metafísicos y religiosos claramente humanocéntricos. No pocos de sus fundamentos se mantuvieron presentes en la modernidad secular. Sirvieron para elaborar teorías iusnaturalistas que paulatinamente se fueron materializando en leyes, códigos, constituciones o declaraciones. Con la llegada de la Modernidad, el auge y desarrollo de la ciencia, la tecnología y la construcción de los nacientes Estados modernos, surgieron nuevas formas de comprender al humano y su puesto en el universo, su relación con Dios y con el derecho. Aparecieron nuevas teorías sobre el derecho natural, pero la exclusión de los AnH de cualquier consideración moral persistió.

2.1.3. Iusnaturalismo ilustrado

La doctrina del derecho natural ilustrado enfatiza la idea de la existencia de una naturaleza humana cuyo fundamento se encuentra en la razón subjetiva. Es una vertiente secularizada que permitirá sentar las bases de los llamados derechos humanos. Es este iusnaturalismo el que sienta las bases de la creación del Estado moderno y los derechos, principalmente del derecho subjetivo. Se postula la existencia de derechos fundamentales del humano, previos e independientes de los derechos impuestos por los sistemas positivos. El punto de partida de esta doctrina es la idea de un «estado original» donde la libertad de cada sujeto encuentra obstáculo en la libertad de los demás. De esta libertad surgen los derechos una vez que se establece que esta no tiene límites, excepto los que impone el poder del Estado. El «estado original» establece un «contrato social».

Se conceden derechos a los sujetos porque se reconocen naturales e innatos. Se establecen pactos y así se forman las constituciones modernas. Los Estados se constituyen «sobre la base del Estado de naturaleza, por obra del contrato social, y en esa misma organización estatutaria los hombres conservan todavía ciertos derechos naturales fundamentales» (Bobbio, 1998: 58). El derecho natural adopta una figura nueva a través del poder del Estado, un poder absoluto al que se debe obedecer para mantener el orden social. Así, los derechos civiles ponen límites a la libertad del individuo, a sus derechos extrínsecos, pero los naturales, subjetivos e intrínsecos permanecen en él.

La noción del derecho natural pasa a ser una ley básica para fundamentar la convivencia y la paz entre los hombres, y «la ciencia del derecho natural se transformó en un sustitutivo de la teología moral como ciencia suprema de la vida del hombre en sociedad» (Hervada, 1996: 252). Incluso dentro de las reflexiones filosóficas ilustradas sobre el derecho natural, se vuelven a retomar algunos principios estoicos. La noción de razón como fundamento de la universalidad del derecho natural atrae nuevamente al pensamiento racionalista, sin embargo, la razón ya no se establece a partir de la mente divina sino de la naturaleza humana. El humano de esencia racional adquiere autonomía, por ello voluntariamente se entrega a una autoridad, que comúnmente se denomina Estado.

Hugo Grocio es considerado fundador de esta nueva teoría. Durante siglos había permanecido olvidada la noción del derecho natural, y no será hasta su obra *De iure belli ac pacis* (1625) cuando el tema se vuelva a retomar. Para Grocio los principios del derecho natural podían ser deducidos *a priori* de verdades axiomáticas evidentes por sí mismas. Francisco Cuevas reúne las memorias de Hugo Grocio y en ellas se puede leer que para este último:

> [...] existe un derecho primario de la naturaleza, cuyos principios son universales e inmutables: el ser humano, por su parte, lo comprende reduciéndolo a nociones fundamentales que le resultan innegables, pues son tan claras como evidentes; lo justo no es lo establecido por el derecho positivo, sino lo establecido por esa ley superior e inmutable en cuyo altar ofrendó Antígona su vida (Cuevas, 2003: 92).

Para Grocio las reflexiones filosóficas de los griegos resultaban más acordes a su perspectiva racionalista, porque eran más universales que la postura hebraica. Su idea sobre la gran república cosmopolita «que incluía a todos los Estados en los que se divide el género humano» (Cuevas, 2003: 50) fundamentaba el anhelo de que el derecho comprendiera a todos los pueblos de la tierra. Esta nueva noción de derecho natural comienza a fortalecer la idea de igualdad. En el *Leviatán* de Thomas Hobbes se puede leer que

La naturaleza ha hecho a los hombres tan iguales en sus facultades corporales y mentales que, aunque pueda encontrarse a veces un hombre manifiestamente más fuerte de cuerpo, o más rápido de mente que otro, aun así, cuando todo se toma en cuenta en conjunto, la diferencia entre hombre y hombre no es lo bastante considerable como para que uno de ellos pueda reclamar para sí beneficio alguno que no pueda el otro pretender tanto como él (Hobbes, 2017: 124).

Hobbes mantiene la hipótesis de que la sociedad natural *(societas naturalis)* está constituida por hombres libres e iguales, por lo que ello representa un peligro debido a que cada quien podría usar su poder para su propia preservación. Para evitar el criterio de propio juicio, Hobbes pensó que era mejor renunciar de manera voluntaria a su derecho en pro de la paz. Así, según esta filosofía, nació la sociedad civil *(societas civilis)* bajo un pacto o contrato social. Este pacto se genera a través de diversas ideas especulativas sobre el estado de naturaleza humana, el derecho natural adquiere, desde este enfoque, el supuesto de que los derechos son anteriores a la vida social y están desprovistos de sentido histórico. Por ello, la naturaleza humana encuentra su realización en la máxima institución social: el Estado. Con su aparición se genera la justicia entre los hombres.

Una característica del derecho natural, es su manera de entender al humano individual y autónomo que se edifica a través de su libre voluntad. Al respecto Hobbes dice que

[…] el *jus naturale,* es la libertad que cada hombre tiene de usar su propio poder como quiera, para la conservación de su propia naturaleza, es decir de su propia vida; y por consiguiente hacer todo aquello que su propio juicio y razón considere como los medios más aptos para lograr ese fin. […] La ley de naturaleza *(Lex naturalis)* es un precepto o norma general, establecida por la razón, en virtud de la cual se prohíbe a un hombre hacer lo que puede destruir su vida o privarlo de sus medios de conservarla (Hobbes, 2017: 113).

En este derecho natural, libertad e igualdad van consolidando el contenido particular del mismo. Este es el énfasis que le imprime John

Locke cuando presupone una norma superior y preexistente a toda Constitución que pondría límites al poder del Estado. Para Locke «la libertad natural del hombre consiste en ser libre de cualquier poder superior sobre la tierra y en no estar sometido a la voluntad o a la autoridad legislativa de hombre alguno, sino en tener sólo la ley de naturaleza como norma» (Locke, 2003: 20). Con la creación del contrato, según Locke, los derechos subjetivos, como la libertad, la propiedad y la vida, no son cedidos en su totalidad al Estado. El Estado puede ser disuelto cuando la voluntad establecida por la mayoría no es atendida por la autoridad, los súbditos vuelven a estar libres de sujeción y pueden construir un nuevo poder (Locke, 2003: 156-157). Así, es evidente que el derecho natural propio del individuo no es alienable o transigible. Podríamos sintetizar que este derecho natural resulta ser la capacidad que cada individuo ejerce a través de la recta razón.

Con esta breve revisión sobre la teoría iusnaturalista tradicional en sus tres etapas podríamos afirmar que esta trajo consigo avances sobre la protección de los derechos humanos. Sus principios permitieron hacer frente a las distintas vejaciones en contra de algún individuo, sector o pueblo, para reconocerles como sujetos de derechos. Es decir, las teorías filosóficas contenían un ideal, una aspiración que habría de realizarse cuando alguna institución la acogiera y transformara en un conjunto de normas jurídicas (Bobbio, 1997a: 98-99).

Sin embargo, hay dos cuestiones que demeritan esta tradición. La primera tiene que ver con sus bases místicas, religiosas o metafísicas, que hasta la fecha impiden considerar al derecho en un plano histórico. Reconocer los derechos como creaciones y convenciones humanas, permitiría comprender que ante las nuevas realidades y problemáticas a las que nos enfrentamos, podemos trasformar nuestros marcos jurídicos. No hacerlo nos condena al conservadurismo y a las tensiones o conflictos derivados de una imposibilidad de acceder a la justicia por carecer de sistemas de derecho renovados.

La otra cuestión es la perspectiva humanocéntrica de esta tradición. Si sumamos ambos límites, para el tema que estamos tratando, las cosas se tornan más complicadas. La versión humanocéntrica y ahistórica de la tradición iusnaturalista impide una reflexión jurídico-filosófica positiva sobre los AnH. En el campo de la filosofía del derecho Hans Kelsen ha señalado algo al respecto. Para Kelsen los AnH pueden ser reconocidos en un marco jurídico y generar obligaciones hacia estos por parte de los humanos. Lo piensa así porque para él la noción jurídica fundamental no es el derecho sino la obligación. La noción de derecho es una mera noción auxiliar para describir ciertas situaciones, por decir algo, el derecho que alguien o algo tiene. Pero esto es un mero reflejo de la obligación jurídica.

Desde el punto de vista de Kelsen, para que alguien o algo tenga derechos no es en absoluto necesario que este tenga obligaciones; lo que es necesario es que otros tengan obligaciones respecto a él. Así, los infantes, o altos deficientes mentales que carecen de obligaciones, tienen «derechos», al menos en la medida en que otros (por ejemplo, los adultos o los padres) tengan obligaciones respecto a ellos. Tienen capacidad de goce, pero no de ejercicio. Así los AnH también podrían tener capacidad de goce. Al respecto dice Kelsen:

> Que los órdenes jurídicos modernos sólo regulen la conducta de los hombres, y no la de los animales, las plantas o la de objetos inanimados, en cuanto dirigen sanciones sólo contra aquellos, pero no contra éstos, no excluye que esos órdenes jurídicos prescriban una determinada conducta humana no sólo en relación con seres humanos, sino también en relación con animales, plantas y objetos inanimados. Así, el dar muerte a ciertos animales, en general o en ciertas épocas, los perjuicios a ciertas especies animales, o los daños a edificios históricamente valiosos, pueden estar penalmente prohibidos. Pero esas normas jurídicas no regulan el comportamiento de los animales, plantas u objetos inanimados así protegidos, sino el comportamiento de los hombres contra los cuales se dirige la amenaza de castigo (Kelsen, 2007: 45-46).

El positivismo jurídico asumido por Hans Kelsen concluye que efectivamente al no existir el ideal del derecho natural, los agentes, es decir, aquellos sujetos que a través de una obligación reflejan «derechos» hacia otros, estos otros no se limitarían a un sector humano, ni a nuestra propia especie, ni a nuestro género animal, sino a cualquier cosa con la que queramos establecer obligaciones. Lamentablemente, la mayoría de las actuales constituciones y marcos jurídicos no están en sintonía con el positivismo jurídico de Kelsen, sino con la tradición iusnaturalista.

Por ser esto una realidad, en seguida abordaremos la relación que existe entre las teorías del derecho natural y dos categorías, que son de suma importancia para otorgar o negar la titularidad de sujeto de derechos en los sistemas jurídicos vigentes: la persona y la propiedad. Estas dos nociones tienen como base doctrinal el iusnaturalismo de carácter humanocéntrico, que, sin duda, resulta un factor relevante para negar personalidad a otras especies no humanas como sujetos de derechos.

2.2. Iusnaturalismo y persona jurídica

Si es común encontrar en los sistemas jurídicos modernos el uso del derecho natural exclusivo para los humanos, no pocas veces pasa lo mismo con la noción de persona. Contra las versiones comunes en torno a que el concepto persona es exclusivo de los humanos, argumento que dicha noción es una categoría jurídica que supera la limitada versión iusnaturalista humanocéntrica. Al establecer fronteras al derecho, esta versión impide deliberar y, en su caso, materializar consideraciones jurídicas para los AnH.

En Occidente existe una historia del concepto persona. En la Grecia y Roma antiguas se usó en el teatro (Beuchot, citado por De la Torre, 2000: 23). Era la máscara con la que los actores representaban una comedia o drama. Pero en Roma también se usó en el derecho. Ahí, persona no era equivalente a todos los humanos, sino al hombre capaz de derecho y a las corporaciones que la ley les otorgaba capacidad jurídica derivada de sus acciones (Argüello, 1998: 8). El derecho romano reconocía a las ficciones jurídicas o personas, tales como iglesias, hospicios o las corporaciones constituidas para recabar impuestos, así como aquellas dedicadas a la explotación económica de salinas o minas (Petit, 2013: 163).

Posteriormente, con la influencia de la concepción cristiana, la noción de persona fue adquiriendo matices teológicos. Para la tradición cristiana la persona humana «tiene una dignidad absoluta porque está en relación directa con lo absoluto, único medio en que puede hallar su plena realización» (Martínez, 2000: 22). El término fue adquiriendo, en las lenguas románicas, la significación de alta o baja dignidad, que se aproximaba a la de poder y representación (García, 2007: 142). Digamos que pasó a denotar al hombre *(ánthropos),* en cuanto reviste un estatus *(consulis, sociis).* Más tarde, con el término se indicó al género humano y así «persona termina por identificar independientemente al individuo humano, y este es el significado que se hace más común y persiste hasta hoy» (Ferrara, citado por García, 2007: 140).

En la Edad Media y en la época moderna conservó el significado de papel teatral y de portador de dignidades, especialmente eclesiásticas, adquiriendo además el de apariencia externa del hombre, miembro de una sociedad y representante (Carrillo y Esquivel, 1979: 34). Esto permitió la conexión entre derecho natural y esta noción de persona vinculada a su vez a la idea de dignidad.

El término dignidad también tiene su historia, pero el uso ordinario en el derecho tiene su raíz en Immanuel Kant. La dignidad en términos kantianos es «lo que se halla por encima de todo precio y, por tanto, no admite nada equivalente» (Kant, 1975: 48). Es un valor interno, un fin que el *ánthropos* posee y lo hace totalmente distinto de aquellas cosas que son solo medios, que tienen precio y pueden ser sustituidas. Como puede apreciarse, el término dignidad supone excelencia y jerarquía. La primera es igual en todos los humanos, la segunda sirve para diferenciar a estos de los que no lo son (Adame, 1996: 150-152). Esta idea de dignidad se sostiene en dos perspectivas: una teológica, que considera a la razón universalmente legisladora como portavoz de Dios, el sujeto racional se dignifica al saberse de acuerdo con la ley que se le impone inmediatamente: el deber; y otra metafísica, que funge como una idea regulativa, que puede ser real en las acciones y omisiones de los individuos, es decir, la dignidad debería expresarse a través de las acciones del sujeto racional en conformidad con esa idea (Kant, 1975: 49). La persona, desde una concepción teológica, se suscribe al derecho natural como «el ser», mientras que, desde una postura deontológica, como la kantiana, se adhiere al «deber ser». Así, el ser y deber ser están implicados en la idea de dignidad.

La noción iusnaturalista de persona es connatural al término dignidad. Esta última es la cualidad de ley superior para adjudicar derechos (en el sentido de titular, portador, sustentante) a los humanos. También ha sido la clave para fundar los derechos humanos. En distintas declaraciones, como el artículo primero de la Declaración de los Derechos del Hombre y del Ciudadano, se puede leer:

> Todos los seres humanos nacen libres e iguales en dignidad. Por su parte, el pacto internacional de derechos civiles y políticos, en su preámbulo repite la idea de la que todos los seres humanos tienen ciertos derechos «derechos iguales e inalienables» que «derivan de la dignidad inherente a la persona humana», y la Convención Americana sobre derechos humanos (artículos 5-2) dice que toda persona debe ser tratada «con el respeto debido a la dignidad inherente del ser humano». En estos documentos jurídicos se habla un lenguaje filosófico cuando menciona la dignidad intrínseca o la dignidad inherente a la persona humana. Con ambas expresiones se está significando una dignidad que no depende del reconocimiento público que se haga de ella, ni que es privativa de algunos seres humanos, sino de una categoría común que tienen todos ellos por derivar de su misma naturaleza (Adame, 1996: 149-150).

En la actualidad se sostiene de manera generalizada que todos los humanos somos personas. Sin embargo, lo que no se dice es que tal afirmación es solo una perspectiva del derecho natural. Es decir, la relación persona-*ser* humano[11] es una versión iusnaturalista humano-

---

[11]   Nótese la diferencia ontológica que se explicita con la categoría *ser* al humano respecto de otras especies. El humanocentrismo arraigado en las sociedades capitalistas de hoy, jamás aceptaría que se dijese: ser felino, ser canino, ser equino, etcétera.

céntrica porque, como veremos más adelante, el derecho positivo e incluso otras versiones clásicas del derecho natural, jamás hablaron de tal relación. La confusión y aporías sobre la noción de persona se genera cuando se confunde el deber ser con el ser, es decir los ideales iusnaturalistas del deber ser con los hechos o acuerdos logrados en el ser, en el derecho positivo.

Si seguimos otra ruta que no sea la del humanocentrismo iusnaturalista las cosas se ven diferentes. Encontraremos que la noción de persona no siempre estuvo relacionada con los humanos. Abundaré sobre el caso en el derecho romano. En este, no todos los humanos, por el simple hecho de pertenecer a la especie *Homo sapiens,* fueron reconocidos como personas. Lo eran quienes podían acreditar *homo sui iurius,* esto es, sujetos no alienados e independientes (Iglesias, 1993: 105) como el paterfamilias. Este contaba con «la capacidad para tener propiedades, créditos, derechos, deudas, etcétera, es lo que llamamos en Derecho, capacidad jurídica y quien goza de ella es la persona» (Bialostosky, 2007: 41).

Existían humanos que no eran personas en su sentido jurídico. Fue el caso de los esclavos, quienes eran patrimonio del señor y se acreditaban como *res mancipi,* o sea algo susceptible de adquirirse y por lo tanto de enajenarse (Beltrán, 2006: 176). El esclavo era un humano, pero no era una persona. También fue el caso de las mujeres. Estas solo adquirirían ciertos derechos a través de lograr una virtud moral establecida por los paterfamilias, fuera para administrar el hogar o tener otros cargos en la esfera privada. En efecto, la mujer:

[…] no puede ejercer la *patria potestas,* ni puede tampoco —salvo particulares excepciones de la época justinianea— ser tutora de impúberes y adoptar hijos. Igualmente, le está vedado intervenir como testigo en un testamento, figurar en juicios por otros —*postulare pro aliis*—, entablar una acusación pública y contraer obligaciones a favor de terceros […] (Iglesias, 1993: 139).

Debe quedar claro que lo que se discute es el concepto jurídico de persona. Esto es, que es una categoría con la que se obliga y faculta por lo que no se trata de una realidad natural, sino de una construcción del derecho. Es «un concepto auxiliar para la exposición de hechos jurídicamente relevantes» (Kelsen, 2007: 184). Esto se puede demostrar incluso en la actualidad. Para el derecho moderno, los niños[12] o altos deficientes mentales son considerados sujetos con capacidad de goce y no de ejercicio. Es decir, aquí el concepto de persona funciona en su estricto sentido jurídico porque utiliza una de las características de la personalidad para ser titular de derechos: la capacidad de goce. La otra es la capacidad de ejercicio, la cual «permite al sujeto intervenir personalmente en la vida jurídica» (Domínguez, 2006: 34).

Por tanto, existen razones para que los sistemas jurídicos modernos, basados en una reflexión iusfilosófica, acepten que el término persona no es exclusivo de los humanos y no siempre los acogió a todos. Si con esta figura del derecho se ha otorgado beneficio a entes no humanos,[13] y a humanos incapaces de ejercicio, entonces es posible que los AnH también puedan acreditarse con tal concepto. De no ser así, no habría manera de justificar en términos jurídicos, que humanos que solo cuentan con capacidad de goce, pero no de ejercicio, como los menores de edad y los altos deficientes mentales,[14] se acrediten como personas o titulares de derechos.

---

[12] La Ley para la Protección de los Derechos de Niñas, Niños y Adolescentes garantiza su derecho a la vida, así como su sano y armonioso crecimiento físico, mental, material y social.

[13] Ejemplo de ello son las personas morales que no necesariamente son humanos, ni conjunto de humanos, ni han adquirido la forma de humanos.

[14] Para César Nava Escudero una vía para lograr el derecho de los animales podría ser el dejar de lado la noción de persona y atender la de sujeto de derecho. En palabras del autor: «[…] aunque los animales no sean personas, de todos modos, sí pueden ser sujetos de derechos; es decir, sí pueden tener derechos. El estar convencidos de adoptar esta postura requiere, sin embargo, aclarar dos situaciones muy puntuales. La primera de ellas es que aún quedaría por resolver el estatus o condición jurídica que deberá especificar la norma respecto de los animales. Es decir, si decimos que los animales sí son titulares de derechos, pero no son personas como tampoco son cosas, entonces ¿qué son exactamente para el derecho? ¿Se atrevería el derecho a crear una figura legal intermediaria entre persona jurídica y cosa jurídica? ¿Se podría confeccionar una tercera vertiente de persona jurídica (aparte de las físicas y morales) y entonces calificarlos como "personas"?» (Nava, 2015: 62). Véase también: «Los animales como sujetos de derecho» en Nava (2019).

Si bien, se arguye que los niños pequeños están en potencia de ejercer actos jurídicos, esto no es un hecho actual porque la potencia no es acto (De Lora, 2003a: 192). Incluso los altos deficientes mentales nunca llegarán a ser agentes jurídicos, pero continúan gozando de la protección legal.[15] Derivado de lo anterior, no existen razones jurídicas para que los AnH continúen considerándose cosas, bienes o propiedades. Lo único que lo justifica de manera falaz es una ideología: el humanocentrismo.

En suma, las doctrinas y nociones —como la de persona— ligadas a la tradición iusnaturalista humanocéntrica impiden, en buena medida, que los AnH sean reconocidos como personas o sujetos de derechos. Sin embargo, a partir del análisis de algunos hechos que atañen al campo jurídico, es que podríamos inferir de manera lógica y análoga, que existen otros seres que deberían ser considerados con cierta personalidad jurídica, como lo son los AnH.

Cabe mencionar que, este trabajo, no niega la importancia que tuvieron las teorías iusnaturalistas humanocéntricas en la construcción de ideales que se materializaron en declaraciones, leyes o normas jurídicas, a favor de los humanos excluidos, agraviados y explotados durante siglos. Lo que discute es que no existen razones jurídicas para reducir a los AnH a *res* o propiedades, porque existen suficientes evidencias sobre sus capacidades de sintiencia, de intereses y diferencia intrínseca que los hacen totalmente diferentes a las cosas. Es esta la razón por la que en el siguiente apartado revisaremos la relación que existe entre las teorías del derecho natural y la propiedad.

2.3. Iusnaturalismo y propiedad

Es lugar común afirmar que los AnH pueden ser apropiables, esto es, que pueden formar parte de las propiedades de alguien. Esta relación

---

[15] Los pensadores Chan y Harris (2013) abordan la cuestión y las implicaciones sobre la personalidad que se le otorga a una máquina semejante al humano y sobre la negatividad de otorgársela a los animales no humanos. Un ejemplo real sobre esta tesis es el caso de la androide Sofía que es una ciudadana saudí.

no es natural. Es un artificio doctrinal del iusnaturalismo humanocéntrico que desde sus inicios objetivó a los AnH. Este vínculo artificial supone que la propiedad es una esencia, un derecho natural —fundamental— del *ánthropos* y después de todo *ser* humano. Ambas vinculaciones son falaces. Al igual que la categoría de persona, la de propiedad es un constructo histórico.

En el mundo griego clásico, Aristóteles define la propiedad como el arte de adquirir los bienes económicos desde el ámbito familiar, justificada desde la idea de que sin lo necesario no se puede vivir y mucho menos vivir bien (Aristóteles, 1989: 170). En la *Política,* Aristóteles comienza a desarrollar la idea de que la propiedad es natural al hombre.[16] Así, de manera necesaria, para el estagirita cada hombre cuenta con una naturaleza que al realizarse se alcanzará la felicidad. De aquí que se justifique la propiedad sobre los esclavos porque «no son por naturaleza de sí mismos, sino de otro […] para ellos es mejor ser mandados […] participan de la razón en cuanto pueden percibirla, pero sin tenerla en propiedad» (Aristóteles, 1989: 160-161). Desde esta filosofía la propiedad es connatural al hombre libre y racional *(ánthropos),* es decir se centra en una antropomorfización étnica-sexual, como sucedía en el caso de la noción de persona. La noción de propiedad estaba relacionada con la de ciudadanía y resulta ser la base para liberarse de las ocupaciones del hogar y dedicarse a las tareas de la esfera pública.

En el Imperio romano la propiedad estaba vinculada a la figura del paterfamilias, pero «no se ocuparon en definirla y sólo analizaron los beneficios que otorga a su titular, estos son los *ius utendi, ius fruendi* o *fructus* y *ius abutendi* o *abusus* (Bravo y Bravo, 2012: 203). La propiedad apareció primero bajo el término de *mancipium* que hacía referencia al ejercicio de la *potestas* del paterfamilias sobre las personas y cosas que se encontraban bajo su autoridad. El ejercicio de esta

---

[16] Recuérdese que en el mundo antiguo occidental el uso del término genérico de la especie humana era *ánthropos* (hombre) y no humano. Véase nota 1 del capítulo 1 «Excepción humana y derecho natural».

potestas permitía la creación de *pecunia* o lo que constituye el bienestar y riqueza del paterfamilias:

> [...] en el origen de Roma, la palabra pecunia parece que sólo tuvo un significado más reducido, pues se aplicaba a los animales que iban en rebaños, *pecus,* los cuales formaban una parte considerable de la fortuna privada. Después se extendió a la moneda valorada al peso, consistente en lingotes de cobre gruesos y desiguales marcados con la efigie de un buey o de una oveja, más tarde, a las piezas de monedas, que ya no se pesaban, pero en cambio se contaban, *pecunia numerata.* Y, por último, terminó por designar todos los elementos del patrimonio de los particulares, conservando por otra parte un sentido más estrecho que la palabra *res,* que comprende todas las cosas, incluso las no susceptibles de propiedad privada (Petit, 2013: 169).

Luego, los juristas romanos adoptaron otra manera de comprender la propiedad bajo el concepto de *dominum*. De hecho, fueron

> [...] los primeros en formular el concepto de la propiedad privada absoluta, al que llamaron *dominium* y lo aplicaron a los bienes raíces y a los esclavos, un concepto que no existía en el vocabulario griego. Para que un objeto se clasificara como *dominium* tenía que satisfacer cuatro criterios: tenía que ser obtenido legítimamente, de forma exclusiva, absoluta y permanente (Pipes, 2002: 32).

La propiedad entendida como *dominium* es el derecho pleno sobre el «objeto», esto es, el derecho de decidir sobre «la cosa» con entera libertad, de usarla, venderla o destruirla. La noción del derecho de propiedad que emana de la naturaleza humana, es decir que es natural al hombre, y que por tanto es intrínsecamente buena para él, designó que existían distintas cosas que resultaban apropiables, entre ellas se distinguían aquellas que procuraban ventajas a una persona determinada, a través del uso o abuso de las mismas:

> Por uso se entiende el derecho de servirse de la cosa conforme a su naturaleza o destino. *Fructus* designa el derecho a percibir los productos, sean

reales, como los frutos de los árboles, la lana o impropiamente dichos, como los intereses de una suma de dinero; frutos en general son los productos conforme al destino de las cosas productivas y que renacen periódicamente, de manera que vienen a constituir una renta. Podemos, pues, considerar como frutos las cosechas, el vino, la cría de animales. [...] El *abusus* o derecho de disposición, consiste en la facultad de transformar, enajenar y aun destruir la cosa. El *usus* y el *fructus* se ejercen por actos que dejan a la cosa su existencia y substancia y pueden ser repetidos indefinidamente por el propietario, el *abusus,* por el contrario, se caracteriza por los actos que agotan la forma o substancia de la cosa o el derecho de propietario (Bravo y Bravo, 2012: 203).

El propietario tiene derecho a percibir todos los frutos o productos que generan algunos entes como «las cosechas, el vino, las legumbres, la lana y la cría de los animales» (Petit, 2013: 259). Es decir, bajo la creencia de la existencia de una ley natural, los frutos son los productos naturales y periódicos de una «cosa» que no disminuyen la esencia de la misma (Iglesias, 1993: 215-216). En este mismo tenor, en el *Digesto* de Justiniano en el libro VII *De usu fructu,* se nos ofrece un vasto material sobre la institución jurídica del usufructo.

En Roma la propiedad abarcaba también las *res mobiles* y las *res inmobiles* o *soli.* Aunque esta «distinción no está expresamente formulada por los jurisconsultos romanos, está contenida implícitamente en muchos textos. Se entiende por muebles lo mismo los seres animados, susceptibles de moverse ellos mismos, *res semoventes,* que las cosas inanimadas, que pueden ser movidas por una fuerza exterior, *res mobiles*» (Petit, 2013: 170). De igual manera «las cosas» al ser parte de la propiedad de alguien podían estar categorizadas por ser divisibles o indivisibles, de esta forma son indivisibles, «las cosas que no admiten fraccionamiento sin sufrir daño o menoscabo, o como dicen los romanos, las que *sine interitu dividi non possunt*. Divisible es una finca, indivisible, un animal, una pintura, una piedra preciosa a la que el mayor tamaño presta mayor valor» (Iglesias, 1993: 213). Al tener en consideración que estas sociedades rigen su riqueza principalmente bajo una producción agraria, es de entender que dentro de la fortuna privada del paterfamilias estaba considerado el rebaño, y este mismo en su conjunto, también forma parte de la *res indivisibles,* pues «El rebaño, en fin, conserva su individualidad aunque cambien las cabezas que lo componen» (Iglesias, 1993: 214).

Por otra parte, «las cosas» se dividían en aquellas que se «encuentran colocadas fuera del patrimonio de los particulares: por ejemplo, las pertenecientes a una nación o a una ciudad, o ciertas cosas que pueden ser apropiadas, pero de las cuales nadie se ha apoderado todavía» (Petit, 2013: 165). Entre las «cosas» que aún no han sido apropiadas se encuentran «los animales salvajes, la caza y la pesca. Todo esto no pertenece a nadie; así que el primero que llega puede apropiárselo y hacerse propietario» (Petit, 2013: 245). Esta forma de apropiación sobre las «cosas» se enmarca en la idea de que ciertos humanos tenían el derecho natural de propiedad sobre aquello que fuera considerado de menor valor (ya sea por carecer de racionalidad o dignidad), la legalidad de esta apropiación enmarcada en el derecho civil otorgó una mayor credibilidad de que era una acción correcta y buena.

En Occidente esta relación artificial entre derecho natural y propiedad se fortaleció con el paso de los siglos. En la Edad Media se recurrió a la teología natural y al texto bíblico para justificarla. Al respecto, Agustín de Hipona señalaba que una sociedad sin propiedad solo era posible en el paraíso, lugar de perfección (Pipes, 2002: 36), a pesar de que los apóstoles de Jesús de Nazareth describían a este último como quien cuestionó el robo y el apego a la propiedad traducida en riqueza.[17]

De hecho, la Iglesia católica defendió la propiedad connatural al hombre a pesar de tener entre sus filas a Francisco de Asís, un crítico de la propiedad. La orden franciscana de finales del siglo XII con razón argumentó que la propiedad no era un derecho natural. Sin embargo,

---

[17] Sobre esta afirmación, véase Duchrow y Hinkelammert (2004: 41-47).

En el papado de Juan XII, la iglesia aplastó a los espiritualistas y condenó a más de 100 a ser quemados en la hoguera. En una bula pontificia promulgada en 1323, este Papa declaró como herejía negar que Cristo y los apóstoles hubieran tenido posesiones. Seis años después, en otra bula, Juan XXII afirmó que la propiedad *(dominium)* del hombre sobre sus posesiones no difiere de la propiedad ejercida por Dios sobre el universo. La cual concedió al hombre al crearlo a su semejanza. Es por tanto, un derecho natural que antecede la ley humana (Pipes, 2002: 39).

Las discusiones sobre la propiedad como derecho natural de los humanos comenzaron a tomar matices positivistas. El concepto de propiedad que nace con el Estado moderno y el derecho privado tuvo como uno de sus creadores intelectuales a John Locke. A pesar de ser considerado un filósofo, Locke no renuncia a los supuestos cristianos sobre la propiedad cuando dice que «Dios, que les dio el mundo a los hombres en común, también les dio la razón a fin de que hagan uso de la tierra para mayor ventaja y beneficio de la vida. La tierra y todo lo que hay en ella fueron dados a los hombres para sustento y comodidad de su existencia» (Locke, 2003: 22). La simple fórmula que supone que la propiedad es la suma del esfuerzo personal en el estado de naturaleza antes de la constitución del poder político, apareció como un argumento racional a la vista de pensadores liberales. Por eso hay quienes dicen que fue a través de la filosofía política de Locke, que «la inviolabilidad de la propiedad» también comprende a «los demás derechos individuales naturales como la libertad y la vida» (Bobbio, 2002: 26).

La Declaración de los Derechos del Hombre y del Ciudadano de 1789 es acorde al pensamiento de Locke. Basta leer su artículo segundo que enuncia: «La finalidad de cualquier asociación política es la protección de los derechos naturales e imprescriptibles del Hombre. Tales derechos son la libertad, la propiedad, la seguridad y la resistencia a la opresión». La propiedad será un derecho natural que se manifiesta principalmente en el cuerpo humano, es decir «cada hombre tiene una propiedad en su propia persona, a quien nadie tiene derecho alguno sino él» (Locke, 2003: 23). De esta forma, los derechos naturales para Locke son: la vida, la libertad y la propiedad.

El argumento que sigo, a saber, el artificio de la relación entre derecho natural y propiedad, lo reconocen filósofos del derecho de la actualidad. Es el caso de Luigi Ferrajoli, para quien el derecho natural y la noción de propiedad como derecho esencial, son «fruto de la yuxtaposición de las teorías Iusnaturalistas y de la tradición civilista y romanista», es, sigue Ferrajoli, «una operación originaria, llevada a cabo por el primer liberalismo, que ha condicionado hasta nuestros días la teoría de los derechos en su totalidad y, con ella, la del Estado de derecho» (Ferrajoli, 2016: 45).

Es increíble que la filosofía política de Locke tenga tanta consideración en la actualidad. Si leemos pasajes de su *Segundo ensayo sobre el gobierno civil* no deja de sorprender la ligereza de sus ideas y la pobreza de su lírica:

> [...] la liebre que alguien está cazando se considera propiedad de quien la persigue durante la cacería. Pues al ser un animal que sigue considerándose propiedad común y no posesión de algún hombre en particular, quien quiera que emplee tanto esfuerzo para encontrarla y perseguirla a fin de sacarla así del estado de naturaleza en el que era de la comunidad, habrá empezado a poseerlo como propiedad suya (Locke, 2003: 25).

En síntesis, tanto la idea de propiedad como la de persona, se atienen, en no pocos iusnaturalismos, a una especie de excepcionalismo humano. Si solo el humano es persona, fue fácil concluir que todo lo que no es humano será cosa o propiedad. Podemos concluir que el derecho de propiedad deviene de un excepcionalismo hacia los humanos (Petit, 2013: 165). En el caso de la propiedad, esta:

> [...] es la señoría la más general, en acto o en potencia, sobre la cosa. Como señoría, la propiedad entraña un papel tan amplio, que no es posible reducir a un cuadro la serie de facultades que encierra: derecho de usar, de disfrutar, de enajenar, de reivindicar, etc. En principio, la cosa se

somete entera y exclusivamente al dueño, y este puede traerla, sin cortapisa alguna, a toda clase de destinaciones, dentro de un mundo económico-social que se encuentra siempre en incesante camino (Iglesias, 1993: 227).

En medio de esta historia están los AnH. Durante siglos se han considerado *pecunia, res nullius, res moviles, res inmoviles, res* divisibles o indivisibles y, por supuesto, desde la propiedad entendida como el *usus* y el *fructus*. Algunos de estos conceptos fueron elaborados por «Los glosadores [que] definen la propiedad como el *ius utendi, et fruendi, et abutendi re sua*» (Bialostosky, 2007: 98). No es casual que algunos códigos civiles modernos, incluso el mexicano, ajusten los derechos del propietario con base en estas categorías. Este beneficio que el derecho de propiedad otorga a su titular le permite usar, percibir sus frutos o consumir, destruir o enajenar «la cosa» que es suya.

En México, el Código Civil Federal, en su artículo 750, apartado V, enuncia que son bienes inmuebles: «Los palomares, colmenas, estanques de peces, criaderos análogos, cuando el propietario los conserve con el propósito de mantenerlos unidos a la finca y formando parte de ella de un modo permanente», de igual manera, en el apartado X son bienes inmuebles: «Los animales que forman el pie de cría en los predios rústicos destinados total o parcialmente al ramo de la ganadería, así como las bestias de trabajo indispensables en el cultivo de la finca, mientras están destinadas a ese objeto». Dentro de este mismo Código existe un apartado sobre la apropiación de los animales, los artículos que van del 854 al 874 señalan que los humanos tienen derecho de apropiarse de los AnH o matarlos si ponen en riesgo los bienes o integridad de los primeros. Los animales domésticos también son propiedades y lo describe el artículo 874 que dice: «La apropiación de los animales domésticos se rige por las disposiciones contenidas en el Título de los bienes mostrencos». Sin embargo, como lo he argumentado aquí, desde un ejercicio filosófico y jurídico estas conclusiones son falaces.

Joseph Proudhon también se percató de esta falacia (Proudhon, 2005). Se dice que los derechos naturales son la propiedad, la libertad, la igualdad, y la seguridad individual, pero, Proudhon pregunta «¿Qué método han seguido los legisladores para hacer esta enumeración?» (Proudhon, 2005: 51). Tal vez la libertad e igualdad sí correspondan al individuo porque se habla de algo que le pertenece. Pero, ¿qué pasa con la propiedad, por qué es un derecho natural si se pude vender, transferir, disminuir o incrementar? Si la propiedad se puede heredar y permanecer más allá de la muerte del poseedor, entonces ¿no es natural, ni subjetiva al hombre?, ¿es creada y externa? Es un artificio como los derechos naturales, una ficción jurídica como la noción de persona.

Todo este análisis sobre las fuentes de la moral, del derecho, la relación entre el derecho y la moral, los fundamentos del iusnaturalismo y su relación con las nociones de persona y propiedad solo permiten analizar y comprender una parte del complejo problema que resulta pretender que existan derechos para los animales en los sistemas jurídicos vigentes adoctrinados por el iusnaturalismo humanocéntrico.

Contra esta pretensión argumento que pensar el derecho de los AnH pasa por buscar otras fuentes más allá del humanocentrismo iusnaturalista. Se requiere pensar de otro modo la liberación animal. Para abonar a ello, en el siguiente capítulo abordo las propuestas de algunos pensadores que asumieron y asumen otras formas de comprender a los AnH desde perspectivas místicas, éticas, religiosas, políticas y jurídicas. De igual forma se ofrecerán datos sobre la sintiencia de los AnH, así como los alcances y límites de dos perspectivas sobre el uso o no de estos: el bienestarismo y el abolicionismo. Podemos justificar los posibles derechos de los animales, pero sin duda el protegerlos implica mayores retos, de aquí que este trabajo no es solo un problema para la filosofía moral o jurídica, también es un problema político: se trata de abolir la propiedad sobre los no humanos, no de restringirla.

Segunda parte
Otras filosofías para pensar los derechos de los animales

Capítulo 3
Reflexiones filosóficas en torno a los derechos de los animales

3.1. Fragmentos filosóficos críticos ante el humanocentrismo

En la tradición filosófica occidental, el tema de la relación de los humanos con otras especies animales ha estado presente a lo largo de la historia. Existen registros en diversas épocas sobre posturas a favor y en contra de considerar a los animales moralmente, lo que supone que el tema ha sido digno de ser atendido a través de ciertos debates entre los filósofos. Como las ideas no son independientes del contexto histórico donde se producen, algunos pensadores abordarán este tema desde perspectivas místicas, metafísicas, religiosas o seculares. De igual manera, si las fuentes del derecho no son ajenas a la moral, entonces es posible discutir si las tesis de los filósofos ofrecen buenas razones que favorezcan el estatuto jurídico de los AnH comúnmente negado, a saber, el ser sujetos de derechos: con capacidad de goce y no de ejercicio.

En este apartado reviso algunos fragmentos filosóficos antiguos que generaron ideas sobre los animales y críticas al humanocentrismo. Algunas de estas ideas fueron retomadas por filósofos posteriores quienes dieron nuevos matices a estas. El apartado sostiene tres tesis a manera de argumento: i) el tema sobre los deberes que tenemos hacia los AnH no es nuevo, ni ajeno a la filosofía occidental. Ha sido poco relevante en la academia por la fuerza que ejerce la ideología humanocéntrica en el campo de los estudios filosóficos; ii) los argumentos en los que se basa el movimiento que lucha a favor de los animales, pertenecen principalmente al ámbito filosófico; y iii) tanto los antiguos filósofos como los pensadores contemporáneos críticos del humanocentrismo, ofrecen razones suficientes para construir una relación moral más justa con los AnH y un derecho de estos.

3.1.1. Críticas filosóficas al humanocentrismo en el periodo clásico y medieval

A principios del siglo v a. C. Pitágoras,[1] fue uno de los primeros filósofos que reparó en la importancia del respeto hacia la vida de los AnH. Según Diógenes Laercio «[...] fue el primero que dijo que el alma, haciendo un necesario giro, pasa de unos animales a otros» (Diógenes Laercio, 1984: 207). En la cultura antigua a esta trasmigración de las almas se le llamó metempsicosis. Por esta razón «A la mayoría de las personas con que se relacionaba les recordaba la vida pasada que sus almas habían experimentado antaño, antes de vincularse con el cuerpo que tenían» (Porfirio de Tiro, 1987: 39). Incluso, según testificó Xenófanes, «hallándose presente cierta vez que a un perrito castigaban, se refiere que dijo: "cesa de apalearlo, que es el alma de un

---

[1] Resulta interesante cómo Pitágoras influyó en algunos aspectos de su época, por ejemplo: «En el siglo v se veía en Pitágoras al defensor de la inmortalidad y de la transmigración de las almas, por un lado, y al fundador de una sociedad o hermandad filosófica, por otro, preocupada por el buen gobierno de la ciudad, que había influido poderosamente en la vida pública de Crotona y otras ciudades vecinas. Este doble aspecto, revelador de la primitiva conexión entre asociación política y cofradía religiosa, fue el que despertó el interés de Platón [...]» (López, 2015: 247). Sin embargo, la metempsicosis, al oponerse al humanocentrismo, fue perdiendo aceptación, al igual que su concepción sobre la hermandad, quizás porque ponía en entre dicho las relaciones humanas basadas en el egoísmo y la acumulación de riqueza.

amigo; en el eco lo conozco"» (Diógenes Laercio, 1984: 212). Según Diógenes Laercio también Empédocles asumía que «el alma se viste de toda especie de animales» (Diógenes Laercio, 1984: 221). De igual forma Aristóteles lo advierte en su *Retórica:* «como también dice Empédocles acerca de no matar al animado. Pues esto es, para algunos justo y para algunos injusto» (Aristóteles, 2002: 57). A su vez, Cicerón refuerza que tanto Pitágoras como Empédocles eran partidarios de respetar a los AnH:

> Pues —se dice— es propio del hombre bueno y justo dar a cada uno lo que se merece. Entonces, ¿tendremos en primer lugar que darle algo a los animales desprovistos de facultad de hablar? Pues no fueron precisamente hombres mediocres, sino de los más grandes y sabios, Pitágoras y Empédocles, quienes afirman que es una sola la condición jurídica de todos los seres vivos y proclaman que existen penas sin remisión para aquellos que hagan violencia contra un ser vivo. En consecuencia, es un crimen hacer daño a una bestia (Cicerón, 1989: 135).

La filosofía de Pitágoras hace referencia a la metempsicosis derivada de los preceptos o misterios órficos.[2] Uno de los preceptos básicos del orfismo era «la abstención de sacrificar animales» (Porfirio de Tiro, 1987: 156). Según relata Heródoto en su *Euterpe,* no fue Pitágoras sino los egipcios los primeros que trataron la cuestión de la metempsicosis (Heródoto, 2007: 118). Como sea, en ese mundo antiguo

---

[2]   En un estudio que realiza Guthrie sobre Orfeo y la religión griega, señala que los preceptos órficos que se relacionaban con la pureza son los más atestiguados y por tanto los que cuentan con mayor evidencia de ser propios del orfismo. Platón en sus leyes nos relata que los hombres se abstenían de carne en razón de que era impío comerla o mancillar con sangre los altares de los dioses. Era una suerte de vida órfica, como se llama, la que llevaban aquellos de nuestra estirpe que vivían en ese tiempo. Aristófanes también testimonia que Orfeo nos reveló los misterios y a reusar lo cruento. La prohibición de matar no solo recaía sobre la vida diaria sino además se extendía a los sacrificios ofrecidos a los dioses. Una segunda prohibición órfica era vedar en general el uso de productos de animales como el uso de lana, esto es testimoniado por Heródoto y Eurípides. Sobre los himnos o plegarias métricas con los que se cuenta existen dudas sobre si sufrieron modificaciones en épocas más recientes (Guthrie, 2003: 253-278).

se formó una tradición pitagórica. Según relata Porfirio, esta tradición casi desaparece cuando Cilón de Cronta acusó a Pitágoras y tramó un complot contra él y sus familiares, prendiendo fuego y dando muerte a sus discípulos, excepto a Aquipo y Lisis, quienes salvaron escasos destellos de esta filosofía (Porfirio de Tiro, 1987: 55-57).

A pesar de este hecho, siglos después, Plutarco en el siglo I a. C. reavivó los postulados pitagóricos que versaban sobre nuestras responsabilidades con los AnH, específicamente sobre la idea de que el alma de los seres humanos puede encarnarse también en otros animales. Es en *Moralia. Obras morales y de costumbre,* donde Plutarco ofrece tres estudios sobre los animales, a saber: *Sobre la inteligencia de los animales, Los animales son racionales y Sobre comer carne.* Por el contexto en que se gesta el pensamiento de Plutarco, encontramos en este, argumentos filosóficos y a la vez creencias metafísicas o místicas.

En el primer estudio relativo a si los animales son inteligentes, Plutarco expone a manera de diálogo sus argumentos. Usa a Autobulo como personaje para sostener que los AnH son seres inteligentes al igual que los humanos. La diferencia la sitúa en grado, no en esencia.

[…] es necesario que todos los seres dotados de sensación lo estén también de entendimiento, […] En cuanto a los que dicen neciamente que los animales ni sienten placer ni irritación ni temor, ni hacen preparativos ni tienen memoria, sino que la abeja «por así decir, recuerda» y la golondrina «por así decir, hace preparativos» […] No sé qué harán con quienes digan que tampoco ven ni escuchan, sino que por «por así decir, ven» y «por así decir, escuchan» y que tampoco emiten voces sino que «por así decir, emiten voces», y en definitiva ni siquiera viven, sino que «por así decir, viven»; pues todas estas afirmaciones, en mi opinión son tan contrarias a la evidencia como las anteriores. […] Pues muchos animales superan a toda la humanidad por su tamaño o su rapidez, por su vista penetrante o su fino oído, pero no por ello es el hombre ciego o inválido ni carente de oídos […] (Plutarco, 2002: 184).

El tema sobre la inteligencia de los animales tenía ya un anteceden-te. Aristóteles, en su *Historia de los animales,* planteaba que existen diversos animales inteligentes o prudentes:

> Los animales se distinguen también por las siguientes diferencias en lo que su carácter respecta. [...] Unos son inteligentes y tímidos, como el ciervo, la liebre, otros son innobles y astutos, como las serpientes, y otros nobles, valientes, magnánimos, como el león, y otros fuertes, salvajes y astutos, como el lobo (Aristóteles, 1990: 54).

Y en el capítulo VIII de esta misma obra, podemos leer: «En efec-to, lo mismo que en el hombre se dan maña, sabiduría e inteligencia, exactamente igual asiste a algunos animales alguna otra facultad del mismo tenor» (Aristóteles, 1990: 410). El humanocentrismo filosófico o jurídico ignora los tratados sobre los animales[3] de Aristóteles y solo hace suya, de manera aislada, la frase del estagirita que dice: «[...] de todos los animales es el hombre el único dotado de discernimiento» (Aristóteles, 1990: 55). Esta lectura es parcial y resulta cuestionable. El mismo Aristóteles pensaba que despreciar el estudio de los anima-les es despreciar el estudio de los hombres (Aristóteles, 2000: 74). Comenzar a investigar nuestras similitudes con otros animales, es de-cir, comenzar con nuestro género antes que, con nuestra especie,[4] permitió a Aristóteles nombrar al hombre primero como animal y lue-

---

[3] «Aristóteles fue sin duda, el filósofo de la época clásica griega quien más interés tuvo por estudiar la vida animal. El estagirita se interesó por las ciencias naturales y por los fenómenos empíricos. Recopiló datos y proporcionó una clasificación minuciosa y extensa de los seres vivos. El espíritu científico de Aristóteles fue parte esencial en el desarrollo de su filosofía, porque dirigió su trabajo por distintas vías como la metafísica, física, lógica, ética, política, estética, biología y zoología. Aristóteles fue un gran conocedor de los anima-les, basta percatarse de la gran cantidad de páginas que dedicó a éstos por encima de los escritos de ética, lógica o metafísica, juntas» (Mosterín, 2013: 88).

[4] Desde la perspectiva aristotélica las similitudes y diferencias entre géneros y la es-pecie estaban basadas en las semejanzas anatómicas, ahora las clasificaciones se realizan a partir del parentesco molecular, que permite encontrar similitudes en distintas especies y no solo en los géneros, por ejemplo, existe una continuidad filogenética entre los vertebra-dos, así como similitudes funcionales de sus órganos.

go como racional o político. Sin duda, existen diferencias entre las especies de animales, pero a lo largo de la historia la distinción objetiva aristotélica sobre el hombre se trasladó al campo moral otorgándole una valoración arbitraria y fortaleciendo la postura humanocéntrica.

Curiosamente, en la actualidad son las ciencias cognitivas y no las humanidades las que corroboran que tanto Aristóteles como Plutarco tenían razón. En no pocos estudios se puede leer lo que ya decía Aristóteles, a saber, que los AnH resuelven problemas propios de su especie como los humanos de la suya. Incluso, no pocas veces se ha recurrido al humanomorfismo epistémico para argumentar que otros animales son inteligentes, apoyándose en observaciones de comportamiento que son concomitantes a los procesos mentales de los humanos, es decir, algunos comportamientos que se relacionan con la inteligencia son similares entre distintas especies de animales, incluida la nuestra.

Aristóteles, al igual que Plutarco, basa sus argumentos de similitud sobre inteligencia principalmente en la observación del comportamiento. Pero, para el primero, lo más supremo de la razón era la capacidad de discernir, mientras que, para el segundo, las expresiones que manifestaban inteligencia eran suficientes para integrar a los AnH en el círculo moral. Recordemos que en esta época lo más relevante para ser «acreedor de derechos» era la posesión de razón, o al menos como se postuló en el anterior capítulo, la razón comprendida desde un antropomorfismo étnico, es decir, desde la perspectiva del varón ateniense, helénico o romano.

Siguiendo con los argumentos sobre si los animales son racionales, Plutarco expone sus tesis a través de las ideas de Grilo, quien asumía que los animales eran virtuosos. Ellos desarrollan las virtudes del valor, de la austeridad y la inteligencia. En palabras de Grilo:

> [...] si creéis que sois mejores que los animales en lo tocante a la valentía, ¿por qué entonces vuestros poetas llaman a los que combaten a los enemigos con más arrojo «de espíritu de lobo», «de corazón leonino» o «a jabalí en su brío parejo» [...] y el hombre llevado de su molicie y harto de

lo estrictamente necesario, va en busca de alimentos inapropiados e impuros debido a la matanza de seres vivos—, comportándose de forma mucho más cruel que los animales más salvajes. [...] El animal no es ignorante ni carente de instrucción, sino más bien autodidacta y autosuficiente [...] Es más, cuando los hombres, por capricho o por diversión, obligan a los animales a aprender y a entrenarse, su mente, dada su capacidad superior de comprensión, asume las enseñanzas incluso cuando van contra su constitución física (Plutarco, 2002: 356-358).

En su tratado de *Sobre comer carne,* Plutarco argumenta a favor del vegetarianismo pitagórico. Para el filósofo comer carne resultaba innecesario y ocasionaba daño a otros seres. Por esta razón, para Plutarco resultaba extraño que sus contemporáneos se preguntaran de manera insistente, por qué se abstuvo Pitágoras de comer carne, y no, por qué «la primera persona que probó sangre con su boca, rozó con sus labios carne de animal muerto y preparando mesas de cuerpos e imágenes inertes —denominó alimento y nutrición a miembros que, poco antes, podían rechinar, aullar, moverse y ver» (Plutarco, 2002: 377). Plutarco cuestiona el comer carne, por la responsabilidad que implica despojar de vida a otros animales innecesariamente y la capacidad de los humanos para evadirla. Pero también Plutarco se esfuerza por demostrar lo antinatural de esta práctica:

El acto de comer carne no es connatural al ser humano, viene demostrado, en principio, por la morfología de su cuerpo. Y es que el cuerpo del ser humano no se parece al de las criaturas de condición carnívora: carece de hocico corvo, de garras agudas, de poderosas fauces, de estómago resistente, de jugos internos capaces de digerir y elaborar alimentos pesados, y carne. Así es que, por estas razones —la sencillez de los dientes, la pequeñez de la boca, la delicadeza de la lengua, la escasa capacidad de nuestros jugos para la digestión—, la naturaleza desaprueba comer carne (Plutarco, 2002: 385).

Hoy día lo dicho por Plutarco es evidencia. Los animales llamados carnívoros pueden consumir carne cruda sin dañarlos, no así los humanos. Hacerlo puede ocasionar intoxicaciones en estos últimos. Pero debemos advertir que los argumentos de Plutarco sobre el vegetarianismo no son de índole médica, sino ética; para este filósofo matar animales no se justifica.

> ¿No os avergonzáis de mezclar nuestros frutos con sangre y muerte? Y eso que llamáis salvajes a las serpientes, a los leopardos y a los leones, pero no sois inferiores a ellos en crueldad cuando matáis: de hecho, para ellos la muerte es alimento; para vosotros, guarnición (Plutarco, 2002: 381).

La discusión de Plutarco corresponde a una filosofía moral de suma importancia. Se pregunta si es correcto privar de la existencia a seres inteligentes, con intereses y con capacidad de sufrir. Por comer carne, afirma Plutarco, a los animales «[...] les privamos del sol, de la luz, del curso de su vida, cosas que por esencia y naturaleza merecen. De este modo, los gritos que emiten y elevan nos parecen inarticulados y no plegarias, súplicas justas» (Plutarco, 2002: 383).

Ahora bien, el tema sobre el trato que debemos a los AnH no fue para los filósofos antiguos un monólogo. Existen registros sobre ciertas polémicas entre pitagóricos y estoicos. Por ejemplo, las ideas de Plutarco las combate Crisipo de Solos. En los *Testimonios y fragmentos* de Crisipo, podemos leer que «para los estoicos no existe lo justo en relación con los demás animales» (Crisipo de Solos, 2006: 246). Plutarco discute esta tesis en sus obras de *Moralia* y en *Las contradicciones de los estoicos*. En la primera Plutarco escribe:

> Con todo, la mencionada argumentación no es igual a la de los estoicos en su apología del consumo de carne [...] por supuesto, dicen, no hay vínculos de justicia entre nosotros y los animales irracionales. Ni entre nosotros y el perfume, ni de las especies exóticas. [...] Así es que absteneos de estas prácticas si despreciáis lo que no es útil ni de modo alguno necesario en el placer (Plutarco, 2002: 189).

El estoicismo tuvo una fuerte influencia en la cultura occidental. Es una fuente del humanocentrismo que aún prevalece, sobre todo en el mundo occidentalizado. Con todo, la doctrina pitagórica lo combatió en el campo filosófico. También lo hicieron quienes pertenecieron a la escuela escéptica a través de uno de sus representantes: Sexto Empírico.

Sexto Empírico reconoció en los animales distintas similitudes con los humanos. Argumentó que los humanos nos guiábamos por representaciones mentales o impresiones, y estas diferían según la especie (Sexto Empírico, 1993: 67) por lo que no podríamos establecer valoraciones entre nuestras representaciones mentales y las de los demás animales (Sexto Empírico, 1993: 71). Incluso, en cuanto a que los animales poseen razón, afirmaba que no se quedaban atrás de nosotros, en cuanto a la fiabilidad de sus conocimientos empíricos (Sexto Empírico, 1993: 73).

La postura escéptica se asemeja a la que se asume en esta tesis cuando postula que los AnH al igual que nosotros parten de un centro epistémico, sus conocimientos o representaciones acerca del mundo son propios de cada especie, y sirven como guía efectiva para desenvolverse dentro de él. Desde estas diversas representaciones no se podría postular una jerarquía ontológica ni moral entre las especies animales. El centro epistémico y no moral, nos permite pensar que, ante distintas especies, existen distintas formas de percibir el mundo y distintas formas de vivir dentro de él. Así, el continuo sobre los diversos fenómenos que están implicados en la representación —como la vista, olfato, gusto, sensación epidérmica, etcétera— se exterioriza y hace evidente, de distintas formas o grados, en las diversas especies, incluida la nuestra. La escuela escéptica al no empatar con la estoica sobre el tema de la inteligencia en los animales, no solo se posicionó y argumentó en conformidad al tema, sino que, además, Sexto Empírico, en un pasaje, muestra la contradicción lógica sobre la incredulidad sostenida por Crisipo de que los AnH son inteligentes:

> Y según Crisipo —el que más arremete contra los animales irracionales— que participa incluso de tan celebrada Dialéctica, dice en efecto [...] que el perro hace uso del quinto indemostrable cuando al llegar al cruce de

tres sentidos y haber rastreado dos por los que no pasó la fiera y no haber rastreado la tercera, se lanza acto seguido por ella, pues implícitamente —dice el antiguo estoico— el perro reflexiona así: la fiera pasó o por ésta o por ésta o por ésta; pero ni por ésta, ni por ésta; luego por esta (Sexto Empírico, 1993: 75).

Más allá de la veracidad de este fragmento, es indiscutible que los animales solucionan diversos problemas que se les presentan. En buena medida, la cuestión que genera la exclusión de los AnH, principalmente del ámbito moral, ha sido no distinguir el hecho de la valoración, es decir, comúnmente suponemos que nuestro centro epistémico —nuestra concepción de nosotros mismos, que es un hecho, al igual que otros centros epistémicos de otros AnH—, es el más adecuado, y es, desde donde deben medirse las demás formas de inteligencia, sentir o comunicar.

Tiempo después, Porfirio de Tiro (siglo III) continuó apelando a las ideas de Pitágoras e incluso escribió un texto intitulado *Vida de Pitágoras,* que formaba una parte de «cuatro libros que constituían una especie de Historia de la filosofía, y puede considerarse como una elaboración a base de pasajes de diversos autores» (Periago, 1987: 11), como Apolonio de Tiana, Antonio Diógenes o Nicómaco de Gerasa. Porfirio de Tiro manifiesta en este texto que Pitágoras,

Como alimentación contra el hambre, tomaba un compuesto a base de semilla de adormidera, sésamo, corteza de cebolla lavada minuciosamente hasta hacerle desaparecer su jugo, tallos de asfódelo, hojas de malva, harina, cebada y garbanzos, componentes que, troceados en proporciones idénticas, aderezaba con miel del Himeto (Porfirio de Tiro, 1987: 44).

El vegetarianismo de Pitágoras también se encuentra fundado en otros elementos que para él resultaban de suma importancia, como el deber religioso-político de aquella época, pues «sólo prestó adoración al ara de Apolo-padre, que está en Delos detrás de la *ara córnea,* por causa de que en ella sólo se ofrece trigo, cebada y hojuelas, sin fuego alguno; pero no víctimas. Así lo dice Aristóteles en su República de los Delos» (Diógenes Laercio, 1984: 207). El vegetarianismo de Pitágoras estaba basado en el cuidado del cuerpo y del alma, así como en el deber que se le debía a los dioses. Porfirio, al igual que Plutarco, adopta una postura a favor de respetar la vida de los animales y emite nuevos argumentos no solo a partir de la filosofía pitagórica sino al desarrollar una idea sobre la justicia en la que los AnH están incluidos.

> Y realmente cometemos una gran injusticia, si damos muerte a los animales pacíficos, tal como a los feroces e injustos, y si nos comemos a los otros. En efecto en ambos casos cometemos injusticia porque damos muerte a los que son mansos y porque nos los llevamos a la mesa, y su muerte tiene simplemente como razón de ser el servir de alimento nuestro. Se podría añadir a estas argumentaciones otras como las siguientes: decir que si se extiende el derecho a los animales se destruye el derecho, es ignorar que no se conserva la justicia, sino que se aumenta el placer, que es enemigo de la justicia. En efecto siendo un fin el placer, se evidencia la destrucción de la justicia (Porfirio de Tiro, 1984: 178-179).

Para Porfirio, era evidente que no se debía anteponer el placer a la justicia, de otra manera se pondrían en juego las vidas de seres sintientes y con intereses. Si el placer fuera el eje regulador de una ética, tendría que reconocerse que todas las prácticas que producen placer en algunas personas, pero ocasionan dolor, sufrimiento o muerte a otros seres, deberían ser permitidas, aunque resultasen injustas para los afectados. Pero desde esta óptica filosófica se sobreentiende que, de manera general, se dirá que es injusto suprimir y dar muerte a los animales que no cometen ninguna injusticia por obtener un placer (Porfirio de Tiro, 1984: 104).

El trato que debemos a los animales, para Porfirio, está enmarcado en el principio de justicia, porque este no solo atañe a los humanos, sino a todos los seres que pueden ser dañados. Sobre ello agrega Porfirio:

Y jamás parecen desconocer la índole propia de la justicia quienes pensaron derivarla del parentesco con los hombres, esa sería, en efecto, una especie de filantropía, mientras que la justicia consiste en la abstención y salvaguarda de daño de cualquier ser inocente. Y de este modo se entiende el justo, no de otra manera. De modo que la justicia, que se fundamenta en la ausencia del daño, debe hacerse extensiva también a los animales (Porfirio de Tiro, 1984: 180).

El cuestionar aquello que nos parece injusto es fundamental en el campo de la filosofía moral. Estos pensadores antiguos que criticaron el humanocentrismo pusieron en tela de juicio el uso y abuso normalizado hacia los AnH. Sin embargo, con el arribo e imposición de la doctrina judeo-cristiana en Occidente todo cambió. Se comenzó a divulgar la idea que hoy es ley: los AnH no poseen alma. Inició así una artificial división de animales: racionales y brutos. Con esto la cosmovisión pitagórica quedó en el olvido.

Es justo reconocer que, aunque el cristianismo impuso sus doctrinas, hubo quienes como Francisco de Asís interpretaron estas de manera singular. El franciscano consideraba que toda la creación compartía una hermandad con los humanos. Algunos de los relatos que refieren el comportamiento de Francisco de Asís señalan su trato respetuoso hacia los AnH:

Cierto joven había cazado tórtolas y al llevarlas a vender, se encontró con San Francisco. Sentía el santo especial ternura hacia los animales mansos, y mirando aquellas tórtolas con ojos compasivos, dijo al joven: «Oh, buen joven, te ruego que me des esas tórtolas, para que unas aves tan mansas e inocentes, que en las Sagradas Escrituras son comparadas a las almas castas, humildes y fieles, no caigan en manos crueles que las maten» (Sin autor, 1965: 43).

En otros relatos sobre Francisco de Asís se habla no solo de su compasión hacia los animales dóciles, sino también hacia los indómitos; los llamaba hermanos e incluso conversaba con ellos para pactar acuerdos de paz con los humanos.[5] Con ello, Francisco de Asís mostró que los textos bíblicos no tenían una sola interpretación y que la misma concepción religiosa podía ser instrumento para debilitar la postura humanocéntrica. Si los mandamientos cristianos fomentan el respeto por el prójimo, Francisco interpretó estos preceptos incluyendo a los AnH. Su compasión por estos es una muestra de que la interpretación teológica de textos religiosos no necesariamente es unilateral y dogmática.

3.1.2. *Críticas filosóficas modernas al humanocentrismo*

En el siglo XVI, Michel de Montaigne cuestionó las bases en las que se edificó la creencia de la superioridad humana sobre las demás criaturas. Montaigne refiere que, por vanidad, los humanos llevan a cabo una fantasía, a saber, la de considerarse investidos de atributos divinos con lo que se separan de la multitud de las demás especies (Montaigne, 2014: 879). Esta fantasía de carácter teológico, para Montaigne también surte efecto en el naturalismo científico. En el ámbito científico no son pocos los juicios que comparan el supuesto carácter racional de los humanos y el bestial de los AnH. Al respecto razona Montaigne:

> ¿Mediante qué comparación entre ellos y nosotros infiere el carácter bestial que les atribuye? Cuando juego con mi gata ¿quién sabe si es ella la

---

[5]   Se relata que «San Francisco compadecido de aquellos hombres, determinó ir en busca de dicho lobo [...] lo llamó diciéndole: "ven aquí, hermano lobo [...] tú has causado muchos daños en estas tierras [...] toda la gente se queja y murmura de ti, y toda esta tierra te es enemiga. Pero ahora hermano lobo, yo quiero hacer la paz entre ti y ellos, de modo que tú no les hagas más daños y ellos te perdonen todas las ofensas pasadas, y ni los hombres ni los perros te perseguirán más [...] hermano lobo ya que tú quieres hacer guardar esta paz, yo te prometo que los hombres de esta ciudad te den el sustento, mientras vivas, para que nunca pases hambre; pues bien sé que por causa del hambre has hecho tantos daños [...]", después de esto, vivió dicho lobo en Gubio dos años; y entraba familiarmente por las casas, de puerta en puerta, sin hacer mal a nadie y sin que nadie se lo hiciese [...] finalmente, pasados dos años el hermano lobo murió de viejo, de lo cual se dolían mucho los ciudadanos» (Sin autor, 1965: 41).

que pasa el tiempo conmigo más que yo con ella? [...] Está por averiguar de quién es la culpa de que no nos entendamos, porque no los entendemos nosotros a ellos más que ellos a nosotros. Por el mismo motivo pueden ellos considerarnos brutos a nosotros, como nosotros a ellos (Montaigne, 2014: 879-881).

Compartimos con Montaigne que nuestros conocimientos sobre los AnH son limitados y que ellos se encuentran en las mismas condiciones que nosotros. Un criterio moral como el de la igualdad entre especies debiera partir de la incertidumbre y no de la creencia de saber todo sobre los AnH. Si un principio moral como el «no hagas a los demás lo que no quieras que te hagan» no tiene su base en conocer a otro humano en su totalidad para respetarlo ¿Por qué no resulta igual en el caso de los AnH? ¿Por qué necesitamos evidencias para estar seguros de que son inteligentes, tienen intereses o sufren? Montaigne pensaba algo parecido sobre su inteligencia:

Las golondrinas, que con el regreso de la primavera vemos escudriñar todos los rincones de nuestras casas, ¿buscan sin juicio y eligen sin discernimiento, de entre mil lugares, el que les es más conveniente para instalarse? [...] ¿cogen ahora agua y luego arcilla sin juzgar que lo duro se ablanda al humedecerlo?, ¿revisten su palacio de musgo o de plumón sin prever que los tiernos miembros de sus polluelos estarán así más mullidos y cómodos? (Montaigne, 2014: 885).

Estas preguntas retóricas tienen de base una simetría entre nuestros comportamientos con los de otros animales. Montaigne cuestiona el supuesto que solo los humanos tienen juicio, discernimiento, cuidado o prevención. Antes bien, su planteamiento es antihumanocéntrico al aceptar igualdad entre animales humanos y no humanos. Al respecto dice:

[...] ¿cómo no iban a hablar entre ellos, si nos hablan a nosotros, y nosotros a ellos?, ¿de cuantas maneras no hablamos a nuestros perros, y ellos nos responden? Conversamos con ellos un lenguaje y mediante unos vocablos distintos de los que utilizamos con pájaros, cerdos, bueyes, caballos, cambiando el idioma según la especie. [...] Y las diferentes lenguas que se observan entre nosotros, según los diferentes países, se hallan también entre los animales de la misma especie (Montaigne, 2014: 893).

Montaigne concluye que la similitud entre especies es un principio moral que debería formar parte de nuestro acervo normativo. El no hacerlo tiene su raíz en la fantasía de creernos de naturaleza divina o del artificio naturalista que divide y clasifica a los AnH a partir del criterio humanocéntrico. De hecho, no solo la teología cristiana es arbitraria en esta jerarquización de especies; las ciencias y las humanidades también lo son al pretender justificar sus juicios a través de conceptos como racionalidad, dignidad, persona o derechos humanos. En todas al final de cuentas se pretende justificar una superioridad humana por encima de las demás especies, pero como bien dice Montaigne, tal justificación es la misma por la que existe el esclavismo:

Y si queremos allegar alguna superioridad por el hecho mismo de que tenemos la posibilidad de capturarlos, servirnos de ellos y manejarlos a nuestro albedrío, no otra es la superioridad que tenemos unos sobre otros. En tal condición mantenemos a nuestros esclavos (Montaigne, 2014: 897).

El poder que ejercemos sobre otros, sean humanos o no humanos, no argumenta ni justifica, en términos morales, nuestra superioridad ontológica en el llamado reino animal. Lo único que se obtiene por esa vía, es el deseo de imponerse sobre los demás sin responsabilidad moral o jurídica. Sobre la pretendida superioridad de los humanos sobre otras especies, en términos morales, todos los juicios derivados del humanocentrismo son arbitrarios.

En esta situación se encuentra René Descartes, quien construyó un pensamiento con el que negó deberes hacia los AnH. Su pensamiento se basó en la creencia de que el alma solo la poseen en exclusividad los humanos. El mecanicismo de Descartes supuso que los AnH eran bestias sin lenguaje,[6] sin pensamiento,[7] autómatas o máquinas que actuaban no por tener conciencia, sino por la disposición de sus órganos (Descartes, 1979: 31).

Aunque la teoría mecanicista sobre los AnH no resiste a los argumentos e información con que hoy se cuenta sobre su capacidad de sufrir e interesarse por su existencia, comúnmente se acepta la tesis de Descartes. De hecho, en su época, el mecanicismo de Descartes fue refutado por Henry More, Julien Offray de La Mettrie, Voltaire o Étienne Bonnot de Condillac. Muestro el caso de los dos últimos. Voltaire retoma la tradición pitagórica y refuta la teoría mecanicista, mientras que Condillac polemiza con Georges-Louis Leclerc, conde de Buffon, seguidor de la teoría cartesiana.

En el siglo XVIII Voltaire retoma el pensamiento de Porfirio de Tiro y condena la violencia hacia los AnH. Con seguridad asiente que los AnH sienten, sufren, razonan y algunas veces hasta se comunican con los humanos. Como Porfirio, sostiene que los animales «[...] están animados como nosotros, porque tienen los mismos principios de la vida, ellos tienen al igual que nosotros las ideas, los sentimientos, la memoria, la actividad de transformar»[8] (Voltaire, 2014: 27).

Voltaire asumió la práctica vegetariana a partir del argumento de la sintiencia de los AnH. Luego hizo una crítica al maquinismo cartesiano señalando:

¿Qué pena, qué pobreza, haber dicho que los animales son máquinas privadas de conocimiento y sentimiento, que siempre hacen sus operacio-

---

[6] Para Descartes: «Los sonidos que emiten [el loro y la urraca] no constituyen un lenguaje porque éste requiere un fondo que es el pensamiento, por grande que sea la desigualdad entre los animales de una misma especie y entre los hombres, no es creíble que un mono o un loro, igualen a un niño de los más estúpidos, no hay que confundir las palabras con los movimientos naturales, que pueden ser imitados por las máquinas y por los animales, ni pensar como los antiguos, que las bestias hablan aunque nosotros no entendamos su lenguaje» (Descartes, 1979: 32).

[7] Sobre este tema véase Regan (2016).

[8] «[...] parce qu'ils sont animés comme nous, qu'ils ont les mêmes principes de vie, qu'ils ont ainsi que nous des idées, du sentiment, de la mémoire, de l'industrie». Traducción propia.

nes de la misma forma, que no aprenden nada, no perfeccionan nada, etc.? [...] Tú descubres en él los mismos órganos para sentir que hay en ti. Respóndeme, maquinista, ¿la naturaleza ha dispuesto todos los nervios del sentimiento en este animal para que no sienta? ¿Tiene nervios para ser impasible? No supongas esta impertinente contradicción en la naturaleza[9] (Voltaire, 2014: 18-20).

Voltaire, en otras obras como el *Tratado sobre la tolerancia,* enfatizó que dentro de los textos bíblicos se enunciaba que el pacto que había hecho Dios «no fue con los árboles y las piedras, que no sienten, sino con los animales, a los que se dignó dotar de un sentimiento más exquisito con frecuencia que el nuestro y de algunas ideas necesariamente unidas a ese sentimiento»[10] (Voltaire, 1989: 170). No es que Voltaire fuera un dogmático religioso, sino que con este pasaje ponía en entredicho las prácticas de aquellos seguidores de Descartes que se decantaban por el cristianismo[11] y negaban la sensibilidad de los AnH. Incluso para este ilustrado era evidente que se había derramado demasiada sangre por motivos de intolerancia religiosa. Estos hechos debían ser recordados para inspirar horror y rechazo del fanatismo sobre otras cosmovisiones[12] (Voltaire, 1989: 143-147).

---

[9] «Quelle pitié, quelle pauvreté, d'avoir dit que les bêtes sont des machines privées de connaissance et de sentiment, qui Font toujours leurs opérations de la même manière, qui n'apprennent rien, ne perfectionnent rien, etc.? [...] Tu découvres dans lui tous les mêmes organes de sentiment qui sont dans toi. Réponds-moi, machiniste, la nature a-t-elle arrangé tous les ressorts du sentiment dans cet animal afin qu'il ne sente pas? a-t-il des nerfs pour être impassible? Ne suppose point cette impertinente contradiction dans la nature». Traducción propia.

[10] «Die une fait point un pacte avec les arbres et avec les pierres, qui n'ont point de sentiment; mais il en fait un avec les animaux, qu'il a daigné douer d'un sentiment souvent plus exquis que le nôtre, et quelques idées nécessairement attachées á ce sentiment». Traducción propia.

[11] Uno de los más notables seguidores fue Malebranche, a quien se le atribuye que en alguna ocasión como seguidor de la teoría mecanicista pateó a una perra, justificándose bajo la sentencia de que ella solo era una máquina.

[12] Voltaire tenía aprecio por la India, al menos en sentido de que en ella se tenía al alcance la alimentación a base de vegetales, pues «no hay necesidad, en semejante clima, de despellejar rebaños para proteger a los niños de los rigores de las estaciones [...] ni arriesgar su vida atacando animales para sostenerla alimentándose de sus miembros desgarrados, como se hace en casi todos los demás países. [...] Los griegos antes de Pitágoras,

Otro ilustrado que se inclinó en contra de la postura cartesiana sobre los planteamientos relativos a los AnH fue Étienne Bonnot de Condillac. En su *Tratado de los animales* encontramos una serie de argumentos que se contraponen a los planteamientos de Descartes y su seguidor el conde de Buffon sobre los animales. Condillac sobre el primero señala:

> El sentimiento de Descartes sobre los animales comienza a ser tan viejo que se puede suponer que sólo quedan unos pocos seguidores [...] Es culpa de los filósofos. Cualesquiera que sean los caprichos del público, la verdad bien presentada establecería límites [...] Descartes hizo necesario limitar un mecanismo puro a los seres animados. [...] Pero los mismos animales vigilan su preservación; se mueven a su gusto; se apropian de lo suyo, lo rechazan, evitan lo que les es contrario; los mismos sentidos, que regulan nuestras acciones, parecen regular las de ellos[13] (Condillac, 2004: 113-116).

En cuanto al conde de Buffon, que pretende, como Descartes, después de un siglo, explicar mecánicamente las acciones de los animales (Condillac, 2004: 118), Condillac realiza un análisis de sus tesis referidas principalmente en su *Historia natural,* señalando en treinta y un enunciados la extrañeza que le provocan. Así, Condillac, en las primeras cinco interrogantes muestra su postura:

> Me detendré por encima de cosas que no me parecen tan obvias como él y sobre las cuales me permitirá pedirle una aclaración. I. ¿El sentimiento

---

viajaban a la India para instruirse. [...] Los indios tuvieron un freno más al abrazar la doctrina de la metempsicosis: el temor de matar a su padre o su madre al matar hombres y animales les inspiró un horror por el asesinato y por toda violencia [...]. En una palabra, la antigua religión de la India y la de los letrados en China son las únicas en las cuales los hombres no se trasforman en bárbaros» (Voltaire, 1990: 83-86).

[13] «Le sentiment de Descartes sur les bêtes commence à être si vieux qu'on peut présumer qu'il ne lui reste guère de partisans [...] C'est la faute des philosophes. Quels que soient les caprices du public, la vérité bien présentée y mettrait des bornes [...] Descartes, il fallait encore bornera au pur mécanisme jusqu'à des êtres animés. [...] Mais les bêtes veillent elles-mêmes à leur conservation; elles se meuvent à leur gré; elles saisissent ce qui leur est propre, rejettent, évitent ce qui leur est contraire; les mêmes sens, qui règlent nos actions, paraissent régler les leurs». Traducción propia.

sólo puede servir para moverse ante una conmoción y una resistencia, y para percibir y comparar? ¿Y si los animales no perciben ni comprenden, su facultad de sentir es sólo la facultad nula?; II. O, si sentir es tener placer o dolor, ¿cómo reconciliar estas dos proposiciones: la materia es incapaz de sentir, y: ¿los animales, aunque puramente materiales, tienen sentimientos?; III. ¿Qué se puede entender por sensaciones corporales, si la materia no huele?; IV. ¿Cómo puede una y la misma persona estar compuestas por dos principios, diferentes en su naturaleza, contrarios en su acción, y cada uno dotado de una manera de sentir que es propicia para ellos?[14] (Condillac, 2004: 145).

Condillac, en el *Tratado de los animales,* llevó a cabo un análisis empírico y descriptivo sobre los ÁnH, enfatizando principalmente su carácter natural, pero también bajo supuestos metafísicos, éticos y teológicos. Este pensador realizó una comparación entre el humano y el animal no humano desde el fenómeno de la sensación, pues esta permite que tanto humanos como no humanos se muevan según su voluntad. Pero la sensación no basta, es necesaria la posesión de conocimiento. Así para Condillac, los animales al igual que el animal humano: comparan, juzgan, tienen ideas y memoria (Condillac, 2004: 129-132). También para el filósofo es importante aclarar que dichas capacidades varían según la especie:

Los animales inventan entonces, si inventar significa la misma cosa que juzgar, comparar, descubrir. Ellos inventan incluso, si por esto se entiende representar anticipadamente lo que se hará. El castor se representa la ca-

---

[14] «Je m'arreterai surtout aux choses qui ne me paraissent pas aussi évidentes qu'à lui et sur lesquelles il me permettra de lui demander des éclaircissements. I. Sentir ne peut-il se pendre que pour se mouvoir à l'occasion d'un choco u d'une résistance et pour apercevoir et comparer? Et si les bêtes n'aperçoivent, ni ne comparent, leur facultè de sentir n'est-elle que la faculté d'être mues? II. Ou, si sentir est avoir du plaisir ou de la douleur, comment concilier ces deux propositions: la matière est incapable de sentiment et: les bêtes, quoique purement matérielles, ont du sentiment? III. Que peut-on entendre par des sensations corporelles, si la matière ne sent pas? IV. Comment une seule et même personne peut-elle être composée de deux principes différents par leur nature, contraires par leur action et doués chacun d'une manière de sentir qui leur est propre?». Traducción propia.

baña que quiere edificar; el pájaro el nido que quiere construir. Estos animales no realizarían estas obras si la imaginación no les otorgara el modelo[15] (Condillac, 2004: 153-154).

A diferencia de Voltaire y Condillac, que cuestionaron el humano-centrismo, otros filósofos como Immanuel Kant, permanecieron en esta postura con cierto extraño matiz: para Kant, los AnH son meros medios y a la vez se rechaza su maltrato. En otras palabras, al ser solo medios los AnH son parte del conjunto de las cosas con las que no mantenemos relaciones morales. Sin embargo, según Kant los humanos sí tenemos deberes hacia los AnH, pero, no directos sino indirectos. Esto quiere decir que el deber lo tenemos hacia nosotros mismos, no debemos maltratar o ser crueles con los animales porque nos deshumanizamos, y no porque tengamos deberes directos con ellos, como si los tenemos con nuestros iguales.

Immanuel Kant fundamentó a través de su filosofía práctica que los humanos eran los únicos portadores de razón, capaces de discernir y cumplir con obligaciones, y en consecuencia eran seres con dignidad y no podían ser reducidos a instrumentos.[16] Sin embargo, Kant estaba convencido que no debíamos ser crueles con los AnH aunque estos no fueran portadores de razón, por lo que postuló que teníamos de cualquier modo deberes indirectos hacia ellos. Sobre el punto vale la pena esta cita larga de Kant:

---

[15] «Les bêtes inventent donc, si inventer signifie la même chose que juger, comparer, découvrir. Elles inventent même encore, si par là on entend se représenter d'avance ce qu'on va faire. Le castor se peint la cabane qu'il veut bâtir; l'oiseau, le nid qu'il veut construire. Ces animaux ne feraient pas ce ouvrages si l'imagination ne leur en donnait pas le modèle». Traducción propia.

[16] Immanuel Kant suponía que los seres humanos existen por y para sí mismos, son fines y no medios, se guían a través de la filosofía práctica y deben asumir el *Imperativo Práctico* que versa así: «Obra de tal modo que uses a la humanidad, tanto en tu persona como en la persona de cualquier otro, siempre como un fin al mismo tiempo y nunca simplemente como un medio» (Kant, 2005: 117). Por otra parte, los AnH son medios que «están urgidos por estímulos», no son capaces de poner freno a sus deseos, pues no participan de la razón (Lucano, 2017).

Dado que la naturaleza animal es análoga a la humana, observamos deberes hacia la humanidad, cuando por analogía los observamos hacia los animales y promovemos con ello de modo indirecto nuestros deberes hacia la humanidad. Así por ejemplo, cuando un perro ha servido durante mucho tiempo fielmente a su amo, he de considerar esos servicios prestados como análogos a los humanos, por lo que debo retribuírselos y procurarle un sustento hasta el final de sus días cuando ya no pueda servir más, en tanto que con este comportamiento secundo mis deberes para con la humanidad tal y como estoy obligado a hacer […] Según esto cuando alguien manda sacrificar a su perro porque ya no puede seguir ganándose el sustento, no contraviene en absoluto deber alguno para con el perro, habida cuenta de que éste no es capaz de juzgar tal cosa, pero sí atenta con ello contra la afabilidad y el carácter humanitario en cuanto tales, cosas que debe practicar en atención a los deberes humanos. Para no desarraigar estos deberes humanos, el hombre ha de ejercitar su compasión con los animales, pues aquel que se comporta cruelmente con ellos posee así mismo un corazón endurecido para con sus congéneres. Se puede, pues, conocer el corazón humano a partir de su relación con los animales (Kant, 1988: 287-288).

Por lo que se observa, Kant promueve un comportamiento responsable hacia los AnH, pero no por el hecho de que estos puedan ser dañados, sino, porque los humanos al ser crueles se deshumanizan degradando a la humanidad en su misma persona. Resulta extraño distinguir el deber hacia los humanos y los AnH, cuando ambos culminan en el beneficio del afectado, pues, el deber de no dañar a los animales —sea porque me daño a mí mismo o porque puedo degradar a la humanidad— sigue siendo un deber para no realizar dicho acto, y este deber es una obligación que beneficia a los AnH. Incluso podemos leer en otros pasajes que para Kant la compasión por otros animales era algo bueno y digno de admiración, debido a que «cuanto más nos ocupamos de observar a los animales y su conducta, tanto más los amamos, puesto que tenemos ocasión de ver cómo cuidan de sus crías; de esta forma ni siquiera seremos capaces de albergar pensamientos crueles hacia el lobo» (Kant, 1988: 288). Si bien, para Kant el deber debía estar depurado de sentimientos, inclinaciones o pasiones, no niega que estos hechos puedan ser el móvil del deber. De tal forma que podríamos imponernos una máxima que rechazara en todo momento la crueldad animal.

Este mismo filósofo afirmó que Leibniz después de haber observado un gusano «evitó causarle daño alguno. Sin duda hubiese lamentado destruir a esa criatura sin razón alguna» (Kant, 1988: 288). A primera vista parece que la postura de Kant sobre el trato y deberes indirectos hacia los AnH es favorable para estos. Sin embargo, se esclarece mejor su postura cuando se retoma la tesis de que los AnH son medios y no fines, de tal manera que podemos usarlos y arrebatarles sus vidas siempre y cuando no seamos crueles con ellos. Por tanto, a la postura kantiana la enmarco en el humanocentrismo base de lo que hoy conocemos como bienestarismo.[17]

A diferencia de Kant, David Hume[18] argumentó a favor de los AnH como poseedores de inteligencia y sensibilidad. Para Hume eran tan evidentes estos dos hechos que afirmó en su *Tratado de la naturaleza humana:*

> Muy próximo al ridículo de negar una verdad evidente se halla el tomarse los más grandes trabajos para defenderla, y ninguna verdad me parece más evidente que la de que los animales se hallan dotados de pensamiento y razón lo mismo que los hombres. [...] Somos conscientes de que al adaptar los medios a un fin nos guiamos por la razón y por designio y que no realizamos de un modo irreflexivo y causal las acciones que tienden a nuestra conservación a obtener el placer y evitar el dolor. Cuando por consiguiente vemos a otros seres en miles de casos realizar acciones análogas y dirigirlas a fines análogos. [...] Es innecesario, en mi opinión ilustrar este argumento por la enumeración de casos particulares (Hume, 1998: 119).

---

[17] Sobre el tema del bienestarismo trataremos en el siguiente apartado.

[18] Aunque Kant reconoció que fue David Hume quien lo despertó de su adormecimiento dogmático y posibilitó que su filosofía especulativa tomará una dirección completamente distinta a la que había pensado (Kant, 1991: 24), no adoptó la misma postura que Hume sobre los AnH.

La mayoría de los humanos sabemos —a partir de distintas evidencias científicas— o intuimos que los AnH son seres muy similares a nosotros, principalmente en el hecho que aquí interesa, a saber: su capacidad para percatarse cuando son dañados física y psicológicamente. Sin embargo, parece que este saber no es suficiente ni necesario para que modifiquemos nuestras acciones cotidianas que los dañan sistemática e innecesariamente. De no ser así, todos aquellos que afirmamos la sintiencia (y la capacidad de raciocinio) de los AnH actuaríamos bajo el principio de no aumentar el daño ya existente o evitar incrementarlo. Hume nos ofrece otros argumentos para considerar que los AnH son muy parecidos a los humanos en sus acciones. Su doctrina,

> […] nos proporciona una especie de piedra de toque mediante la que podemos examinar cada sistema en esta especie de filosofía. Por la semejanza de las acciones externas de los animales con las que nosotros realizamos, juzgamos que sus acciones internas se asemejan a las nuestras, y el mismo principio de razonamiento llevado un poco más adelante nos hará concluir que, dado que nuestras acciones internas se asemejan entre sí, las causas de las que se derivan deben ser también semejantes (Hume, 1998: 119-120).

Estas hipótesis se aplican en niños pequeños, susceptibles de similares afectaciones y emociones internas que se expresan a través de comportamientos externos, pero en el caso de ellos inferimos de manera enfática un deber para no dañarlos. No es el mismo caso para los AnH. Cuando de ellos se trata, introducimos sutilezas conceptuales para lograr distinguirnos de ellos y así preservar nuestros intereses por encima de aquellos.

Posterior a la obra de David Hume, Jeremy Bentham cuestionó que los antiguos juristas hubiesen denigrado a otros humanos y a los AnH al estatuto de cosas. Afirmó que «otros animales, a los que se les han negado sus intereses por la insensibilidad de los antiguos juristas, han sido degradados en la clase de las cosas»[19] (Bentham, 1960: 411). El

---

[19]   «Other animals, which, on account of their interests having been neglected by the insensibility of the ancient jurists, stand degraded into the class of things». Traducción propia.

utilitarismo de Bentham reconoce la capacidad de sufrir de los AnH porque para él, moralmente hablando, el daño físico y psíquico es lo que importa. Si hemos reconocido que todos los animales humanos formamos parte del círculo moral, es porque tenemos la capacidad de sentir dolor y no porque pertenezcamos a una etnia, a un sexo determinado o poseer cierto color de piel; tampoco por contar con cierta edad, ni por nuestra capacidad de hablar. Al respecto observó Bentham:

> Los franceses ya han descubierto que la negrura de la piel no es razón para que un ser humano deba ser abandonado al capricho de un torturador. Es posible que algún día se reconozca que el número de piernas, la vellosidad en la piel o la terminación del hueso sacro son razones igualmente insuficientes para abandonar a un ser sensible al mismo destino. ¿Qué es lo que debe trazar la línea inseparable? ¿Es la facultad de la razón, o tal vez, la facultad del discurso? Pero un caballo o un perro adulto es, más allá de toda comparación, un animal más racional, así como más conversador que un bebé de un día, o de una semana, o incluso de un mes. Pero supongamos que el caso fuera distinto, ¿de qué serviría? La pregunta no es, ¿pueden razonar?, ¿pueden hablar?, sino, ¿pueden sufrir?[20] (Bentham, 1960: 412).

Bentham dejó atrás cuestiones metafísicas[21] —alma, divinidad, dignidad— y cuestionó los argumentos arbitrarios —posesión de razón,

---

[20] «The French have already discovered that the blackness of the skin is no reason why a human being should be abandoned without redress to the caprice of a tormentor. It may come one day to be recognized, that the number of the legs, the villosity of the skin, or the termination of the sacrum are reasons equally insufficient for abandoning a sensitive being to the same fate. What else is it that should trace the inseparable line? Is it the faculty of reason, or, perhaps, the faculty of discourse? But a full-grown horse or dog is beyond comparison a more rational, as well as a more conversable animal, that an infant of a day, or a week, or even a month, old. But suppose the case were otherwise, what would it avail? the question is not, Can they reason? not, Can they talk? but, Can they suffer?». Traducción propia.

[21] Es importante señalar que las ideas metafísicas también pueden adoptar una postura a favor de los AnH, ejemplo de ello son las tesis de Pitágoras. Por otra parte, el énfasis se pone en la cultura occidental y en las ideas que han prevalecido, pues es sabido que

habla, sexo, etnia, especie— que han provocado exclusión de los AnH del círculo moral. Centró su atención en un hecho más evidente, y que provoca daño moral, como es, el causar dolor o sufrimiento innecesariamente. Hoy contamos con suficientes evidencias sobre los fenómenos del dolor y el sufrimiento que también atañen a otros animales. Sin embargo, aunque es relevante la doctrina moral de Bentham, para el caso de los AnH las evidencias sobre el sufrimiento no deben ser consideradas como el único fundamento para respetar a otros animales. Debemos proceder como lo hacemos con los niños muy pequeños: no es necesario saber si pueden expresar la experiencia del dolor para otorgarles protección moral y jurídica.

En el siglo XIX, Henry David Thoreau —contemporáneo del científico Charles Darwin[22] y del socialista Joseph Proudhon— practicó la desobediencia civil, que más tarde adoptaría Mahatma Gandhi.[23] Thoreau, vegetariano por convicción moral, promovió la no violencia que inspiró a Henry Salt, autor de *Los derechos de los animales*. Thoreau vuelve su mirada a Oriente atrayéndole la reforma moral expuesta por los Vedas. Estaba convencido de que los humanos debíamos respeto a los animales porque «Ningún ser humano, más allá de la mocedad irreflexiva, matará innecesariamente a una criatura que tiene igual derecho a la vida que él» (Thoreau, 2005: 205). La perspectiva moral de su vegetarianismo lo llevó a señalar que la dieta basada en animales era

[…] un modo deplorable de vivir —como puede apreciar quienquiera que vaya a tender lazos a conejos o a degollar corderos— y debería considerarse benemérito de la raza al que pueda enseñar a la humanidad a li-

---

existen otras culturas o ideas espirituales que asumen un respeto hacia los AnH, como el jainismo, budismo o bien algunas culturas mesoamericanas que promovían respeto hacia algunos animales por consideraciones espirituales o divinas.

[22]   El pensamiento de Darwin será abordado en el siguiente capítulo con mayor detenimiento.

[23]   Es sabido que Gandhi adoptó al principio una postura vegetariana solo por una cuestión cultural, fue después de la lectura del libro *A plea for vegetarianism* de Henry Salt que Gandhi reafirmó su vegetarianismo pero bajo principios éticos a favor de los animales (Mosterín, 1999: 12-13).

mitarse a una dieta más inofensiva y saludable. Independientemente de mi propia experiencia, no me cabe duda de que el renunciar a comer animales forma parte del destino del género humano (Thoreau, 2005: 208).

Como Thoreau, también León Tolstói, calificó el comer los cuerpos o partes de otros animales como uno de los placeres crueles más normalizados. En su visita a algunos mataderos fue testigo de la matanza de reses. Describió su experiencia en *Placeres crueles,* libro donde se posicionó a favor del respeto de la vida de los AnH. Para Tolstói resultaba horrible «el hecho de que el hombre, sin ninguna necesidad, calle su sentimiento elevado de simpatía hacia seres vivientes como él, y sea cruel venciendo su repugnancia» (Tolstói, 1902: 86). Cuestionó la normalización del consumo de carne basado en los negocios o ganancias, campo donde «nadie se cuidaba de saber si era una buena o mala acción matar aquellas reses» (Tolstói, 1902: 90).

El tema del deber que tenemos hacia los AnH fue relevante en el siglo XIX. En 1892 se publicó *Los derechos de los animales* de Henry Salt. Salt plantea una nueva forma de comprender los derechos, más allá de la vaga y peligrosa fraseología de los derechos humanos, para él los derechos deberían beneficiar tanto a animales humanos como a animales no humanos. Al respecto dice:

> Es de escasa utilidad proclamar derechos para los animales de un modo vago y general si, al mismo tiempo, mostramos de manera explícita nuestra determinación a subordinar esos derechos a todo aquello que quepa interpretar como «necesidad» humana, ni será posible obtener plena justicia para las razas inferiores mientras sigamos teniéndolas por seres de un orden totalmente diferente, e ignorando la importancia de los innumerables puntos de parentesco que tienen con la humanidad (Salt, 1999: 34).

Salt ofrece un punto de vista que en este trabajo defiendo, a saber, que los derechos de los animales deben ser autónomos y no subordinados a los derechos humanos. De no ser así, seguirán enmarcándose en el humanocentrismo y los AnH continuarán siendo solo medios al servicio del humano.

Salt establece un diálogo y debate con filósofos de su época y previos a él. Por ejemplo con Bernal de Mandeville, famoso por su obra *The Fable of the Bees;* John Hildrop, quien escribió *Free Thoughts upon the Brute Creation;* Robert Morris y su *A Reasonable Plea for the Animal Creation;* Richard Dean, autor de *An Essay on the Future Life of Brutes;* James Granger, quien redactó *An Apology for the Brute Creation, or Abuse of Animals Censured;* Jeremy Bentham y su *Introduction to the Principles of Morals and Legislation;* y George Nicholson, autor de *On the Conduct of Man to Inferior Animals.* Como se puede observar, antes del siglo XX la búsqueda de derechos morales o jurídicos para los animales no era un tema menor. En este diálogo y debate Salt argumenta que los derechos de los AnH tienen su base en su capacidad de ser dañados porque:

> [...] el dolor es dolor, tanto si se inflige al hombre como al animal, y la criatura que lo sufre, sea hombre o animal, al ser sensible a la miseria que le ocasiona mientras dura, sufre un mal, y sufrir ese mal, sin haberlo merecido, sin haberlo provocado, cuando no ha habido ni ofensa ni bien alguno se puede conseguir con él, sino la mera exhibición de poder o la satisfacción de la malicia, es crueldad e injusticia en quien lo provoca (Salt, 1999: 34).

También enfatizó nuestra capacidad para evitar causar daño con el uso innecesario de animales para fines humanos. Cuando supongamos que los animales son útiles para nosotros, afirma Salt, «asegurémonos antes de que es necesario; no trafiquemos arbitrariamente con las innecesarias miserias de otros seres e intentemos luego acallar nuestra conciencia con una serie de excusas mal traídas que no resisten un solo momento de imparcial investigación» (Salt, 1999: 46-47). Para mostrar lo innecesario que es el uso de animales, Salt no solo denuncia el consumo de «carne» o la caza, como lo hizo Tolstói, también dedica atención al caso de los animales domésticos y la experimentación.

Estas ideas razonables y sus sólidos argumentos, deberían desplegar una epistemología vinculada a la esfera moral. Nuestra animalidad humana y la animalidad de otras especies no tiene diferencias ontológicas. Esto es un hecho que se evidencia fácilmente, sin embargo, la postura humanocéntrica continúa con su fantasía de la excepción humana, actitud que soslaya nuestra responsabilidad ante otros seres que pueden ser dañados.

3.1.3. *La cuestión de los derechos de los animales en el siglo XX*

El problema de los AnH fue un asunto de interés para algunos miembros de la primera Escuela de Frankfurt. En su crítica a la sociedad capitalista la crueldad hacia los animales fue tema central (Lucano, 2021: 241). En su diagnóstico de las sociedades industriales, se encontraron con que el sufrimiento[24] era una condición de la Modernidad. Por lo menos las tesis de Walter Benjamin, Theodor W. Adorno y Max Horkheimer sobre la sociedad industrial, parten del argumento de que estas son resultado de un pasado terrible y, «si nosotros podemos ser felices, cada uno de esos momentos está adquirido con el sufrimiento de otras incontables criaturas, animales y hombres» (Horkheimer, 2000: 120). En efecto, el desarrollo de las sociedades industriales capitalistas, comunistas, socialistas o progresistas, se obtiene a través de la explotación de la vida de millones de animales humanos y no humanos. La crítica de Max Horkheimer y Theodor W. Adorno a las sociedades industrializadas supone que la razón ha sido reducida a un instrumento sin ningún carácter ético (Horkheimer, 2002: 50). Al aplicar esta razón a los AnH, su carácter instrumental impide cualquier consideración moral.

Es común que quienes estudian la «teoría crítica» de Frankfurt pasan por alto estas consideraciones. Sin embargo, el siguiente pasaje muestra que la primera teoría crítica no ignoró la cuestión de los animales.

El hombre actual, al hacer violencia al animal, prueba que él, y sólo él en toda la creación, funciona —libremente— con la misma ciega y automá-

---

[24]   Sobre el concepto de sufrimiento en la teoría social véase Wilkinson (2005).

tica mecanicidad que los movimientos convulsivos de las víctimas encadenadas, que el técnico utiliza para sus fines. El profesor ante la mesa de disección los define científicamente como reflejos; el adivino los había proclamado ante el altar como signos de sus dioses. Al hombre pertenece la razón que trascurre sin piedad; el animal, del que extrae sus sanguinarias conclusiones, no tiene más que el terror, el instinto de fuga, que le es impedida (Horkheimer y Adorno, 2005: 291).

En su crítica y denuncia al horror totalitario de la Ilustración, Horkheimer y Adorno también consideran a los AnH como víctimas de este totalitarismo cuando expresan que

La tierra entera es testimonio de la gloria del hombre. En la guerra y en la paz, en la arena o en el matadero, desde la lenta muerte del elefante, vencido por las hordas humanas primitivas gracias a la primera planificación, hasta la actual explotación sistemática del mundo animal, las criaturas irracionales han experimentado siempre lo que es la razón (Horkheimer y Adorno, 2005: 291).

Si a esto le sumamos que el hecho de que las sociedades industriales fueron construidas a partir de ideologías humanocéntricas, con ello se puede decir que están infectadas tanto de la razón instrumental, como del humanocentrismo. Con la razón instrumental estas sociedades son capaces de construir armamentos eficaces para el exterminio de pueblos enteros; pero son inútiles e incapaces de terminar con el hambre en el mundo. Con el humanocentrismo son capaces de crear declaraciones universales sobre los derechos humanos, proteger jurídicamente montañas, o ruinas para el gran turismo; pero son insensibles ante el sufrimiento de los animales causado innecesariamente por humanos.

En el siglo XX la cuestión de los animales no se limitó a la filosofía crítica de la Escuela de Frankfurt. El tema sobre los deberes que tenemos hacia ellos se extendió a la biología, neurociencia, etología, psicología y ecología. También diversas discusiones éticas, jurídicas y políticas sobre el tema tomaron el escenario público de las ideas.

Una de ellas surgió a partir del libro *Liberación animal* de Peter Singer. Este filósofo, siguiendo el utilitarismo[25] clásico, postuló un utilitarismo de las preferencias[26] para cuestionar el prejuicio del especismo base para negar obligaciones morales hacia los AnH. Sin duda el postulado sobre la sintiencia de los AnH que enfatiza el utilitarismo es fundamental a la hora de argumentar sobre los deberes morales y jurídicos que deberíamos tener hacia otras especies. Peter Singer, no solo evidenció la realidad que viven millones de animales dentro de las granjas industriales, sino además abrió nuevamente el debate sobre los deberes, que tenemos o no, hacia los AnH.

Martha Nussbaum también se interesó por el tema. Desde el enfoque de las *capacidades* explora formas de comprender la justicia para los AnH, ya que «a menudo se ha reconocido que el dolor o la indignidad que sufren los animales a manos de los seres humanos es una cuestión de ética; es más raro que se reconozca como una cuestión de justicia social» (Nussbaum, 2007: 22). El enfoque de las capacidades permite reconocer diversos tipos de dignidades animales, apoyadas no en la racionalidad, sino en la diversidad de objetivos que tenga cada una de ellas. Dice Nussbaum:

El territorio de la justicia es el territorio de los derechos básicos. Cuando digo que el maltrato animal es injusto, quiero decir que no sólo está mal

---

[25] «El utilitarismo nos invita a tener en cuenta no sólo cómo las alternativas nos afectarían a nosotros, sino también cómo afectarán a cualquier criatura capaz de ser afectada. [...] El principio de utilidad dice: actúa de tal manera que maximices la utilidad agregada, es decir, actúa de tal manera que tu acción incremente lo más posible la felicidad que hay en el mundo (o minimice el dolor y la aflicción). La ética utilitarista es fácil de aplicar a nuestras relaciones con los animales no humanos, pues ya de entrada tiene en cuenta sus padecimientos e intereses. No es de extrañar que los éticos que más han destacado en la defensa de los animales —desde Jeremy Bentham hasta Peter Singer— hayan sido utilitaristas» (Mosterín, 2003: 17).

[26] Este utilitarismo sostiene que las consecuencias que debemos aspirar a producir son aquellas que, a fin de cuentas, favorecen los intereses (es decir los deseos y preferencias) de los directamente afectados (Nussbaum, 2007: 335).

de nuestra parte que los tratemos así, sino que ellos tienen un derecho de índole moral a no ser tratados de ese modo. Es injusto para ellos (Nussbaum, 2007: 332).

Si bien este enfoque enfatiza el derecho de los AnH en su dimensión moral, nos ofrece posibilidades para argumentar a favor de estos. Además, Nussbaum afirma que el tema no es un asunto de compasión sino de justicia. Es clara cuando sostiene que la idea de justicia debe garantizar «una vida digna para muchas clases de seres» (Nussbaum, 2007: 345); que los AnH cuentan con diversos tipos de agencialidad «que buscan una existencia floreciente» (Nussbaum, 2007: 333); que nuestros deberes son directos y ellos son fines en sí mismos; y que cada uno cuenta como individuo (Nussbaum, 2007: 353).

Como se puede apreciar, la filosofía de Nussbaum otorga una mayor seriedad a la cuestión de los derechos hacia los animales desde un enfoque político. Lo mismo hacen Sue Donaldson y Will Kymlicka (2011). Ambos resaltan las relaciones que mantenemos con otros AnH y viceversa dentro de las comunidades humanas y fuera de ellas, mismas que se podrían resignificar a través de su teoría de la ciudadanía. La idea de justicia desde esta teoría debía alcanzar a las demás especies animales apoyada en analogías sobre algunas relaciones políticas. Así, categorías como ciudadano, soberanía, residente permanente, inmigrante o habitantes, podrían aplicarse a las diversas relaciones que mantenemos con los animales domésticos, liminales y salvajes. Lo que importa es la relación, porque es evidente que la soberanía de las comunidades de los animales salvajes es diferente que la soberanía de las comunidades políticas humanas. Para Donaldson y Kymlicka:

[...] la ciudadanía es la relación entre quienes habitan un territorio común y son gobernados por instituciones comunes. Esto es válido tanto para los humanos como para los animales. Nosotros sostenemos que la ciudadanía es posible y moralmente exigible para aquellos animales (domesticados) que hemos incluido en nuestra sociedad, pero no es necesaria ni deseable para aquellos otros animales (salvajes) que deberían considerarse más bien habitantes de sus propias comunidades soberanas[27] (Donaldson y Kymlicka, 2011: 61).

De esta forma, para estos, la ciudadanía se ajusta a las relaciones y no a la capacidad cognitiva, y las garantías jurídicas y políticas cubren tanto a humanos como a los AnH. Para los autores, «la dificultad de ver a los AnH como ciudadanos radica principalmente porque a menudo la mayoría de la gente relaciona estas categorías con la participación política activa [...] Sin embargo [...] nosotros automáticamente excluiríamos de derechos de ciudadanía a un gran número de humanos como a niños, gente con SID [Severas Limitaciones Intelectuales] o personas con demencia» (Donaldson y Kymlicka citados por Lucano, 2016: 91).

Esta teoría es una posibilidad para reconocer y otorgar algunos derechos jurídicos a los animales, pero sin duda es necesario abandonar la postura humanocéntrica. Mi argumento empata con Donaldson y Kymlicka al asumir que el tema de los AnH es una cuestión política, que se podría alcanzar el reconocimiento jurídico de los animales a través de analogías en cuanto a relaciones o funciones porque son argumentos que evitan la arbitrariedad.

En el campo de la ecología política Jorge Riechmann ha abordado el tema sobre los deberes que tenemos hacia otros AnH desde una perspectiva que conjuga ética, ecología social y una crítica al modelo económico vigente. Según Riechmann, la relación que existe entre el consumo de carne y el desarrollo de un país ha permitido que

A escala mundial, la producción cárnica se quintuplicó en la segunda mitad del siglo XX. Las dietas típicas de los países «desarrollados» ingresa en el estadio del «desarrollo», sus habitantes ascienden típicamente por la

---

[27] «Citizenship is a relationship that holds amongst those who cohabit a common territory and who are governed by common institutions. That is true for both humans and animals. We argue that citizenship is both possible and morally required for those (domesticated) animals whom we have brought into our society and is neither necessary nor desirable for those (wild) animals who should be seen as belonging instead to their own sovereign communities». Traducción propia.

cadena trófica y consumen cada vez más carne. [...] cuando comemos carne de animales criados con productos agrícolas —como soja o maíz— que podríamos consumir directamente perdemos entre el 70 y el 95 por ciento de la energía bioquímica de las plantas (Riechmann, 2005: 163).

Esta forma de concebir el progreso desde una dieta basada en el consumo de carne trae consigo diversos problemas sociales como la del desperdicio de granos que sirven para alimentar al ganado, pues «a nivel global, casi el 40 por ciento de la producción mundial de grano se destina a alimentar ganado, en un mundo donde la quinta parte de la población humana no tiene alimento suficiente» (Riechmann, 2005: 165). Comúnmente se piensa que el consumo de carne solo implica daño para los AnH —ya sea porque se les confina en las granjas industriales, sufren maltrato dentro de ellas o se les arrebata la vida—, sin embargo, también afecta a la biosfera y a otros seres humanos, sobre todo a los más pobres y explotados.

La producción de un kilo de proteína animal, en las condiciones de la ganadería industrializada moderna, también requiere en promedio cuarenta veces más agua que un kilo de proteína de cereales. [...] En un mundo finito donde la escasez de agua dulce se ha convertido en un factor limitante esencial, ¿da igual consumo uno que consumo cuarenta? [...] La misma cantidad de tierra puede producir hasta 26 veces más proteína para consumo humano si en ella se plantan espinacas que si se dedica a piensos para las vacas. Si no hay más tierras disponibles para la agricultura, ¿da igual alimentar a una persona que alimentar a 26? ¿O alimentar a 13 personas y dedicar la mitad de ese espacio a la recuperación de hábitats silvestres? (Riechmann, 2005: 168).

Este argumento apela a la solidaridad humana y a la justicia social. Los humanos compartimos esta biosfera y a través de algunas acciones, como cambiar nuestras dietas altamente cárnicas, se podría mejorar la situación de aquellos que se encuentran subalimentados o mueren de hambre. Por otra parte, es sabido que «La ganadería industrial es la principal fuente de emisiones del contaminante amoníaco, lo que acidifica las aguas y suelos y daña los bosques a través de la lluvia ácida» (Riechmann, 2005: 160). Los daños ecológicos que causan los sistemas agropecuarios no son viables para edificar una justicia social, medioambiental o hacia otras especies de animales. Al respecto de esto último Riechmann considera que también son importantes los intereses propios de los AnH, por ello arguye que

> No son «granjas» sino por abuso de lenguaje: se trata de fábricas para producir carne, con los mismos imperativos de reducción de costes, productividad y eficiencia de las demás industrias capitalistas. La diferencia es que en este caso la materia prima son seres sintientes. Es inmoral someter a las vacas, los cerdos o las gallinas a los terribles sufrimientos de la crianza intensiva (Riechmann, 2005: 173).

La vida —humana y no humana—, al ser objetivada y reducida a un valor económico, ha tomado un lugar relevante dentro de los objetivos del capitalismo: acumulación de riquezas. Como cualquier mercancía, ella es concebida como un objeto desechable, sustituible y mientras sea redituable se buscarán las vías para continuar con su explotación. Particularmente: «Si hablamos de producción y consumo agropecuario, detrás de cada elección política o económica hay importantes cuestiones éticas» (Riechmann, 2004: 178). Estas cuestiones éticas son las que se pretenden resaltar en este trabajo para tomar una postura política que favorezca el respeto a la integridad de los AnH, comenzando con el respeto de su vida.

También en el campo del derecho[28] César Nava aborda el tema sobre el deber que tenemos hacia los AnH y sobre sus derechos desde una perspectiva jurídico-ambiental. Tomando un caso específico en la Ciudad de México, Nava examina a los tlacuaches y cacomixtles que son especies nativas de la Reserva Ecológica del Pedregal de San Ángel de Ciudad Universitaria y los perros y gatos que han sido introducidos y se podrían catalogar como especies exóticas o ferales. La dis-

---

[28] Otros autores que han tratado el tema desde el derecho son Pablo de Lora (2003b), Tom Regan (2016), entre otros.

cusión que plantea el autor se deriva de la siguiente pregunta: «Si hay que elegir entre unas especies u otras, ¿cuáles son las que se deben proteger y por qué motivos?» (Nava, 2015: XV). Desde este punto de partida y asumiendo la complejidad a la que se enfrenta, Nava propone analizar primero el concepto de persona; señalar qué se entiende por tal concepto y cuáles son sus alcances o límites en el caso de los AnH; si estos tienen derechos, aunque no sean considerados personas; si todos o algunos AnH contarían con derechos y cuáles deberían de ser. Para Nava resultan cuestionables los argumentos (como el de posesión de raciocinio) que rechazan que a los AnH les sean reconocidos los derechos morales básicos (Nava, 2015: 84) y, de igual forma, argumenta que en el mundo del derecho las personas jurídicas no siempre tienen exactamente ni todos ni los mismos derechos, como el caso de los menores de edad que por su condición cuentan con derechos especiales. Lo mismo puede decirse de aquellos animales mamíferos, sujetos de una vida y por tanto con derechos derivados de su condición de seres sintientes con determinadas capacidades mentales.

En consecuencia, estas especies no humanas pueden tener derechos dirigidos específicamente a ellos (Nava, 2015: 86). Estos derechos morales también podrían ser positivados y protegidos al igual que sucede con los derechos morales básicos de los humanos (Nava, 2015: 88). La postura de Nava empata con la de Luigi Ferrajoli cuando este último señala que «para muchas orientaciones filosóficas-jurídicas, los derechos fundamentales deberían ser reconocidos también a sujetos que no son personas humanas: por ejemplo, [...] a los animales» (Ferrajoli, 2005: 147). Así, rescatamos de estos autores que los derechos de los animales podrían ser positivados a partir de un debate filosófico-jurídico o jurídico-ambiental serio sobre los mismos; del reclamo social; y de los aportes científicos en torno a la sintiencia de los AnH.

El feminismo por su parte también ha entrado al debate sobre la cuestión de los AnH. Es el caso de Carol Adams[29] quien conecta el

---

[29] Otras autoras que han tratado el tema sobre los deberes que tenemos hacia los AnH son Josephine Donovan (1990), Lori Gruen (2004), entre otras.

tema con el vegetarianismo ético. Para Adams el feminismo puede tener, en parte, su identidad en el vegetarianismo. «Esta es una rebelión contra la cultura dominante, sea o no declarada como una rebelión contra las estructuras masculinas. Resiste a la estructura del referente ausente, que convierte a las mujeres y animales en objetos»[30] (Adams, 1990: 155). Desde esta perspectiva, comer carne es un acto eminentemente patriarcal y de dominación masculina. No es raro observar que mujeres que lucharon por su reconocimiento moral y jurídico mantuvieron una alianza histórica con el vegetarianismo y la protesta contra la vivisección, como fue el caso de «los movimientos de abstinencia y sufragio, así como el pacifismo del siglo XX»[31] (Adams, 1990: 156). Sin embargo, pocas feministas han reparado en este hecho. Adams destaca que las mujeres al oponerse al mundo masculino, además de lograr autonomía, con el vegetarianismo ético, reconocen a los animales como seres oprimidos por la sociedad patriarcal.

No cabe duda que optar por el respeto de la vida de los animales, se vincula con el vegetarianismo o el veganismo en su dimensión ética porque tal opción supone que se ha dejado de objetivar o cosificar a los AnH. Se comienza a tomar conciencia de la situación de los AnH: seres oprimidos y menospreciados por el humanocentrismo y a su vez cosificados por la cultura patriarcal capitalista. En medio de todo esto hay contradicciones difíciles de captar y solo un pensamiento dialéctico podría entrever su superación. Por ejemplo, podemos estar a favor de los AnH pero no del feminismo alimentando el patriarcado. O adoptar un bienestarismo (cuidados durante su engorda) para los animales sin renunciar al gran consumo de carne. Esto es, defender el humanocen-

---

[30] «An integral part of autonomous female identity may be vegetarianism; it is a rebellion against dominant culture whether or not stated to be a rebellion against male structures. It resists the structure of the absent referent, which renders both women and animals as objects». Traducción propia.

[31] «[We can follow the] historic alliance of feminism and vegetarianism in Utopian writings and societies, antivivisection activism, the temperance and suffrage movements, and twentieth century pacifism». Traducción propia.

trismo y justificar el capitalismo. O manifestar nuestro apoyo a las mujeres y el feminismo sin cuestionar la crueldad contra los AnH.

Cuando pienso la liberación animal no limito esta a los AnH, también pienso en la gente que sufre opresión y explotación: mujeres, niñas, niños e incluso algunos hombres, sobre todo los más pobres de la tierra como pudieran ser jornaleros, campesinos, indígenas u obreros industriales. Pero la crítica al humanocentrismo incluye al patriarcado porque es el que nutre las relaciones sociales de la actual sociedad capitalista. Por esto argumento que solo desde los feminismos-antihumanocéntricos que cuestionan el capitalismo se podría comprender por qué la filosofía sobre los animales o el vegetarianismo no forman parte de los programas obligatorios en las instituciones académicas. El sistema patriarcal y humanocéntrico que domina las universidades o centros de investigación, lo impide.

En suma, he demostrado que el tema sobre los deberes que tenemos hacia los AnH es una cuestión filosófica que abordaron distintos pensadores a lo largo de la historia. Su trabajo generó debates teóricos y argumentos recogidos muchos de ellos por los movimientos llamados animalistas. Sintetizo los argumentos principales:

- Los AnH son seres sintientes y no máquinas.
- Los animales humanos no somos superiores a los AnH, solo nos distinguimos en grados.
- Los humanos compartimos con otros AnH los intereses más básicos, como vivir, ser libres o no ser dañados.
- En términos éticos y jurídicos, lo que debe importarnos de los AnH es su capacidad de sufrir.
- Nuestra obligación de proteger a los AnH es una cuestión de justicia y no solo de compasión.
- No es necesario comer animales para alimentarnos; incluso no hacerlo trae consigo beneficio a la salud humana y a la biosfera.
- Ser crueles con los AnH no solo es un acto inmoral hacia un ser inocente, sino un menosprecio al sentido de humanidad (nos deshumanizamos).

– No existen razones ni argumentos sólidos para impedir que los AnH sean protegidos jurídicamente y no solo moralmente.

A pesar de contar con pruebas científicas sobre los intereses y capacidad de sufrir de los AnH y de las razones filosóficas y jurídicas para terminar con su opresión, la postura humanocéntrica es casi omnipresente en el sistema capitalista y patriarcal. En no pocas universidades e instituciones gubernamentales no se toman en serio los conocimientos científicos sobre la inteligencia y conciencia animal; las innovaciones técnicas para dejar de usar a los AnH en la industria; la información sobre el daño ambiental y a la salud pública que genera la industria ganadera; y mucho menos las teorías filosóficas, políticas, medioambientales, feministas y jurídicas que promueven deberes hacia los AnH. Sin duda estas y las prácticas que se derivan de ellas son esperanza para cambiar paulatinamente la situación injusta que viven millones de AnH.

3.2.   ¿Por qué buscar abolicionismo y no bienestarismo para los animales no humanos?

La postura humanocéntrica tiene como supuesto «la necesidad» del uso de los AnH para intereses humanos, sin considerar el interés de los primeros. Por ningún motivo el humanocentrismo abandonará el uso de los AnH, pues considera el interés humano por encima del de cualquier AnH. Quienes siguen esta ideología sufren de la fantasía infecciosa de la excepción humana, creen convincentemente que los humanos son superiores a los demás AnH. Su teología los hace creer que los humanos, al estar ontológicamente por encima de los no humanos, están legitimados para tratar a estos como cosas, recursos o bienes apropiables.

Como señalamos en el capítulo anterior, la categoría de propiedad tiene como referente la *res,* la objetivación de aquellos seres —humanos y no humanos— que sirven como medios para fines de los amos, señores o propietarios. Los humanos considerados cosas o propiedades se llamaban esclavos. Los AnH domésticos o el ganado forman parte de los bienes de algún humano. Son considerados medios o mercancías. Incluso los animales de servicio cuyo estatus moral es diferenciado del resto de los AnH son también propiedad. Es el caso de los llamados perros policía y de rescate; también los caballos o delfines usados en terapias asistidas o zooterapias. Su bienestar depende del valor axiológico o económico que el propietario les otorgue. Este tipo de prácticas son avaladas por la postura bienestarista.

El bienestarismo[32] supone que los AnH son medios o propiedades de los humanos y por tanto podemos usarlos casi como cualquier otra mercancía. La diferencia estriba solo en evitar ejercer crueldad hacia los animales, esto es, crear leyes anticrueldad, pero sin abandonar su uso. Se define como aquella tendencia moral y jurídica que tiene como objetivo último regular o reformar el uso, explotación o sacrificio de los AnH en beneficio de los humanos. El bienestarismo es, al igual que el humanocentrismo, una ideología. Es una ideología porque acepta las contradicciones que ocasionan daño a los AnH; engaña y encubre dicho daño con la creencia de que es posible generar siquiera bienestarismo en un sistema basado en la efectividad productiva a gran escala. En la práctica no rechaza la apropiación, uso y matanza de los animales. Más bien supone que lo mejor para ellos es alcanzar ciertos estándares de bienestar —por cierto, inalcanzables en este sistema capitalista— durante su explotación o sacrificio. Bajo el bienestarismo los AnH son medios, *res,* bienes o mercancías, pero «bien tratados» porque a diferencia de las demás mercancías, ellos son mercancías «sintientes». Sin embargo, para los AnH el bienestarismo bajo este modelo económico contribuye a continuar en el horror al verse exterminados con la tecnología más sofisticada y «humanitaria».

En las actuales sociedades industriales el uso de AnH es colosal. La industria ganadera, peletera, agroindustria, de investigación médica,

---

[32]   Es preciso señalar que el término bienestar no implica una tendencia bienestarista. El bienestar se entiende como la búsqueda del cuidado y respeto de los intereses de un AnH por sí mismo y no por el beneficio que pueda ofrecer al humano (Lucano, 2017: 75).

de guerra, de entretenimiento, de alimentación, etcétera, se benefician de los animales. Sin embargo, es indudable que la industria cárnica dispone de la mayor cantidad de vidas para satisfacer la demanda mundial de esta mercancía sintiente.[33] Según informes de la Organización para la Cooperación y Desarrollo Económico (OCDE) y la Food and Agriculture Organization (FAO), en los países desarrollados el consumo de animales es considerado alto y su demanda seguirá en aumento. De estos informes han nacido iniciativas para regular la producción intensiva de animales en el marco de lo que se denomina «capitalismo verde».[34]

El bienestarismo se ajusta a las ideologías del capitalismo verde. No cuestiona el sistema de producción capitalista de animales, más bien señala que la aceleración del colapso ambiental y el sufrimiento de los AnH es una falla técnica del mercado que tiene soluciones políticas (Mann y Wainwright, 2018: 188). El principio del bienestarismo es el mismo que el capitalismo verde: las relaciones morales y sociales se establecen entre iguales y entre poseedores de mercancías. El principio de desigualdad y cosificación se aplica para el caso de las relaciones entre animales humanos y AnH: si los primeros son propietarios de ganado, los segundos son solo medios o mercancías y no subjetividades[35] capaces de experimentar diferentes formas de vida.

---

[33] Según datos de la OCDE y la FAO, los tres países que más carne consumen son países industrializados y del primer mundo: Australia encabeza la lista, cada habitante –promedio– come 93 kilogramos de carne al año (250 gramos al día). Lo sigue Estados Unidos con un promedio de 91,1 kilogramos e Israel con un promedio de 86,1 kilogramos. Véase OCDE y FAO (2017).

[34] El capitalismo es una construcción socio-histórica basada en la lógica del valor de cambio a partir de la explotación del trabajo vivo y la circulación de mercancías a gran escala. Ante el actual colapso medioambiental los agentes de los Estados han inventado el término capitalismo verde, esto es, políticas públicas acordes al mercado, como «el comercio de derechos de emisión, compensaciones de carbono, bonos de catástrofe, divulgación obligatoria de riesgos, seguros por inundaciones y huracanes, etc.» (Mann y Wainwright, 2018: 188).

[35] El término de subjetividad se entiende como la facultad de un animal para experimentar alguna forma de vida, en contraposición de la objetividad de una cosa que no puede experimentarla.

Contra el bienestarismo se rebela la política abolicionista. Para esta última los animales son inapropiables porque sus experiencias de vida —las conozcamos o no, comprendamos o no, se parezcan a las nuestras o no, nos agraden o no— son valiosas por sí mismas. El abolicionismo reconoce la subjetividad de los animales. Sigue el patrón de las luchas como el movimiento antiesclavista, anticolonial, antipatriarcal y en pro de la diversidad sexual. En todas estas luchas la exigencia de reconocimiento comenzó con el respeto de las diversas experiencias de vida de esas subjetividades. De igual manera, para el abolicionismo es necesario subjetivar a los AnH en nuestro lenguaje y prácticas.

Los AnH son seres con facultad de experimentar distintas formas de vida. Algunos poseen sentidos que los humanos carecen por lo que es imposible conocer su mundo. Es falaz menospreciar sus percepciones simplemente porque somos incapaces de conocerlas. Si lo pensamos bien, la construcción de su mundo es de máxima importancia para ellos (De Waal, 2016: 270-271), de ahí que respetar sus vidas es un acto ético razonable. Es el mismo principio que aplicamos a la alteridad humana: si la vida de la gente es valiosa por sí misma, nuestro deber es respetarla ¿Por qué no habría de hacerlo con los AnH?

Según la lógica del capitalismo que se apoya en el bienestarismo, los AnH son medios para los intereses humanos. Sin embargo, hay algo de fondo en su lógica. En realidad, no les interesan los humanos en general, sino las ganancias económicas que deja la industria de los animales. Cuando el capitalismo verde a través del bienestarismo se declara a favor del medio ambiente o el bienestar animal, lo hace a partir de los costos económicos que han calculado. Su razonamiento es economicista porque: a) antepone el beneficio económico del capital en detrimento del beneficio moral de los AnH y b) antepone el costo económico al dolor, sufrimiento y muerte de los animales. Es una razón bienestarista que hace mancuerna con la razón instrumental propia del capitalismo.

Toda razón convertida en medio o instrumento se cosifica ella misma. Se instrumentaliza y pierde su propiedad crítica al renunciar «a la tarea de enjuiciar acciones y modos de vida de los seres humanos» (Horkheimer, 2002: 50). Si la razón se instrumentaliza pierde subjetividad y sin esta es imposible el reconocimiento de otras subjetividades. La razón instrumental objetiviza toda relación, por ello es posible el fetiche de la mercancía en las sociedades capitalistas (Lukács, 1985: 8). En estas sociedades toda relación social es cosificada, de ahí que cuando la ideología capitalista postula el bienestarismo, asume un papel normativo: regular la explotación, uso, abuso y apropiación de los AnH. Dice satisfacer los intereses de los animales, por ejemplo, un interés es alimentarse. Entonces supone que alimentar a los animales es proveerles de cosas comibles y no de lo que implica este interés para cada animal, como es buscar o preferir un alimento de otro. La satisfacción de este interés, bajo esta lógica capitalista, se cumple no porque el animal importe en sí mismo, sino más bien se alimenta con el propósito de engordarlo y generar ganancias de manera eficaz.

La razón bienestarista empata con la lógica capitalista cuando, por ejemplo, tiene como objetivo no dañar a los AnH que son trasportados rumbo al matadero. Esta norma puede estar disfrazada de bienestar para los AnH pero lo que realmente cuenta en el modo de producción capitalista son las pérdidas económicas. Cuando López y Casp señalan que

> El número de muertes por trasporte ocasiona grandes pérdidas económicas, en el caso del ganado porcino se estima que alrededor de 0.20 % de los cerdos mueren como consecuencia del trasporte […] una mortalidad del 0.20 % significa una pérdida superior a los 8 millones de euros (López y Casp, 2004: 59).

Esto mismo sucede en los demás procesos de producción cárnica y la obtención de «derivados» de animales.[36] Bajo la perspectiva bienes-

---

[36] Estas prácticas basadas en intereses económicos van desde la crianza, trasporte y matanza de los AnH, para mayor información véase Lucano (2017, especialmente el capítulo 3).

tarista se «trata bien» a los AnH, y cuando se vincula al capitalismo la preocupación o buen trato se traduce en beneficios económicos para el capital y la «salud» del consumidor. Ante esto, como Gary Francione sostengo que

> El principio fundamental del «enfoque» abolicionista es que los animales importan moralmente, y esto significa que debemos reconocer a los animales como poseedores de un derecho moral fundamental: el derecho a no ser utilizado como propiedad. Es decir, si los animales importan moralmente —si ellos no son sólo cosas que tienen valor moral—, entonces no pueden ser propiedad[37] (Francione, 2015: 12).

La propiedad es una categoría que debe ser cuestionada y erradicada en el caso de las relaciones que mantenemos con otros animales. Primero, porque esta categoría permite jurídica y moralmente que usemos a los AnH como meros medios; segundo, porque es una base de la ideología capitalista que está destruyendo la vida en el planeta. Sin duda la propiedad debe ser cuestionada desde sus bases jurídicas y morales como se mostró en el capítulo anterior, pero también sus bases político-económicas propias del sistema capitalista.

Para la política abolicionista desarrollada por Francione, importan los intereses de cada animal —humano y no humano— y por esto rechaza que la felicidad o el placer puedan justificarse a través de la suma de intereses en beneficio de una mayoría bajo detrimento de una minoría. En sus palabras:

> De acuerdo con la forma primaria de la teoría consecuencialista —el utilitarismo— deberíamos proteger intereses solamente en la medida en que hacerlo promoverá la felicidad general, el placer, o la satisfacción de pre-

---

[37] «The foundational principle of the abolitionist Approach is that animals do matter morally and that this means we must recognize animals as holding one fundamental moral right, the right not to be used as property. That is, if animals matter morally—if they are not just things that have not moral value—then they cannot be property». Traducción propia.

ferencias de los afectados. Si la felicidad general, el placer, o la satisfacción de preferencias van a ser maximizadas si no protegemos ese interés, entonces no deberíamos protegerlo[38] (Francione, 2015: 13).

Sin embargo, pensamos, que se debe aclarar que, si se habla de intereses, entonces debemos enmarcarlo en el contexto de las sociedades industriales capitalistas, es decir, si el interés humano está relacionado con la felicidad y dentro de las sociedades industriales capitalistas esta se liga con el consumo desmesurado o la acumulación de mercancías, entonces se tratará de justificar el uso de los AnH para lograr la felicidad capitalista. Pero esto supone implicaciones adversas a la vida de los AnH y de todo lo vivo en el planeta. Difícilmente podría objetarse que con el capitalismo bienestarista la humanidad se hunde en un nuevo género de barbarie (Horkheimer y Adorno, 2005: 51).

Al bienestarismo capitalista habrá que oponerse con una política abolicionista-anticapitalista. Esta no solo rechaza la apropiación de los animales, como exige Francione, sino enfatiza que tal apropiación es una especie de ontología capitalista cuyo objetivo es cosificar a los animales humanos y no humanos. Una política como esta rechaza entonces actos tan aparentemente neutros como la domesticación. Esta última supone propiedad y «si los animales son propiedad, todos sus intereses, desde el menor hasta el más fundamental, pueden ser valorados por otra persona —un dueño humano— que tiene derechos de propiedad sobre el animal y que puede elegir no valorar ese interés»[39] (Francione, 2015: 18).

---

[38] «According to the primary form of consequences theory—utilitarianism—we ought to protect interests only to the extent that to do so will promote overall happiness, or pleasure, or the satisfaction of preferences of those affected. If overall happiness, or pleasure, or the satisfaction of preferences will be maximized if we don't protect the interest in question, we should not protect that interest». Traducción propia.

[39] «[...] if animals are property, all of their interests, from the most minor to the most fundamental, can be valued by some else—a human owner—who has property rights in the animal and who may choose not to value that interest at all and who may ignore that interest». Traducción propia.

El abolicionismo-anticapitalista postula que las instituciones que permiten la cosificación y mercantilización de los AnH están asociadas al sistema mundo capitalista. Por tal motivo, la exigencia de derechos para los animales no saldrá de este sistema. En todo caso se tendría que pensar un nuevo derecho autónomo del capitalismo, del humanocentrismo, del bienestarismo y del patriarcado. Un derecho autónomo que parta de la inapropiabilidad[40] de los AnH, por el hecho de que sus experiencias de vida importan —las comprendamos o no, se parezcan a las nuestras o no, nos agraden o no.

Antes de profundizar en el tema de la inapropiabilidad, la liberación animal y su relación con la construcción de los derechos de los animales, revisaremos en el siguiente capítulo algunas investigaciones sobre la sintiencia, para mostrar que existen suficientes evidencias para postular que los AnH son seres capaces de sufrir. La razón de esto es que tales pruebas podrían ser parte de una argumentación seria para otorgar derechos a los animales. También para fortalecer la crítica a la fantasía humanocéntrica de la excepción humana y reconocer nuestra proximidad con otros animales.

---

[40] Sobre el concepto de inapropiabilidad se ahondará en el último capítulo, pues forma parte de la propuesta del derecho de los animales y su relación con la liberación animal.

Capítulo 4
La sintiencia y las experiencias de vida. Argumentos a favor de la situación de los animales no humanos

4.1. De la ciencia y la filosofía a la política animal

El humanocentrismo rechaza el parentesco humano con otras especies animales aunque compartan estructuras biológicas similares. Su dificultad mayor es reconocer que estas estructuras posibilitan a los AnH —como a los humanos— diversas experiencias subjetivas. Por ejemplo, experimentar dolor y sufrimiento. Si alguna vez se acepta esto, no tiene la misma relevancia moral y jurídica que cuando se concede a los humanos. Incluso, generalmente las investigaciones sobre el dolor y sufrimiento de otras especies sirven más para elogiar nuestros conocimientos, que para beneficiar a otras especies. La ciencia infectada de humanocentrismo y anclada en el modo de producción capitalista difícilmente aceptará que el dolor y el sufrimiento animal es análogo y homólogo al de los humanos.

Aceptar que otras especies de animales son seres dolientes y sufrientes involucra conocimiento y posición ético-política. En buena medida implica discrepar del pensar dominante. Frente al humanocentrismo algunos investigadores han asumido otras posturas de las que se desprenden las siguientes premisas: i) que existen distintas formas de hacer ciencia y, por tanto, llegar a otras conclusiones diversas; ii) que quizás no somos tan inteligentes para conocer a otras especies en su totalidad y, por tanto, deberíamos fortalecer otras premisas para buscar el respeto hacia los AnH; iii) que la ciencia también realiza valoraciones y por tanto debería cuestionarse el uso innecesario y arbitrario de AnH; y iv) que es necesaria una reflexión crítica filosófica sobre los datos científicos que atañen a la construcción de los derechos de los animales. Pero si se quiere avanzar en dichos derechos, no bastan los conocimientos científicos y filosóficos. Se requiere una práctica política y moral.

En lo que sigue construyo una argumentación a partir de estas premisas. Además, con ayuda del trabajo de Marc Becoff, Jessica Pierce y Frans de Waal, presentaré una forma sólida de involucrar conocimiento científico y filosofía moral con el objetivo no solo de fortalecer la tesis central del libro, sino también desmontar las ideas filosóficas humanocéntricas y avanzar hacia una práctica política a favor de los derechos de los animales.

4.2. DOLOR Y SUFRIMIENTO MÁS ALLÁ DEL HUMANOCENTRISMO

La International Association for the Study of Pain[1] define el dolor como una experiencia sensorial o emocional desagradable asociada al daño tisular actual o potencial. Animales humanos y no humanos tienen esta capacidad. Como dice Chapouthier, para el caso de los AnH:

La ciencia moderna asocia al animal con la facultad de alerta, muy desarrollada en los metazoarios, llamada nocicepción, es decir una sensibilidad a las estimulaciones excesivas del medio que afectan a la integridad del cuerpo y que, en los animales más evolucionados, tomará los nombres

---

[1] En la web de la Association for the Study of Pain se encuentran distintas investigaciones sobre el dolor, véase: https://www.iasp-pain.org/.

de dolor o de sufrimiento. De este modo, desde el punto de vista científico el animal es un ser sensible (Chapouthier, 2006: 7).

Las investigaciones sobre el dolor han permitido conocer nuevos aspectos sobre los mecanismos de la nocicepción y diseñar fármacos para aliviarlo. Estas investigaciones se hacen teniendo de base algunas especies animales. No es un secreto en ciencia saber que animales humanos y no humanos comparten estructuras biológicas y psíquicas similares. Por eso, como cuestiona Frans de Waal, «¿Por qué se molestaría alguien en estudiar el miedo en la amígdala de la rata para tratar las fobias humanas, si no se parte de la premisa de que todos los cerebros mamíferos tienen una organización esencialmente similar?» (De Waal, 2016: 147).

Desde un punto de vista evolutivo[2] compartimos con otras especies de animales distintas características físicas y psicológicas. Ejemplo de ello es la estructura ósea de humanos y otros mamíferos. Pero «lo mismo se puede afirmar de sus músculos, nervios, vasos sanguíneos y viseras internas. El cerebro, el más importante de todos los órganos, sigue la misma ley» (Darwin, 2003: 6). En la actualidad, la genética y la biología molecular han demostrado la continuidad filogenética entre los vertebrados, así como similitudes funcionales de sus órganos. Por esta razón «las clasificaciones modernas han elaborado definiciones objetivas de los grupos, basándose no ya en las semejanzas anatómicas de los seres vivos, sino en criterios precisos de parentesco molecular, es decir, en semejanzas entre moléculas de su cuerpo» (Chapouthier, 2006: 16).

Estas semejanzas probadas por el enfoque de la continuidad evolutiva van más allá de las biológicas. También están en la psique y las emociones. No se equivocaba Darwin cuando razonaba que sentidos

---

[2] «Los seres vivos descienden de otros a través de un largo proceso evolutivo [...] una larga historia que la ciencia ha ido descubriendo paulatinamente en los últimos siglos, especialmente por medio del análisis de los fósiles, esos restos de animales conservados por los archivos de la Tierra» (Chapouthier, 2006: 18).

e intuiciones de humanos deben ser las mismas en otras especies (Darwin, 2003: 22). Con estos, el fenómeno del dolor es un mecanismo que advierte al animal, humano y no humano, de daños actuales o potenciales. Esta capacidad «ha sido retenida por la selección natural porque es ventajosa para la supervivencia y la eficacia biológica» (Mosterín, 2013: 247). Al existir diferencias de grado, pero no de naturaleza, la información nociceptiva sobre el dolor tiene una función importante en todos los animales. Es homóloga y análoga entre animales humanos y no humanos.

> Para entender cómo la evolución obra su magia a través del árbol evolutivo, a menudo invocamos los conceptos recíprocos de «homología» y «analogía». La homología se refiere a los rasgos comparativos derivados de un ancestro común. Así la mano humana es homóloga del ala del murciélago, ya que ambas derivan de un miembro anterior ancestral, y la prueba es que comparten los mismos huesos. Por otro lado, las analogías se dan cuando animales distantes evolucionan en la misma dirección de manera independiente, lo que se conoce como evolución convergente. El cuidado parental del pez disco es un análogo de la crianza mamífera (De Waal, 2016: 90-91).

En el caso del dolor y sufrimiento, animales humanos y no humanos somos afectados por estos dos fenómenos de manera homóloga, en cuanto que compartimos algunas estructuras biológicas como el sistema nervioso y, de manera análoga, cuando se lleva a cabo un comportamiento similar ante la presencia de estos dos fenómenos. Dolor y sufrimiento son procesos subjetivos[3] que podemos distinguir. El primero es una «experiencia extremadamente desagradable, que reclama la atención inmediata y prioritaria de nuestra conciencia» (Mosterín, 2013: 244). El dolor es inmediato en su dimensión física por una lesión, herida o enfermedad. El sufrimiento es un estado anímico

---

[3] Es importante señalar, para no provocar confusiones, que el dolor también puede ser entendido únicamente como un proceso fisiológico de los neurorreceptores y neurotransmisores y este es medible y explicable, además de repetible.

como el miedo, la ansiedad, la pena, la congoja, la soledad o la frustración. Podemos decir entonces que «no solo sufrimos cuando algo nos duele, sino también cuando no alcanzamos lo que deseamos, o cuando ocurre lo que aborrecemos» (Mosterín, 2013: 244-245).

Las diversas evidencias sobre el dolor[4] de AnH deberían ser suficientes para que el derecho los considere pacientes jurídicos. Si los niños pequeños —que aún no expresan su dolor a través de un lenguaje articulado— solo expresan conductas concomitantes a los procesos mentales que refieren a este e inferimos sin chistar que son seres dolientes, ¿por qué no se infiere lo mismo con los AnH? Para incluir a los niños pequeños en el círculo moral y jurídico no se requiere infinidad de experimentos sobre su capacidad de sentir dolor. Entonces, ¿por qué si existen evidencias sobre esta capacidad en los AnH no se incluyen en ese círculo? De hecho, los AnH no solo sienten su dolor, también son capaces de captar el ajeno y acudir a mitigarlo. Aquí un ejemplo:

> Se sabe que ratones y ratas, pueden desplegar empatía y que las ratas detectan el dolor en las expresiones faciales de otras ratas. Más recientemente, la investigación ha demostrado que las ratas acudirán con prontitud a ayudar a un compañero de celda que lo necesite. En un experimento se vio que las ratas incluso ayudaban a una rata en apuros en lugar de elegir comer chocolate[5] (Bekoff y Pierce, 2017: 15).

De aquí se infiere que los AnH poseen también conciencia. En el año de 2012 neurocientíficos, neurofarmacólogos, neurofisiólogos y

---

[4]   En Felasa (Federation of European Laboratory Animal Science Association) se encuentran diversos estudios sobre el dolor en animales: http://www.felasa.eu/working-groups/reports/pain-and-distress-in-laboratory-rodents-and-lagomorphs/. La revista *Science* muestra también diversas investigaciones sobre el dolor que padecen otros animales, véase por ejemplo: «Crabs feel pain» (Morell, 2015).

[5]   «Both rats and mice are known to display empathy, and rats can detect pain in the facial expressions of other rats. More recently, research has shown that rats will readily seek to help a distressed cage-mate. In one experiment, rats even helped a rat in need instead of choosing to eat chocolate». Traducción propia.

neuroanatomistas firmaron la Declaración de Cambridge,[6] que confirma, a partir de reexaminar los sustratos neurobiológicos, que existe experiencia consciente, y otros comportamientos relacionados a esta, en animales no humanos. En esta declaración se puede leer:

> En dondequiera que sea que el cerebro suscite comportamientos emocionales instintivos en animales no humanos, muchos de los comportamientos que resultan son consistentes con estados de sentimientos experimentados, incluso aquellos estados internos que recompensan o castigan. La estimulación cerebral profunda de estos sistemas en seres humanos también puede generar estados afectivos semejantes (Low *et al.,* 2012).

Estas investigaciones se realizaron sobre diversas especies, en cuanto a las aves se señaló:

> Las aves parecen ofrecer, en su conducta, neurofisiología y neuroanatomía, un caso destacado de evolución en paralelo de la conciencia. Evidencia de niveles casi humanos de conciencia han sido observados de manera espectacular en los loros grises africanos. Las redes emocionales y los microcircuitos cognitivos de mamíferos y aves parecen ser mucho más homólogos de lo que se pensaba antes (Low *et al.,* 2012).

Los firmantes de esta Declaración sostuvieron a partir de sus investigaciones que

> La ausencia de un neocórtex no parece prevenir que un organismo experimente estados afectivos. Evidencia convergente indica que los animales no humanos poseen los substratos neuroanatómicos, neuroquímicos y neurofisiológicos de estados conscientes, así como la capacidad de exhibir comportamientos deliberados. Por consiguiente, *el peso de la evidencia indica que los seres humanos no son los únicos que poseen los sustratos neurológicos necesarios para generar conciencia.* Animales no humanos,

---

[6] Para mayor información véase *The Cambridge Declaration on Consciousness* (Low *et al.,* 2012).

incluyendo todos los mamíferos y pájaros, y muchas otras criaturas, incluyendo los pulpos, también poseen estos sustratos neurológicos[7] (Low *et al.*, 2012).

A partir de esta Declaración, se han sumado voces a favor de la protección de los AnH. En el año 2019, en la Universidad de Toulon, Francia, los universitarios del área de derecho proclamaron la *Déclaration de Toulon*.[8] En ella se cuestiona la falta de protección jurídica y la objetivación de los animales, así como la poca atención que presta el área del derecho a los nuevos conocimientos en torno a los AnH. Promovieron otra forma de comprender el derecho en la que «el reconocimiento de la personalidad jurídica de los animales […] [fuera] una etapa indispensable para alcanzar la coherencia del sistema del derecho» (Balmond *et al.*, 2019). Tomar en serio los nuevos avances científicos sobre la sintiencia de los AnH, en otros sectores que influyen sobre la vida de ellos, tendría como efecto la elaboración de otras declaraciones similares.

Sin embargo, conviene precisar que estas evidencias por sí mismas no han sido suficientes para mejorar la situación que padecen millones de animales. En gran medida esto se debe a que, en las humanidades y las ciencias sociales, sus conceptos y paradigmas están afectados por la ideología humanocéntrica. De hecho, para incluir a los AnH al círculo moral y jurídico no tendría que exigirse veracidad o certeza científica absoluta sobre su capacidad de sufrir e interesarse por su vida porque:

Todavía no existe un acuerdo entre científicos o filósofos sobre exactamente cómo debemos entender los aspectos subjetivos de la vida, cómo podrían relacionarse con el comportamiento observable, y cómo podríamos medirlos. Estos son problemas filosóficos profundos que no pode-

---

[7] Las cursivas son mías.

[8] Está declaración fue proclamada oficialmente el 29 de marzo del 2019 en la Facultad de Derecho de la Universidad de Toulon. Véase *Déclaration de Toulon* (Balmond *et al.*, 2019).

mos esperar resolver en el futuro cercano, pero eso, sin embargo, afecta la forma en que pensamos sobre el sufrimiento animal y nuestra responsabilidad de aliviarlo[9] (Bekoff, 2010: 45).

La gran mayoría de los argumentos filosóficos que niegan la conciencia animal se basan en supuestos arbitrarios como la fantasía de la excepción humana frente a otras especies, un «asombroso» salto cualitativo de mono a *Homo sapiens* o la homilía que despliega el discurso de que los humanos (y solo estos) poseen dignidad. Tiene razón Frans de Waal cuando señala que

La arrogancia subyacente tras esta postura explica nuestra reticencia a apreciar las vidas mentales de otras especies. ¿Por qué preocuparse de lo que pueden hacer los animales, si no hay comparación posible con lo que hacemos nosotros? Esta visión saltacionista (del latín «*saltus*», salto) descansa en la convicción de que algo trascendental tuvo que pasar después de que nos separáramos de los monos: un cambio abrupto sin precedentes en los últimos millones de años, o quizás aún más reciente. Aunque este suceso milagroso sigue rodeado de misterio se le ha asignado un término exclusivo, «hominización», al que se alude con palabras de estilo de «chispa», «brecha» o «abismo». Por supuesto ningún sabio moderno osaría mencionar una chispa divina, y menos aún de una creación especial, pero las raíces religiosas de esta postura apenas pueden disimularse (De Waal, 2016: 144).

Esta reticencia trae efectos negativos para los AnH, pues al conjugarse con la lógica del capitalismo, se justifica el sufrimiento de millones de animales en nuestras sociedades industrializadas. En realidad, matar animales a gran escala trae consecuencias negativas para todas

---

[9] «There exists as yet no agreement between either scientists or philosophers on precisely how we should understand the subjective aspects of life, how they might relate to observable behavior, and how we might measure them. These are deep philosophical problems that we cannot expect to resolve in the near future, but that nevertheless affect the way we think about animal suffering and our responsibility to alleviate it». Traducción propia.

las formas de vida del planeta. Como bien dice Jorge Riechmann[10] la producción industrial de carne y su consumo masivo trae consigo la deforestación para sembrar cereales con los que se engorda el ganado, erosión de suelos, extinción de especies, generación de gases de efecto invernadero, despilfarro de agua, contaminación de mantos acuíferos e injusticia social.

Ahora bien, no solo la ideología humanocéntrica afecta la manera en que pensamos sino también cómo actuamos. La llamada ciencia del bienestar animal, infectada de humanocentrismo, no es una ciencia objetiva sin valores, antes bien es una práctica con compromisos morales a favor de los humanos, y más con los millonarios del planeta y en detrimento de los AnH.

> La ciencia no es neutral en sus valores y, por mucho que los científicos del bienestar animal traten de enfrentarse a sus estudios «objetivamente» y a partir de una posición rigurosamente basada en las pruebas, la iniciativa en su conjunto está bañada de juicios de valor acerca de lo que son los animales en comparación con los humanos, y lo que los humanos necesitan y desean siempre precede, sin cuestionarse, a las necesidades y deseos de los propios animales[11] (Bekoff y Pierce, 2017: 27).

En un mundo ideal, como práctica moral, la ciencia del bienestar animal tendría que cuestionar su humanocentrismo para que en sus investigaciones incluya cuestiones valorativas como: ¿es correcto o moral hacer esto o aquello con los AnH?, ¿resulta inevitable usar animales para distintos fines humanos?, ¿se justifica moralmente este experimento sobre seres sintientes? De no hacerlo, estaría renunciado al derecho de usar el término ciencia.

---

[10] Para mayor información sobre el tema revisar el anterior capítulo.

[11] «Science is not value-neutral, and much as animal welfare scientists seek to approach their studies "objectively" and from a rigorously evidence-based stance, the entire enterprise is suffused with value assumptions about who animals are in relation to humans, and how human needs and desires take unquestioned precedence over the needs and desires of the animals themselves». Traducción propia.

En el mundo real la ciencia del bienestar animal es aliada del modo de producción capitalista y sus organizaciones internacionales. Tiene compromisos políticos-económicos cuyo fin es coadyuvar en pro de generar ganancias económicas. Basta leer algún pasaje sobre el tema en informes como los de la Organización de las Naciones Unidas para la Alimentación y la Agricultura (FAO). Por ejemplo, este:

> La investigación científica ha demostrado que los animales de sangre caliente (incluyendo el ganado), sienten dolor y miedo. En particular los mamíferos, incluyendo los destinados a la producción de alimentos tienen una estructura cerebral que les permite sentir el temor y el dolor, y es muy probable que sufran dolor de la misma manera que los humanos. El temor y el dolor son causas muy importantes de estrés en el ganado, y el estrés afecta a la calidad de la carne. El dolor generalmente es la consecuencia de una lesión o del maltrato, que a su vez influye en la calidad de la carne de los animales afectados (Medina, 2014).[12]

Como se puede observar, los científicos de la FAO aceptan las evidencias de la sintiencia animal, pero afectados por el humanocentrismo-bienestarista-capitalista el dolor y sufrimiento de los AnH queda en segundo plano, dándole prioridad a la economía. Hacen recomendaciones para que los AnH no sufran lesiones o maltrato antes de ir al matadero, no porque reconozcan la vida de estos, sino por cuidar la calidad de la mercancía. Entre sus directrices no está el objetivo de abolir el uso y explotación de animales.

Es el mismo caso de la Organización Mundial de Sanidad Animal (OIE).[13] Asume que el bienestar de los AnH contribuye a la calidad de

---

[12] La FAO ha diseñado las «Directrices para el manejo, transporte y sacrificio humanitario del ganado» (Medina, 2014).

[13] La Organización Mundial de Sanidad Animal (OIE), está compuesta por 172 países miembros, en el 2001 determinó que el bienestar de los animales es una prioridad estratégica. En su introducción a las recomendaciones para el bienestar de los animales, la OIE realiza distintos señalamientos para lograr dicho bienestar. Estas cinco libertades las han cambiado por los llamados doce criterios del bienestar animal, que engloba estos cinco puntos y añade puntos que se omitían anteriormente. Véase OIE (2023).

sus vidas y que este requiere de «"cinco libertades" mundialmente reconocidas (vivir libre de hambre, de sed y de desnutrición, libre de temor y de angustia, libre de molestias físicas y térmicas, libre de dolor, de lesión y de enfermedad, y libre de manifestar un comportamiento natural) son pautas que deben regir el bienestar de los animales» (OIE, 2023).

Si bien esta retórica se debe, en buena medida, al conocimiento científico y filosófico en torno a la sintiencia de los AnH sensibles y se difunde entre la formación técnica y profesional como la veterinaria, su finalidad es solo el bienestarismo-capitalista animal[14] no su reconocimiento moral y jurídico.

La llamada ciencia del bienestar animal se desarrolla en los organismos internacionales y sus Estados miembros. Es humanocéntrica y capitalista. En el 2018 «el Director General de la FAO, José Graziano da Silva, aseguró que el sector ganadero posee una importancia permanente y que puede desempeñar un papel clave en la mejora de las vidas de millones de personas al proporcionar alimentos, empleos e ingresos, resiliencia y oportunidades económicas» (Contexto Ganadero, 2023). Por ello no es casualidad que la ciencia del bienestar animal tenga un papel relevante en la producción pecuaria intensiva: se cuida al animal porque esto implica generar alimentos, empleos o imperios económicos. Así, la ciencia del bienestar animal tiene poco de ciencia porque es incapaz de hacerse la pregunta ¿Qué quieren y necesitan los animales? (Bekoff y Pierce, 2017: 24). Más que ciencia del bienestar animal, cabe el calificativo de bienestarismo-capitalista: práctica inmoral con los AnH a favor de la ganancia capitalista. Promueve la industria de carne a gran escala para cubrir la demanda de las sociedades industriales, bajo la consigna de disminuir el dolor y sufrimiento a los AnH pero sin lograrlo.[15]

---

[14] En el 2008 la FAO diseñó un texto sobre las buenas prácticas de bienestar animal. En ella señala la importancia de llevarlas a cabo bajo diversas estrategias. Véase FAO (2008).

[15] Existen diversas investigaciones que evidencian el sufrimiento que padecen los AnH dentro de las granjas industriales, véase, por ejemplo, «La crueldad contra los animales en los mataderos de México, documentada por un fotoperiodista español» (Reza, 2017).

Las investigaciones han detectado cojera en el noventa por ciento de los pollos de engorde. Lamentablemente, las leyes del sacrificio humanitario no se aplican a los pollos ni al resto de las aves de corral, aun cuando estas suponen más del noventa y ocho por ciento de los animales terrestres sacrificados en Estados Unidos. Los métodos de sacrificio son a menudo obscenamente crueles[16] (Bekoff y Pierce, 2017: 36).

La industria de la carne no se detiene. En los últimos cincuenta años, la producción y consumo de carne en los países con economías en desarrollo han experimentado un considerable incremento, «La producción de carne hoy es casi cinco veces más alta que a principios de la década de los 60: de 70 millones de toneladas a más de 330 millones de toneladas en 2017» (Ritchie, 2019).[17] El avance del bienestarismo-capitalista está bien orquestado pues la Organización Mundial del Comercio (OMC) reconoce a la OIE como la organización de referencia responsable del establecimiento de normas internacionales relacionadas con el bienestar de los animales (OIE, s. f.).

Aun con la ciencia del bienestar animal los AnH confinados y apiñados en las granjas industriales, sus capacidades y comportamientos que habitualmente realizan en estado de libertad quedan atrofiados. Las organizaciones internacionales se jactan de que aplican las cinco libertades en los AnH para el consumo humano. Incluso si así fuera, «un animal al que se le proporciona comida, agua y refugio puede aún

---

[16] «Research has found lameness in 90 percent of broilers. Regrettably, humane slaughter laws don't apply to chickens or other poultry, even though they represent more than 98 percent of slaughtered land animals in the United States. Slaughter methods are often obscenely cruel». Traducción propia.

[17] «A nivel mundial, se prevé que para 2032 el consumo de la carne de aves de corral, de cerdo, de vacuno y de ovino crecerá 15 %, 11 %, 10 % y 15 %, respectivamente. Se espera que la carne de aves de corral represente 41 % de la proteína consumida de todas las fuentes de carne en 2032, seguida por la de cerdo, bovino y ovino. Se espera que el crecimiento general en el volumen de consumo de carne, además de los Estados Unidos, el Brasil y China, sea mayor en los países de ingresos bajos, sobre todo la India, el Pakistán, Filipinas, Vietnam y la región del África subsahariana (ASS)» (OCDE y FAO, 2023).

sufrir angustia, una violación de la quinta libertad»[18] (Bekoff y Pierce, 2017: 37).

En realidad, esas cinco libertades no están encaminadas a edificar la libertad de los AnH. Ni siquiera deberían llamarse así, pues libertad en este caso implica deshacer las restricciones a los intereses y deseos del animal. Engordar rápido a un animal o hacerle beber productos artificiales para obtener un «producto» nada tiene que ver con la libertad. Pongamos el ejemplo de los terneros:

> [...] el ternero puede ser separado por completo de la madre e ingresar a un sistema artificial, que le brindará todo lo necesario para su desarrollo y crecimiento. Se aplica sobre todo en ganaderías estabuladas o semi estabuladas, con ordeños mecánicos y altas producciones. El único alimento que los becerros consumen directamente de la madre es el primer calostro y de resto se alejan de la madre para que esta continúe con la producción del lácteo[19] (Contexto Ganadero, 2016).

De igual forma el animal nunca estará libre de angustia y temor dentro de estas granjas industriales —encerrados, hacinados o mutilados— ni tampoco cuando se les traslada en vehículos ruidosos o en su estancia en el matadero esperando su ejecución, escuchando, oliendo o percibiendo la experiencia de muerte de otros AnH.

Para la industria cárnica es demasiado costoso tratar a los animales enfermos o lesionados. Por eso constantemente violan la cuarta libertad. Para subsanar estas «fallas» se propusieron prácticas de sacrificio «humanitario» que, por la cantidad de AnH, casi nunca se llevan a cabo. Pensar que un AnH dentro de estas industrias puede manifestar un comportamiento natural es tan fantasioso y a la vez perverso como las imágenes que se encuentran en los empaques que muestran cerdos, vacas o gallinas felices de ser explotados o degollados.

---

[18] «But an animal provided with food, water and shelter can still suffer distress a violation of the fifth freedom». Traducción propia.

[19] En la página web de Contexto Ganadero, se ofrecen datos sobre las diversas formas de crianza de terneras, véase Contexto Ganadero (2016).

En las luchas morales y políticas de grupos humanos contra el esclavismo, capitalismo, patriarcado y colonialismo, la libertad ha sido una de sus aspiraciones. Pero también el buen vivir, cuyo objetivo es erradicar el sufrimiento humano de millones de personas en todo el mundo. ¿Por qué la libertad y buen vivir de los AnH no podría formar parte de estas luchas?

Alguna vez no pocos humanos sufrieron la falta de libertad en feudos, haciendas, colonias, misiones jesuitas o plantaciones; hoy una gran parte de los AnH se encuentran en cautiverio en granjas industriales, en la industria peletera y farmacéutica, en centros de investigación, en zoológicos, circos o acuarios. La raíz del sufrimiento se basa en coartar su libertad, de ahí que las expresiones más comunes que desarrollan los AnH al encontrarse en cautiverio sean «comportamientos repetitivos inducidos por frustración, repetidos intentos por sobrellevar el estrés y/o una disfunción del SNC»[20] (Mason, 2017). Toneladas de pruebas científicas, tanto observaciones de comportamiento como marcadores fisiológicos, han establecido que los animales tienen reacciones fuertemente negativas ante las pérdidas de libertad[21] (Bekoff y Pierce, 2017: 7). Ninguna de estas evidencias ha sido suficiente para reconocer a los AnH como sujetos de consideración moral y jurídica. Para llegar a esto hace falta una ciencia que supere el humanocentrismo, cuya humildad cognitiva permita el asombro humano por lo incomprensible.

Considerar que existen otras formas de vida a la nuestra, en particular la de los AnH, aceptar que existen procesos sobre sus estados del dolor y el sufrimiento de manera análoga y homóloga a los nuestros, y reparar en que no debería ser condición necesaria el que sus estructuras orgánicas sean similares a las nuestras para ser respetados,

---

[20] En el capítulo 11 del texto titulado «Comportamientos estereotipados en los animales en cautividad: bases e implicaciones para el bienestar animal y otros aspectos» se encuentra la definición de la estereotipia y sus manifestaciones, véase Mason (2017).

[21] «Reams of scientific evidence, both behavioral observations and physiological markers, establish that animals have strongly negative reactions to losses of freedom». Traducción propia.

son claves para alejarnos del humanocentrismo. El dolor y el sufrimiento no son arquetipos humanos que luego se reflejan en otras especies, antes bien son mecanismos evolutivos, señales de alarma para proteger al organismo y aumentar su supervivencia. ¿Por qué se atribuyen los humanos su monopolio? La respuesta común es que el cerebro humano es más complejo y esto posibilita operaciones que producen pensamiento consciente o subjetivo, entre ellos, los fenómenos del dolor y sufrimiento. Pero estas ideas no son más que las certidumbres que modelan la topología mental de las instituciones del conocimiento de la modernidad. Luego se popularizan. En realidad son ideas totalizadoras. Parece que surgen de conceptos, pero de hecho son preceptos. La idea de la excepción humana a partir de su cerebro complejo no se sostiene, de ser así cada animal extraordinario sería una excepción, como el caso del pulpo.

> Aunque el cerebro del pulpo es el más grande y complejo de todos los invertebrados, la explicación de sus extraordinarias habilidades podría residir en otra parte. [...] cada pulpo posee cerca de dos mil ventosas, cada una provista de un ganglio nervioso propio que contiene medio millón de neuronas. Esto equivale a un montón de neuronas sumadas en un cerebro que ya contiene 65 millones de ellas. Además hay una cadena de ganglios a lo largo de los brazos. El cerebro principal conecta con todos esos «minicerebros», que también están conectados entre ellos. En vez de un centro de mando único como en nuestra especie, el sistema nervioso de los cefalópodos se parece más a internet. Hay un control local extendido (De Waal, 2016: 279-281).

Los niveles de conciencia en los AnH son diferenciados en este caso entre vertebrados y cefalópodos por lo que su percepción inteligente del dolor y sufrimiento es incuestionable. «La anatomía del cerebro proporciona evidencia que confirma esto con la estructura conocida como corteza cerebral que se ocupa específicamente de los procesos conscientes. La corteza cerebral se encuentra en todos los cerebros de vertebrados y probablemente haya un equivalente en los cerebros de los moluscos cefalópodos» (Chapouthier, 2015: 154).

Queda claro cada vez más que no es la ciencia a secas la que determina los esquemas mentales con los que se percibe el mundo de los AnH. En medio existe la ideología humanocentrista y sus prácticas, como es el caso de la ciencia del bienestar animal y el capitalismo como sistema que transforma la vida en su totalidad en valor de cambio. La tarea es combatir a ambos en la teoría y en la práctica con la finalidad de construir herramientas para el cuidado de la biosfera que habitamos todos los animales. Una herramienta será la razón normativa como guía de nuestro saber y comportamiento. Si sabemos que los animales son seres que experimentan una vida —la comprendamos o no— y que esta vida es valiosa por sí misma, que les concierne solo a ellos, y son ellos los que deben dirigirla y decidir cómo vivirla, nuestros comportamientos hacia esas vidas deben ser de respeto. Para comprender esto será necesario ajustar nuestra identidad práctica, esto es, reconocer identidad moral con ellos a través de una identidad animal. De esta forma, la identidad práctica es normativa porque trae consigo obligaciones (Korsgaard, 2000: 158).

Esta razón normativa nos obliga a transitar hacia la política. El sufrimiento de los AnH en las sociedades industriales no solo es un asunto moral sino político. No solo es el respeto hacia estos lo que está en juego, también la justicia de todos los animales, incluidos los humanos. Matar animales en el sistema industrial afecta a otros animales y a la biosfera.[22] Se pone en riesgo la salud, la seguridad alimentaria y la disposición de agua de todos los animales, incluidos los humanos.[23] No

---

[22] «El sector ganadero reviste una importancia fundamental ya que es responsable del 18 por ciento de las emisiones de gases de efecto invernadero medidos en equivalentes de CO_2, un porcentaje mayor que el correspondiente a los medios de transporte. Asimismo, el sector pecuario produce el 9 por ciento de las emisiones de CO_2 de origen antropógeno, la mayor parte de las cuales se deben a los cambios en el uso de la tierra (principalmente, la deforestación) causados por la expansión de los pastizales y la superficie destinada a la producción de forrajes. La ganadería es también responsable en medida aún más significativa de la emisión de algunos gases que tienen un mayor potencial de calentamiento de la atmósfera» (Steinfeld *et al.,* 2009: xxii).

[23] «El sector pecuario es un factor clave en el incremento del uso del agua ya que es responsable del 8 por ciento del consumo mundial de este recurso, principalmente para la

son pocas las evidencias que permiten inferir que es irracional contribuir a la producción cárnica industrial, de ahí que la lucha por los derechos de los animales no sea una mera cuestión sentimental sino un serio problema político.

Esta interpelación solo puede comprenderse si los humanos abandonamos la fantasía de autodenominarnos seres divinos, especiales, espirituales o superiores y aceptamos la animalidad que compartimos con otras especies. Este conocimiento científico y moral se trasforma en político cuando se reclama un movimiento de liberación en nosotros mismos, al reconocer y respetar las experiencias de vida de los demás animales humanos y no humanos, porque nos oponemos a la objetivación y cosificación que posibilitan su uso, abuso y apropiación. Cuestionamos nuestra participación en el actual sistema capitalista al rechazar la explotación normalizada e institucionalizada de millones de AnH. Por último, pero no por ello menos importante, al valorar el dolor y sufrimiento de estos nos liberamos del prejuicio humanocéntrico. Surge así una posición política: la postura antihumanocéntrica y anticapitalista que piensa la justicia más allá del derecho.

La postura antihumanocéntrica y anticapitalista tiene un principio que dice así: todas las experiencias de vida animal importan no porque se tenga evidencia sobre su sintiencia, sino porque tienen mundo. De esto hablaremos en el siguiente apartado.

---

irrigación de los cultivos forrajeros. La ganadería es probablemente la mayor fuente de contaminación del agua y contribuye a la eutrofización, a las zonas "muertas" en áreas costeras, a la degradación de los arrecifes de coral, a la aparición de problemas de salud en los seres humanos, a la resistencia a los antibióticos y a muchos otros problemas. Las principales fuentes de contaminación provienen de desechos de los animales, antibióticos y hormonas, productos químicos usados en las curtiembres, fertilizantes y plaguicidas usados en los cultivos forrajeros y sedimentos de pastizales erosionados» (Steinfeld *et al.,* 2009: xxii-xxiii). A su vez, el Programa de Naciones Unidas para el Medio Ambiente (PNUMA), en su anuario del 2010, señaló que «en la actualidad, 2.800 millones de personas viven bajo condiciones de estrés hídrico. Para el año 2030, cerca de la mitad de la población mundial vivirá en esas condiciones si no se introducen e implementan nuevas políticas eficaces» (PNUMA, 2010).

Estando en prisión, a Rosa Luxemburgo le conmovía profundamente el canto de las aves. Creía comprender el lenguaje de los pájaros por las distintas variaciones de la voz de estos. «Hace falta —decía— tener el oído del hombre indiferente para suponer que el canto de los pájaros siempre es igual. Si uno gusta de los animales y comprende, encuentra en ellos una gran variedad de expresión, descubre un verdadero lenguaje» (Luxemburgo, 2019: 228-229).

No solo los marxistas de su tiempo estaban lejos de esta comprensión. La actual ciencia del bienestar animal y el sistema capitalista lo están mucho más. Pero no todas las llamadas ciencias de la vida han cedido a esta indiferencia. Existen algunas que han criticado el humanocentrismo y las formas de uso que reducen a los AnH a meros objetos. Algunos estudiosos de estas ciencias se han enfrentado al desprestigio institucional-oficial, por tratar en sus investigaciones temas relacionados sobre las emociones en los animales, pues para la ciencia tradicional, «no hacía falta preocuparse por las vidas interiores de los animales y quienes lo hacían eran tachados de antropomorfistas, románticos o acientíficos» (De Waal, 2016: 16). A pesar de esto, algunas biólogas, etólogos, zoólogos o primatólogas dedicaron y dedican buena parte de sus estudios a investigar estados anímicos animales.

Aunque no es nuevo el estudio sobre el comportamiento animal basado en los sentimientos del miedo, la ira, el placer y el amor, porque el propio Darwin ya había reparado en ello, lo que sí es reciente es el estudio de comportamientos animales que implican subjetividad. En esto existe una correspondencia entre el trabajo de Darwin y los nuevos estudios sobre los AnH a partir de la tesis que dice: si existen afinidades morfológicas y fisiológicas entre animales humanos y no humanos, entonces también debe haber similitud en sus procesos mentales.

A las observaciones relatadas por Darwin siguieron los trabajos etológicos de Konrad Lorenz, «quien poseía un conocimiento indiscutible de primera mano sobre la conducta animal» (Tinbergen, 1979: 140). Además «Konrad Lorenz, el maestro de la observación, pensaba que uno no podía investigar eficazmente a los animales sin una comprensión intuitiva asentada en el amor y el respeto» (De Waal, 2016: 32). Aun con todo, afirmar que no solo compartimos bases biológicas similares con otros animales, sino que además estas implican que el comportamiento está fundado también en bases comunes, resultó chocante para la postura humanocéntrica.

Como bien pensaba Lorenz, es complaciente considerarnos el centro del universo, distintos de todo cuanto existe en la naturaleza y, sobre todo, superiores. «Para muchos humanos es una necesidad persistir en ese error, y así desoyen el más sabio consejo que jamás un sabio diera, el famoso "Conócete a ti mismo" que dijo Quilón pero se le atribuye a Sócrates» (Lorenz, 1974: 243). «Conócete a ti mismo» implica adentrarse en la constitución biológica y la subjetividad de los humanos como animales. Para Lorenz era evidente que las conductas animales son tanto análogas como homólogas a las del humano (Lorenz, 1992: 71), pero para poder conocernos a nosotros mismos, aceptar estos hechos y sus conclusiones, era necesario, según este etólogo, sobrepasar tres obstáculos.

El primer obstáculo es el más primitivo. Impide que el hombre se conozca a sí mismo, porque no le deja ver que es resultado de una evolución histórica. [...] Si el hombre no conociera al chimpancé le costaría menos convencerse de su origen. [...] nos obliga a ver en su cara un rostro humano. [...] El segundo obstáculo que se opone al conocimiento de nosotros mismos es la emocional aversión a reconocer que nuestras obras están sometidas a leyes naturales. [...] El tercero y magno obstáculo al conocimiento de sí mismo es —por lo menos en nuestras culturas occidentales— la herencia de la filosofía idealista. Procede de la división del mundo en dos: el mundo externo de las cosas, por principio desprovisto de valor para el pensamiento idealista, y el mundo inteligible, del pensamiento y la razón humanos, que es al único al cual se le atribuyen valores (Lorenz, 1974: 244-245).

A la disidencia de Lorenz contra el humanocentrismo se sumaron más tarde filósofas y científicos, incluido el propio Franz de Waal, quienes corroboraron no solo las similitudes del comportamiento entre los animales, incluidos los humanos, sino que se adentraron al estudio de la subjetividad o el mundo *(Umwelt)* de estos. Hablar sobre el *Umwelt*[24] animal o mundo subjetivo animal no supone un humanomorfismo sino más bien un zoomorfismo. El concepto mundo es posible enunciarlo aquí debido a que, como bien lo observó Hannah Arendt, existen seres sensibles que perciben las cosas y que, «al actuar como receptores garantizan su realidad» (Arendt, 1984: 31) creando con ello un mundo. Ven, son vistos y cada cual vive en su mundo particular (Arendt, 1984: 33). Arendt retoma los estudios del zoólogo y biólogo Adolf Portmann para profundizar en un deseo particular de los animales, a saber, en la «irrefrenable *necesidad de aparecer,* de insertarse en el mundo de las apariencias exhibiéndose así mismo como individuo» (Arendt, 1984: 34). Quien tiene mundo se hace presente, actúa en él y hace notar que está en un lugar ante otros manteniendo quizás comunicación, pero no necesariamente comprensión o entendimiento.

Jakob Johann von Uexküll sostiene que hablar de mundo siempre remite a un sujeto que lo percibe y actúa en él. Del autor prefiero usar el concepto *Umwelt* como mundo y no como entorno o medio ambiente para hacer énfasis en que mundo es siempre de o para alguien. De esta manera hay tantos mundos como existentes que perciben las cosas, por lo que esta experiencia cerrada hace imposible que estos se entiendan como tales (Von Uexküll, 2016).[25] Quizás esa fue la razón por la que los humanismos desanimaron (desposeyeron de alma), con la teología, luego la filosofía y al final con el naturalismo, a los demás existentes vivos «no humanos» para erigir al humano como el referente de la realidad o el ser.

---

[24] El *Umwelt* se refiere al mundo subjetivo centrado en el propio organismo, que representa solo una pequeña fracción de todos los mundos perceptibles. Véase De Waal (2016: 20).

[25] Esta noción de mundo fue lo que permitió a Martin Heidegger afirmar que los animales son pobres de mundo. Al respecto, véase Muñoz Pérez (2015: 98).

El *Umwelt* de los animales es incomprensible (Von Uexküll, 2010: 135). Se puede estudiar, pero de la profundidad de este no se puede decir mucho. El naturalismo en todas sus versiones queda perplejo cuando Jakob Johann von Uexküll se pregunta si la garrapata es una máquina o un maquinista, si es un objeto o un sujeto (Von Uexküll, 2010: 45). Las ciencias convencionales nos pueden hablar de los reflejos de la garrapata, de sus células sensoriales y motoras, de su excitación, de sus músculos y movimientos, pero de su mundo poco se puede decir. Entre animales puede haber comunicación como la hay entre los humanos y estos con algunos animales. Pero no debería confundirse comunicación con comprensión de mundo.

Lo que sí se puede observar del mundo animal son los comportamientos análogos y homólogos. Para una mentalidad infectada de humanocentrismo, resultará chocante escuchar que «sentimientos, intuiciones, emociones y facultades diversas, tales como la amistad, la memoria, la atención, la curiosidad, la imitación, la razón, etc., de las cuales se enorgullece el hombre, pueden observarse en un estado naciente, o incluso a veces en un estado bastante desarrollado, en los animales inferiores» (Huxley, 1939: 215). El enfoque basado en la teoría evolutiva y la similitud comportamental análoga y homóloga que nos vincula con los demás animales, permite respuestas más claras y justificadas sobre las capacidades cognitivas de todos (humanos y no humanos). Sin embargo, el humanocentrismo es necio. Supone que los comportamientos más excelsos son exclusivos de los humanos.[26] Desde su negacionismo irracional no acepta las diferentes evidencias y pruebas de la teoría de la evolución. Mucho menos los irrefutables estudios sobre los procesos cognitivos de los AnH, como podría ser el que a pesar de que muchos de ellos viven en ambientes distintos, afrontan problemas comunes y son capaces de aprender formas nue-

---

[26] Una idea filosófica antigua arraigada en Occidente es la aceptada por Plotino sobre la *scala naturae* o gran cadena de los seres, que supone que los humanos son descendientes de las formas más perfectas, mientras que los animales se encontraban en las escalas más bajas.

vas de habérselas con las cosas, sea identificar a sus depredadores, localizar reservas de comida o agua (Pearce, 1998: 6-7). O aquellos que prueban que los chimpancés superan a los humanos en cuanto a capacidad de memoria (De Waal, 2016: 151-152). De ahí el siguiente comentario de Bekoff y Pierce:

El difunto Chris Evans, que enseñaba en la Universidad Macquarie en Sidney, Australia, pasó muchos años estudiando el comportamiento y la cognición de las gallinas junto con su esposa Linda. «Las gallinas», anotaba, «viven en grupos sociables estables. Pueden reconocerse unas a otras por sus rasgos faciales. Tienen veinticuatro gritos distintos que comunican una riqueza de información a las demás, que incluyen avisos de alarma diferenciados [...] Son muy buenas resolviendo problemas. De manera deliberada en las conferencias, a veces enumero estos atributos, sin mencionar a los pollos, y la gente piensa que estoy hablando de monos (Bekoff y Pierce, 2017: 35).[27]

Existen pruebas del comportamiento relacionado con las capacidades cognitivas de las gallinas,[28] pero la ciencia del bienestar animal justifica el trato cruel de estas en las granjas industriales. Como bien lo señalan los etólogos Marc Bekoff y Jesica Pierce, es un hecho que «a pesar de poseer inteligencia y personalidad, a las gallinas se las trata rutinariamente como si no tuvieran cerebro ni sentimientos» (Bekoff y Pierce, 2017: 35).

---

[27] «The late Chris Evans, who taught at Macquarie University in Sidney, Australia, spend years studying chicken behavior and cognition with his wife, Linda. "Chickens" he noted, "exist in stable social groups. They can recognize each other by their facial features. They have 24 distinct cries that communicate a wealth of information to one other, including separate alarms call [...] They are good at solving problems. As a trick at conferences I sometimes list these attributes, without mentioning chickens, and people think I'm talking about monkeys"». Traducción propia.

[28] Edgar, Paul y Nicol (2013), señalan que el comportamiento de las gallinas en la percepción del daño que sus crías muestran está dirigido por su propio conocimiento de la situación. Lori Marino también ha investigado sobre la cognición en las gallinas, véase Marino (2017).

Por ejemplo, Stanley Curtis, de la Universidad Estatal de Pensilvania, adiestró cerdos para que jugarán videojuegos controlados por un *joystick*. Observó que los cerdos, son «capaces de representación abstracta» y pueden «conservar un icono en la mente y recordarlo más tarde». Concluyó que «estos cerdos piensan y observan mucho más de lo que habríamos imaginado» (Bekoff y Pierce, 2017: 44).[29]

Afirmaciones como estas deberían bastar para cambiar nuestro comportamiento moral con respecto a los AnH. Si los animales al igual que nosotros efectúan comportamientos imprescindibles que les permiten alcanzar su realización en su mundo, entonces al encerrarlos, adiestrarlos o reproducirlos artificialmente, como sucede en las granjas industriales, en los circos, zoológicos o acuarios, les privamos de su subjetividad y de su carácter único e irrepetible.

Las evidencias sobre la vida cognitiva, intencional y emocional en otros animales son abrumadoras.[30] Desde aquellas que ofrecen conocimientos sobre los AnH más parecidos a los humanos como «El proyecto del Gran Simio»[31] hasta los que demuestran capacidades de sufrir, desear e inteligir de los menos parecidos a la especie humana. Estas pruebas no podrán ya ser refutadas porque «cuanto mayor es el número de casos concretos en los que se puede comprobar una regularidad dada, menor será la probabilidad de que ésta sea casual» (Lorenz, 1992: 78). Este hecho me hace pensar que la liberación animal

---

[29]   «For example, Stanley Curtis of Penn State University trained pigs to play joystick-controlled video games. The pigs, he observed are "capable of abstract representation" and can "hold an icon in the mind and remember it at a later date". He concluded, "There is much more going on in terms of thinking and observing by these pigs than we would ever have guessed"». Traducción propia. Sobre la cognición, emoción y personalidad en los cerdos, véase Marino y Colvin (2015), y sobre la cognición, aprendizaje y memoria en cerdos, véase Gieling *et al.* (2011).

[30]   Algunos investigadores nos muestran ejemplos de comportamiento animal sobre el uso de herramientas, el juego, la capacidad de engaño, resolución de problemas, etcétera. Al respecto, véase Bekoff (1998, 2003, 2010), Bekoff y Pierce (2009), Griffin (1984), Chapman y Huffman (2018), Marino (2017) y De Waal (2002, 2007a, 2207b, 2016).

[31]   Para mayor información sobre el proyecto del gran simio ver: http://www.greatapeproject.uk.

no pasa ya por demostrar científicamente el mundo y el comportamiento inteligente y emocional de los AnH. Después de la Declaración de Cambridge sobre la conciencia animal y su capacidad para generar representaciones de mundo, imaginar escenarios potenciales y aprender nuevas contingencias (Sánchez, 2019: 67), queda claro que la lucha contra el capitalismo humanocentrista no es científica, sino política. Porque, ¿para qué hacer investigación en torno a la conciencia de los AnH si no la vamos a tomar en serio para abordar la cuestión de los deberes que tenemos hacia ellos? No cabe duda que las evidencias etológicas sobre el comportamiento animal, sus estados cognitivos y emocionales, se han valorado poco. Han pasado desapercibidas por las instituciones oficiales, la ética animal y el derecho animal. Existe un tabú en torno a la idea de otorgar protección —moral o jurídica— a los demás animales no humanos.

Afortunadamente en las últimas décadas, el interés de académicos, científicas, activistas y de la sociedad en general se ha incrementado. Ya existen evidencias y argumentos filosóficos sólidos para la defensa de los animales. Sin embargo, estos son insuficientes para generar un deber de respeto hacia ellos. Falta una praxis que parta de un nuevo *ethos* cuyo principio sea zoocéntrico, esto es, que asienta que todos los animales importan, porque todos experimentan una vida que parte de su mundo y no porque se acerquen o se parezcan más a nuestras experiencias sobre el dolor y el sufrimiento.

La responsabilidad hacia los AnH se edifica de dos maneras. Una, haciendo una crítica al actual modo de producción capitalista, la ciencia del bienestar y el derecho. Otra, con una praxis a favor de los animales que no se limite a exigir derechos para ellos, sino que avance hacia lo que llamo liberación animal.[32] Esta supone el fin de la domesticación de los AnH, su uso y explotación industrial y el fin de su clasificación jurídica como propiedades, recursos, cosas, productos o mercancías. Para ello tendremos que construir acciones políticas, nuevos conocimientos, lenguajes y una imaginación capaz de enfrentar la

---

[32] Me extenderé sobre esto en el séptimo capítulo.

actual barbarie e injusticia hacia los animales, incluidos los humanos. Si lo hacemos, siguiendo el espíritu de Von Uexküll o Lorenz, «descubriremos muchos pozos mágicos, incluyendo algunos que por ahora están más allá de nuestra imaginación» (De Waal, 2016: 310). Crítica y praxis son dos caminos que convergen. Este libro ofrece elementos para la primera e ideas para la segunda. Por esto, en seguida muestro una crítica al positivismo jurídico y a sus posibilidades en la liberación animal.

CAPÍTULO 5
Hans Kelsen y la posibilidad de los deberes jurídicos ante los animales

5.1. EL POSITIVISMO Y LA DESMITIFICACIÓN DEL DERECHO

El contenido del derecho no es solo obra del iusnaturalismo. Otras perspectivas han respondido la pregunta sobre lo que es el derecho. En términos generales, más realistas que los iusnaturalistas han respondido de manera directa que es una construcción de reglas positivas para regular la conducta humana. Estas perspectivas bien se encuentran en el mundo antiguo occidental como en la modernidad europea. En la Grecia del siglo v a. C. en el periodo de Pericles, los llamados sofistas[1] afirmaban que las normas estaban determinadas a partir de la subjetividad e intereses de los individuos, y no, a partir de supuestos metafísicos intrínsecos al derecho mismo. «Los sofistas sometieron a crítica el fundamento de la validez de las leyes y las costumbres del *nomos*. Despojaron la tradición de su aureola sacra, negando que fuera exigible, sin más, la sumisión del individuo a sus preceptos» (Truyol y Serra, 1976: 133).

---

[1] Es importante señalar sobre la sofística que resulta difícil otorgarle una unidad, pues el conocimiento sobre su doctrina es fragmentario e indirecto.

Para ellos la ley era un producto meramente humano. Los sofistas distinguen entre *physis* y *nomos,* entre lo que es justo por naturaleza y por ley. Al interior de la *polis,* lo primero permitía comprender la igualdad entre los humanos, mientras que lo segundo explicitaba las distinciones funcionales entre los humanos (el libre y el esclavo, por ejemplo). Para los sofistas el derecho es una creación humana cuyo fundamento está en el acuerdo sobre lo que cada pueblo considera lo que es mejor para la *polis.*

Es muy conocido el axioma de Protágoras: «El hombre es la medida de todas las cosas; de lo que es, en cuanto es; de lo que no es, en cuanto no es» (Platón, 1996: 310). Si se usa en el derecho veremos que este obliga y sanciona a partir de determinados criterios humanos, no divinos o metafísicos. Como decía Protágoras: «nadie castiga a un hombre malo por las faltas pasadas, sino en razón de lo que ha hecho y por las faltas que puedan sobrevenir, para que el culpable no reincida y sirva de ejemplo a los demás su castigo» (Platón, 1996: 115). Si seguimos este axioma podría decirse que los pueblos, civilizaciones o sociedades son productores del contenido del derecho, sus fundamentos y criterios normativos. Esto explica por qué el contenido normativo no es el mismo en las diferentes culturas y por qué se torna imposible el llamado derecho internacional.

La sofística cuestionó la noción de justicia *(diké)* por tener un vínculo metafísico con la naturaleza *(physis).* Con la *diké* se creía que había una sola interpretación correcta y natural para las cuestiones del derecho y justificaba las relaciones jerárquicas entre humanos. Por ejemplo, Aristóteles afirmaba que «entre los sexos, el macho es por naturaleza superior y la hembra inferior, el primero debe por naturaleza mandar y la segunda obedecer» (Aristóteles, 1989: 161). En cuanto a la relación entre varones el estagirita decía:

> La naturaleza muestra su intención de hacer diferentes los cuerpos de los libres y los esclavos, los de estos vigorosos para las necesidades prácticas, y los de aquéllos, erguidos e inútiles para estos quehaceres, pero útiles para la vida política. […] Es pues manifiesto que hay algunos que por

naturaleza son libres y otros esclavos, y que para éstos es la esclavitud cosa provechosa y justa (Aristóteles, 1989: 161).

Los sofistas cuestionaron la esclavitud, la subordinación de las mujeres y la discriminación entre griegos y bárbaros (Truyol y Serra, 1976: 133 y ss.). Para ellos estas prácticas no eran connaturales a cada humano, sino juicios de valor político o convenciones artificiales susceptibles de ser transformadas. La justicia, desde la perspectiva de los sofistas, adquirió también un carácter subjetivo. Observaron distintos contenidos de lo que se consideraba justo en las normatividades de otros pueblos. La justicia dejaba de ser intrínseca al derecho, o bien, este podía contener diferentes maneras de comprenderla.[2]

Siglos después, como lo señaló Lynn Hunt, el pensamiento jurídico no iusnaturalista apareció con fuerza. En la mitad del siglo XVII Thomas Hobbes planteó la necesidad de

[...] renunciar a los derechos naturales (los cuales, por tanto, no eran inalienables) con el fin de instaurar una sociedad civil ordenada. Robert Filmer, el proponente inglés de la autoridad patriarcal, refutó explícitamente a Grocio en 1679 y declaró que la doctrina de la libertad natural era absurda. En *Patriarca* (1680) volvió a negar el concepto de la igualdad y la libertad naturales del género humano, y defendió que todas las personas nacen sometidas a sus padres; a juicio de Filmer, el único derecho natural era inherente al poder regio que deriva del modelo original de poder patriarcal y aparece confirmado en los Diez mandamientos [...] En 1775, mucho antes de hacerse famoso como padre del utilitarismo, Bentham escribió una crítica de Comentarios sobre las leyes de Inglaterra, de Blackstone. En ella rechazaba el concepto del derecho natural: «los preceptos no existen, no hay nada que mande al hombre a hacer alguno de esos actos pretendidamente impuestos por la pretendida ley de la Naturaleza. Si algún hombre sabe de alguno, que lo presen-

---

[2]   Aristóteles en su *Política,* al revisar otras constituciones, muestra diversas formas políticas y, por tanto, otras formas de comprender la justicia, un ejemplo es la intervención de las mujeres en las decisiones políticas en Esparta, misma que se negaba en Atenas (Aristóteles, 1989: 188).

te» [...] Bentham puso objeciones a la idea de que el derecho natural fuese innato en la persona y pudiera ser descubierto por medio de la razón. [...] Los derechos naturales son sencillamente una tontería: naturales e imprescriptibles, tonterías retóricas, tonterías con zancos (Hunt, 2009: 126- 127).

A siglos de distancia de los sofistas, y a unos cuantos de Bentham, Hans Kelsen también afirmó que «el derecho es creado por el hombre, y en cuanto tal aparece como simple obra humana» (Kelsen, 2010: 14). Como Protágoras, señaló que la técnica del orden estatal «no ha de explicarse por la idea religiosa de la retribución, sino por la intención racional de prevenir. El castigo no tiene lugar por una razón oscura, sino por una finalidad clara» (Kelsen, 2010: 65). Como los sofistas, para Kelsen los individuos se inclinan a postular su propia idea de justicia como la única correcta o absolutamente válida (Kelsen, 1988: 9). Como se puede observar esta iusteoría positiva del derecho es muy longeva. Sin sustancialismo se podría decir que esta «toma solamente en consideración el contenido del orden jurídico, y por lo tanto, solamente la conexión entre la trasgresión y la sanción» (Kelsen, 2010: 182). A esta perspectiva en la jerga de la filosofía del derecho se le ha llamado positivismo jurídico.

En lo que sigue, exploro las posibilidades que ofrece el positivismo jurídico de Hans Kelsen en lo referente a los «derechos» de los AnH. La tesis que defiendo plantea que para exigir consideraciones jurídicas para los animales y tener éxito en ello, una vía es la ordenación positiva.[3] Sigo el esquema jurídico que se llevó a cabo con los humanos, esto es, las normas exigibles y obligatorias sobre los derechos humanos se positivan y se protegen. Cuando los humanos son víctimas de violaciones a sus derechos, apelan a estas normas. Esto es fruto del derecho positivo. Argumento que lo mismo podría hacerse con los derechos de los animales.

---

[3] Esto no significa que solo el positivismo jurídico sea capaz de establecer obligaciones jurídicas hacia los AnH. En el sexto capítulo argumentaré más al respecto.

Para justificar teóricamente la posibilidad de incluir a los AnH dentro de un sistema normativo jurídico, analizaremos —principalmente— algunos conceptos y supuestos de la *Teoría pura del derecho* (TPD) de Hans Kelsen. Tres razones justifican esta vía: i) Kelsen es reconocido como uno de los principales teóricos del positivismo;[4] ii) cuestionó las ideologías políticas que se erigen como ciencia del derecho; y iii) con su analítica propuesta en la TPD llegó a la conclusión que son posibles las obligaciones jurídicas con AnH. Esta última afirmación no es una tesis imprecisa, sino un argumento al que llegó Kelsen de manera necesaria siguiendo su propio método analítico. Para Kelsen la TPD tiene como uno de sus objetivos analizar la totalidad del derecho en su validez objetiva. También, concebir cada fenómeno particular solo en su relación sistemática con los demás, viendo en cada parte del derecho la función del todo jurídico (Kelsen, 2007: 200). Enseguida mostraré un panorama general de la TPD y algunos conceptos claves que se vinculan con el tema de la obligatoriedad hacia los AnH.

Hans Kelsen lanza la pregunta: ¿qué es el derecho? Y no cuestiona ¿cómo debería ser el derecho? Con la primera pregunta evita y crítica el contenido metafísico de algunas nociones jurídicas que la teoría tradicional ha dado por hecho. Por eso en la TPD tiene como propósito «Determinar su estructura y sus formas típicas [del derecho], independientemente del contenido variable que presenta en las diferentes épocas y en los distintos pueblos. Así ella obtiene los principios fundamentales con los que podemos comprender cualquier orden jurídico» (Kelsen, 2010: 169). De esta manera la falta de legitimación moral que pueda encarnar una norma resulta irrelevante para la ciencia jurídica. Al enmarcarse esta en la cuestión sobre qué es el derecho, lo conoce y describe, pero, no lo aprueba o desaprueba (Kelsen, 2010: 80-82).

Para comprender mejor esta afirmación es necesario señalar que la TPD no niega la existencia del derecho ideal, racional o natural, sino

---

[4]   Véanse Correas (1989), López (2013) y Bobbio (2018).

más bien no lo considera objeto de investigación científica. Se interesa solo por el derecho en términos positivos o vigentes. En otras palabras, sobre un derecho natural Kelsen «simplemente niega que sea derecho en la misma medida que lo es el derecho positivo, dando a entender que el mismo carácter que lo distingue del derecho positivo, o sea el hecho de no ser vigente, es lo que excluye el interés de hacerlo objeto de investigación científica» (Bobbio, 1997b: 43). Tampoco Kelsen niega la existencia de otros sistemas normativos (Kelsen, 2010: 18) pero resulta necesario distinguirlos para poder reconocer el objeto de estudio y las fuentes de cada uno.[5] El derecho al ser creado por los humanos es susceptible de modificaciones, a diferencia del llamado derecho natural no es absoluto ni reclama validez incondicional. Es, «en su simple validez hipotético-relativa, una ordenación mutable por su sentido inmanente, que tiene que acomodarse a las circunstancias cambiantes de lugar y de tiempo» (Kelsen, 2010: 22). Es derecho positivo, institución humana determinada socio-históricamente.

El análisis sobre el concepto de validez del derecho permite distinguir entre este y la moral. En líneas generales, la validez está ligada a la existencia de una norma que instituye un comportamiento humano obligatorio, que prohíbe o permite (Kelsen, 2007: 23-28). Es verdad que moral y derecho ordenan y prohíben, pero solo el segundo sanciona. La moral y el derecho natural solo reprueban conductas, el derecho positivo crea instituciones para la aplicación de las normas y su sanción. De esta manera «No cabe reconocer una diferencia entre de-

---

[5] Kelsen no está solo en esta tarea, es conocida la obra de H. L. A. Hart *El concepto de derecho* (2004) que publicó en 1961. En la misma línea analítica que Jeremy Bentham, John Austin y Hans Kelsen, Hart plantea en ese libro que «[...] su propósito no es dar una definición de derecho, en el sentido de una regla según la cual se puede poner a prueba la corrección del uso de la palabra; su propósito es hacer avanzar la teoría jurídica proporcionando un análisis más elaborado de la estructura distintiva de un sistema jurídico nacional, y una mejor comprensión de las semejanzas y diferencias entre el derecho, la coerción y la moral, como tipos de fenómenos sociales» (Hart, 2004: 21). Son conocidas también sus discusiones con el ilusnaturalismo contemporáneo. Al respecto, véase Hart (2002 y 2014). Hay quienes incluso utilizan algunas herramientas analíticas de Hart para la discusión sobre los derechos de los AnH como es el caso de Silvina Pezzetta (2018).

recho y moral con respecto de qué sea lo que ambos órdenes sociales ordenan o prohíben, sino únicamente en cómo ellos obligan o prohíben una determinada conducta humana» (Kelsen, 2007: 75).

Sobre el problema de la justicia, Kelsen es consciente que esta es una exigencia de la moral y solo guarda relación con el derecho (Kelsen, 2007: 71-72). Es decir, el derecho puede resultar justo en algún momento histórico, para un sector de la población, para una ideología. Pero esto no equivale a afirmar que se deba al cumplimiento de ciertos ideales. El derecho no es válido porque sea justo o por su correspondencia a determinado orden moral. Puede ser injusto, válido y eficaz al mismo tiempo. Para evitar malentendidos habrá que decir que distinguir moral, justicia y derecho[6] no supone que a Kelsen no le interese la justicia; lo que dice más bien es que «no existe una justicia al margen de los hombres, de las disputas entre los hombres acerca de lo que eso es. Lo que Kelsen hace es sacar el tema del terreno de la metafísica para ponerlo en el terreno de la política» (Correas, 1989: 8). Cuestiona a quienes afirman que lo justo es lo conforme al derecho no porque desprecie la justicia sino porque sostiene que el derecho no «presupone una moral absoluta, es decir, una moral válida para todo tiempo y dondequiera» (Kelsen, 2007: 81). Esto equivaldría a decir que una determinada moral de grupo o sociedad equivale al orden coactivo estatal. De ahí que el trabajo de Kelsen trate «de la relación de la ciencia del derecho con la política, de la neta separación entre ambas: de la renuncia a la arraigada costumbre de defender exigencias políticas en nombre de la ciencia del derecho» (Kelsen, 2007: 8).

Para Kelsen la ciencia jurídica no aprueba o desaprueba su objeto, antes bien lo conoce y describe, no supone que el derecho obtiene resultados buenos y justos. Con ello desmitifica el derecho de ideologías reinantes en los sistemas jurídicos que se arrogan carácter de cien-

---

[6]   H. L. A. Hart coincide en buena medida con Kelsen sobre la separación entre moral y derecho. Así, podemos leer en sus escritos: «En el positivismo, la dimensión justificativa pertenece al dominio de la moral —a la esfera del deber ser— no a la jurídica —la esfera del ser—» (Hart, 2002: 60).

tificidad sin realmente serlo. Esto permite discutir el contenido del derecho desde un punto de vista moral o político (Hart, 2002: 60) y, para el caso de nuestro estudio, se abre la posibilidad de integrar al contenido jurídico todo lo que atañe a otras especies de animales. En una palabra, con Kelsen podemos rechazar la idea de que existen respuestas únicas y correctas en el derecho y avanzar hacia el debate sobre lo que impide reconocer nuestras obligaciones con otras especies de animales.

5.2. El deber. El derecho como reflejo del deber y los auxiliares jurídicos

Para Hans Kelsen conceptos jurídicos como persona, voluntad, obligación, derecho subjetivo, entre otros, son nociones puramente normativas que no pueden ser extraídas de la naturaleza, esto es, de «la suma de todo lo verdadero, de todo lo que de hecho, como acontece directa o indirectamente es perceptible por los sentidos [...] la *lex naturalis,* el *odre naturel,* el *Naturrecht,* todas estas expresiones aluden sólo a lo justo» (Kelsen, 2010: 12). Así como el derecho no es sinónimo de lo justo o «natural», los conceptos que lo conforman no devienen de una razón trascendente, sino de construcciones humanas que sirven como auxiliares al sistema normativo jurídico. Además, dichos conceptos no son el núcleo del derecho sino la forma, funcionamiento y límites de este. Dicho lo anterior, veremos como un análisis sobre algunos conceptos nos llevan a la forma, funcionamiento y límites del derecho, pero siempre a la luz de la TPD. Por esta razón, cuando sostengo que la afirmación de Kelsen sobre la obligación ante los animales no es aislada, es porque en el análisis de los conceptos jurídicos —que están implicados en los deberes hacia los animales— expuestos en la TPD están claramente dentro de la forma, funcionamiento y límites de la misma teoría.

Antes de abordar y comprender a qué se refiere Kelsen con afirmar la posibilidad de que los humanos tengamos deberes hacia los AnH es importante aclarar algunos conceptos y su relación. Comenzaremos con la distinción, alcance y límites de los llamados «derecho subjetivo» y «derecho objetivo». Comúnmente «La tesis tradicional, según la cual el derecho subjetivo sería un objeto de conocimiento distinto de la obligación jurídica, atribuyendo inclusive a aquella prioridad sobre ésta, debe ser referida a la doctrina del derecho natural» (Kelsen, 2007: 142). El derecho subjetivo[7] supone la existencia de derechos naturales, innatos a los humanos y previos a todo orden jurídico positivo, pues están fundados en la personalidad de los individuos. Para Kelsen esta dicotomía entre derecho subjetivo y derecho objetivo no es acertada.

La oposición entre el derecho en sentido objetivo, y el derecho en sentido subjetivo, entre una objetividad jurídica y una subjetividad jurídica, constituye una contradicción lógica en la teoría, en tanto afirma simultáneamente ambas como existentes. Esta contradicción se expresa de la manera más evidente cuando se explica el sentido del derecho objetivo, como norma heterónoma, como una relación obligatoria, inclusive como coacción, mientras que la esencia de la subjetividad jurídica consistía justamente en la negación de toda relación obligatoria, consistía en la libertad en el sentido de autodeterminación o autonomía (Kelsen, 2007: 180).

El individuo, para Kelsen, no puede acreditar por una parte una libertad en su autodeterminación o autonomía, y al mismo tiempo sujetarse a las normas del derecho objetivo que coartan su libertad.

Es cosa evidente el carácter ficticio de esta definición del concepto de subjetividad jurídica. Dado que, en la medida, en general, en que puede hablarse, en el terreno jurídico, de una autodeterminación del individuo,

---

[7] Para Kelsen, «la ciencia jurídica tradicional pone en primer término, en el concepto del derecho en sentido subjetivo, al facultamiento frente a la obligación jurídica, de igual modo considera el sujeto de derecho, en primer término, como sujeto de facultades y sólo en segundo término, como sujeto de obligaciones jurídicas. El concepto de sujeto de derecho se encuentra notoriamente en estrechísima relación, en la teoría tradicional con su concepto de derecho subjetivo como facultamiento» (Kelsen, 2007: 179).

como sujeto de derecho, a saber, en el terreno del llamado derecho privado, y en especial tomando en cuenta el hecho del contrato como productor de derecho, como negocio jurídico, sólo encontramos una autonomía en un sentido muy limitado e impropio (Kelsen, 2007: 180).

Así, en tanto se establece un contrato por el derecho objetivo es que aparecen obligaciones ante los demás. En otros términos, nadie puede hacerse desde sí mismo una relación jurídica, antes es necesario el establecimiento jurídico de un contrato que supone la coincidencia de voluntad de dos o más individuos reconocidos jurídicamente. Para Kelsen la situación designada como derecho o pretensión jurídica de un individuo, no es otra cosa que la obligación de otro, o de los otros, ya sea por omisión o por acción.[8]

De esta forma, un derecho no puede darse sin una obligación jurídica correspondiente, por esta razón «Si se designa la relación de un individuo, que se encuentra obligado con respecto de otro a determinada conducta, como "derecho", entonces ese derecho no es sino un reflejo de esa obligación» (Kelsen, 2007: 140). Así, el derecho reflejo consiste solamente en la obligación jurídica del otro enfatizando que la obligación no necesariamente es la que crea derecho. Esta afirmación queda más clara cuando recordamos que en los diferentes sistemas jurídicos que han existido, no todos los humanos han tenido siempre derechos positivados. Lo que sí ha existido siempre, son sujetos con obligaciones jurídicas ante otros sujetos, cosas o instituciones. Pensemos en la relación amo-esclavo, paterfamilia-animales, los primeros siempre han tenido obligaciones ante sus iguales y pueden también estar obligados ante los esclavos o animales a través de leyes anticrueldad. Las obligaciones jurídicas hacia otros humanos, animales no humanos o cosas se constituyen con respecto de la comunidad jurídica interesada en esos entes. En otras palabras, no es necesario su-

---

[8] Para Kelsen, la acción consiste en una prestación que el individuo cumple con respecto de otro individuo, y la omisión, en no llevar a cabo, impedir o intervenir de algún modo en el cumplimiento de una determinada acción del individuo obligado (Kelsen, 2007: 139).

poner derechos previos o anteriores para lograr una positivación jurídica. O como dice Kelsen, «el derecho subjetivo no puede ser un interés protegido por el derecho, sino solamente la protección de aquel interés que el derecho objetivo establezca» (Kelsen, 2007: 145-146). Desde esta perspectiva, la protección de un interés se genera cuando se instituye una obligación jurídica de no lesionar ese interés. Esto es de suma importancia, porque indica que podemos establecer obligaciones jurídicas ante alguien, en este caso ante animales, aunque no hayan sido considerados dentro de los llamados derechos naturales (que ya se evidenciaron como humanocéntricos) y que comúnmente se apela a ellos desde teorías tradicionales jurídicas para decir que no es posible acreditar a los animales como sujetos de derechos.

Como se puede observar, la obligación juega un papel principal en la TPD. En esta el derecho consiste en la obligación de los otros individuos a consentir esos actos de disposición. La relación jurídica se establece a partir de la celebración de un contrato, y a partir de él se generan obligaciones. Si se quiere hablar de derechos, se deben tratar como conceptos auxiliares, porque son reflejos de dicha obligación y no derechos en sí mismos. El deber como dimensión jurídica es el reconocimiento general de una obligación a obedecer la norma.

> Decir que la conducta de un hombre es exigida por una norma objetivamente válida, significa lo mismo que afirmar que el hombre está obligado con respecto de esta conducta. En la medida en que el hombre actúa como la norma lo exige, cumple con su obligación, acata la norma; con un comportamiento opuesto, en cambio, viola la norma, o, lo que significa lo mismo, viola su obligación (Kelsen, 2007: 29).

La norma no solo es válida por existir dentro de un sistema jurídico, lo es también en un sentido analítico: porque se reconoce una obligación moral de obedecer el derecho o la norma objetivamente válida. Es verdad que una obligación jurídica puede —pero no requiere— tener como contenido la misma conducta que es debida según algún sistema moral, pero puede también tener como contenido la conducta opuesta; de suerte que, como se suele considerar en caso semejante, se suscita un conflicto entre la obligación jurídica y el deber moral. En este caso la obligación moral de obedecer la norma una vez que reconoce que la obediencia se debe a la existencia de una exigencia jurídica, a la que el individuo está facultado. En otras palabras, obedecemos la norma porque somos capaces de reconocer la validez de dicha norma y no porque se nos haya impuesto. Además es posible sustituir o anular dicha norma cuando el conflicto con la moral es insostenible.

Dicho lo anterior, «En el término "deber" está comprendido el "estar permitido" y el "estar facultado". Puesto que una norma puede no sólo mandar algo, sino también permitirlo, y especialmente, autorizarlo» (Kelsen, 2007: 19). Es claro que para Kelsen el cumplimiento de una norma está más allá de los hábitos y las regularidades de la conducta humana.[9]

La palabra «permitir» se utiliza también en el sentido de «tener derecho». Cuando en una relación entre A y B, A está obligado a soportar que B actúe de determinada manera, se dice que a B le está permitido (es decir, que tiene derecho) a actuar de esa manera. Y cuando A está obligado a cumplir alguna prestación en favor de B, se dice que a B le está permitido (es decir, que tiene derecho) a recibir de A la prestación determinada. En el primer caso, el enunciado que afirma que a B le está permitido conducirse de determinada manera, no dice otra cosa que la oración: A está obligado a soportar que B actúe de determinada manera. Y, en el segundo caso, la oración: le está permitido a B recibir determinada prestación de A, no quiere decir más que: A está obligado a cumplir cierta prestación a favor de B. La «permisión» de la conducta de B es sólo el reflejo del ca-

---

[9]   Para H. L. A. Hart ese más allá de los hábitos de obediencia en Kelsen como axiomas introducen expresiones cuasi-matemáticas. Para Hart esta obediencia se debe a que las reglas son efectivamente aceptadas por un grupo social, pues no existe una conexión entre decir «existe un sistema jurídico en Inglaterra» y «en Inglaterra existe un reconocimiento general de una obligación moral de obedecer el derecho», aun cuando el primero de estos enunciados sea ciertamente verdadero y el segundo probablemente lo sea. Véase Hart, 1977.

rácter obligatorio de la conducta de A. Este «permitir» no constituye una función del orden normativo distinta de «obligar» (Kelsen, 2007: 30).

Como podemos apreciar la obligación juega un papel relevante en estas relaciones y la conducta que se regula es la del sujeto obligado a actuar de determinada manera y a cumplir cierta prestación. Ahora bien, si en las relaciones jurídicas se genera una obligación que permite o prohíbe una acción determinada, entonces se reconoce a un sujeto que lleva a cabo esta relación.

Según la teoría tradicional, sujeto de derecho es quien es sujeto de una obligación jurídica, o de un derecho subjetivo. Si por derecho subjetivo se entiende, no sólo el mero derecho reflejo —codeterminado en la obligación jurídica—, sino el poder jurídico de reclamar mediante una acción por el incumplimiento de una obligación jurídica […] convendría limitar el concepto de sujeto de derecho al de sujeto de una obligación jurídica, distinguiendo el concepto de sujeto obligado, del concepto de sujeto de un poder jurídico (Kelsen, 2007: 178).

Al poner el acento en la obligación y no en los derechos, el sujeto de derecho comprendido como sujeto reflejo de una obligación, no necesariamente coincide con el sujeto obligado, porque este último es quien está facultado para llevar a cabo una relación jurídica, mientras que el primero, puede no esgrimir pretensiones correspondientes a la obligación. Al sujeto de derecho le está permitido actuar de una manera y recibir la prestación del sujeto obligado. Pensemos en los niños pequeños, altos deficientes mentales u otras entidades (sujeto de derecho) con quienes el individuo jurídico está obligado (sujeto obligado), sin que en aquellos recaiga una exigencia jurídica. Todos estos no cuentan con capacidad de hecho, esto es, de producir con su conducta efectos jurídicos. En estos «la función del orden jurídico designada como "facultad" se refiere sólo a la conducta humana. Sólo la conducta humana es facultada, autorizada, por el orden jurídico» (Kelsen, 2007: 157). Y solo la conducta del sujeto de obligación es sancionada cuando lleva a cabo un acto ilícito o delito estatuido por el orden jurídico. En palabras de Kelsen:

> Debe observarse al respecto, que «sujeto», en este contexto, sólo es el individuo obligado, es decir, aquel que mediante su conducta puede violar o satisfacer la obligación; el individuo con derecho, es decir, aquel en cuyo respecto ha de cumplirse aquella conducta, es sólo objeto de la conducta que, como correspondiente a la conducta obligatoria se encuentra codeterminada con ésta. Este concepto del derecho subjetivo, como un mero reflejo de una obligación jurídica, como concepto de un derecho reflejo, puede simplificar como concepto auxiliar, la exposición de una situación jurídica, pero desde el punto de vista de una descripción científica exacta de la situación jurídica, es superflua (Kelsen, 2007: 141).

Entonces nos encontramos con sujetos de obligación y objetos de la conducta o sujeto de derecho (concepto auxiliar, para comprender la situación) en quienes se cumple esta. El sujeto de obligación, a diferencia del objeto de la conducta o sujeto reflejo de obligación, posee la capacidad de hecho, en él recae la obligación. Así, las nociones de sujeto de derecho, derecho subjetivo y sujeto reflejo de obligación, resultan ser solo conceptos jurídicos auxiliares, y se pueden utilizar siempre y cuando se aclare su singularidad. En palabras de Kelsen:

> Los conceptos personalizados de sujeto de derecho y órgano de derecho, no son conceptos necesarios para la descripción del derecho. Se trata, a la postre, de conceptos auxiliares que, como el concepto de derecho reflejo, facilitan la exposición. Su utilización es admisible sólo si se tiene conciencia de sus características. Poner claridad al respecto es la tarea emprendida por la teoría pura del derecho. Cuando ella también utiliza esos conceptos, sólo lo hace en el sentido aquí establecido (Kelsen, 2007: 179).

El concepto de sujeto de derecho en la jerga del iusnaturalismo es en realidad una metáfora antropomórfica, pero, dice Kelsen, la tratan como si fuese un ente real cuando solo es «un recurso intelectual o concepto auxiliar que ha sido construido con el fin de simplificar y hacer más intuitiva la exposición de una situación complicada» (Kelsen, 2007: 187). No tomarlo así resulta una hipóstasis inadmisible porque los conceptos de sujeto de obligación y sujeto reflejo de obligación no son nociones antropológicas sino conceptos auxiliares establecidos por el derecho objetivo. Por tanto, el sujeto reflejo de obligación o sujeto de derecho cuando es incapaz de hecho no puede confundirse con el sujeto de obligación, porque una característica primordial de este último es su capacidad de hecho. Se trata entonces de reconocer las características y/o funciones del sujeto de derecho o sujeto reflejo de obligación para acreditar a todo aquello que cumpla con dichas características y/o funciones. Como es el caso de los animales que al igual que niños pequeños o altos deficientes mentales les puede estar permitido actuar de una manera y recibir la prestación del sujeto obligado.

Cuando Kelsen afirma que «el concepto auxiliar de persona jurídica, es un producto de la ciencia que describe el derecho, y no un producto del derecho mismo» (Kelsen, 2007: 199), permite entender que el sujeto reflejo de obligación, incapaz de ejercicio, como son los niños pequeños o los altos deficientes mentales, tienen «derechos». Pues bien, bajo este razonamiento jurídico es posible hablar de los derechos de los AnH debido a que la similitud es establecida a partir de la mera función, o características, que es designada en el concepto mismo, recibir una prestación del sujeto obligado, y no a partir de su similitud de especie u otra característica arbitraria.

5.3. La obligación ante los animales no humanos

Desde la concepción positivista del derecho de Hans Kelsen es posible que los humanos, específicamente los sujetos de obligación, tengamos obligaciones jurídicas con AnH. Para Kelsen la noción jurídica fundamental es la obligación. En una relación jurídica existe necesariamente el sujeto de obligación, mientras que el sujeto reflejo de obligación, es circunstancial. Así, la obligación, y, no los derechos, es la relación que determina una protección jurídica.

En un contexto histórico-social donde las ideas iusnaturalistas prevalecen, no es casualidad que comúnmente se pretenda crear derechos de los animales y no obligaciones ante ellos como la relación jurídica que mantenemos con niños pequeños o altos deficientes mentales. Porque el iusnaturalismo supone la existencia de derechos anterior a los positivados, y como no «encuentra» relaciones entre lo humano y lo animal, entonces resuelve que estos no tienen derechos y por tanto no podemos positivarlos. Este aparente equívoco ha permitido que los AnH sean concebidos bienes muebles, inmuebles o mostrencos. Por tanto, si los conceptos de persona jurídica o sujeto de derecho son establecidos desde un antropomorfismo y no desde las funciones jurídicas, los AnH difícilmente podrán ser reconocidos como persona jurídica o sujeto de derecho. El discurso sobre los derechos humanos puede ser correcto y deseable para los humanos, pero con sus bases y fundamentos no pueden crearse derechos para los AnH. El término «derechos de los animales» resulta ilógico no solo por fundarse en una concepción antropomórfica, sino porque también el concepto de «persona» (utilizado en nuestros marcos jurídicos para acreditar al sujeto de derecho) es el sujeto con capacidad de hecho, el sujeto obligado, y los AnH nunca contarán con esta capacidad.

Ahora bien, de ahí no se infiere que no es posible determinar obligaciones ante ellos. Al igual que los niños pequeños y los deficientes mentales pueden nombrarse como «sujetos reflejos de obligación». Para esto la ciencia del derecho tendría que corregir el concepto de «sujeto de derecho» e incluir el concepto de «sujeto reflejo de obligación», o por lo menos darle una significación clara. Esto permitiría, jurídicamente, establecer una relación entre humanos y AnH donde los primeros serían los obligados y los segundos sujetos reflejos de esa obligación, sujetos que reciben la prestación del sujeto obligado. Esto no debe confundirse con las actuales obligaciones que tenemos con las «cosas-animales» enmarcadas en leyes anticrueldad, pues esta obligación ha existido durante siglos. Es una relación nueva en función de proteger los mismos intereses básicos —la vida, protección o no ser dañados física o psíquicamente— que se protegen en los llamados sujetos de derecho o sujetos reflejos de obligación (niños o altos deficientes mentales).

Vale la pena esta cita extensa del capítulo IV sobre *Estática jurídica* en la que Kelsen afirma:

> La tesis de que los animales, las plantas y objetos inanimados no son sujetos de los derechos reflejos, por no ser «personas», es equivocada, puesto que persona significa, como hemos de ver, sujeto de derecho; y si por sujeto de un derecho reflejo se entiende al hombre en cuyo respecto ha de cumplirse la conducta del individuo obligado a ello, entonces los animales, las plantas y los objetos inanimados, en cuyo respecto hay hombres obligados a comportarse de determinada manera, sería el mismo sentido sujetos de un derecho con relación a esas conductas, como el acreedor es sujeto del derecho consistente en la obligación que el deudor tiene en su respecto [...] El hombre, en cuyo respecto ha de efectuarse la conducta obligatoria, es tan objeto de esa conducta como el animal, la planta o el objeto inanimado en cuyo respecto algunos hombres están obligados a comportarse de determinada manera. También es insuficiente el argumento de que los animales, las plantas y los objetos inanimados no pueden esgrimir pretensiones correspondientes a la obligación. Dado que no es esencial para la presencia de un derecho reflejo que se formule una exigencia con respecto de la conducta obligatoria. La circunstancia de que, por cualquier razón, no se formule pretensión o que no pueda formulársela, no modifica la situación jurídica (Kelsen, 2007: 141-142).

Esto quiere decir que el sujeto de obligación no es un ente, sino la relación jurídica positiva o negativa. Los humanos según la posición que tengan en una relación jurídica son «sujetos de obligación» u «objetos» de dicha conducta. Un humano puede en algún caso ser sujeto de obligación y, en otro, objeto de una conducta que ahora se podría denominar como «sujeto reflejo de obligación». De esta forma, la relación jurídica es la que determina al «sujeto de obligación» y al «objeto» de un comportamiento. Como puede verse, las nociones jurídicas de Kelsen no tienen connotaciones axiológicas, por esta razón podemos hablar de un humano como «sujeto» u «objeto», como «sujeto de una obligación» o «sujeto reflejo de dicha obligación».[10] Precisamente por esta razón es que los niños pequeños o altos deficientes mentales pueden nombrarse «objetos» o «sujetos reflejos de obligación», establecida por una conducta jurídica y no porque pertenezcan a una especie superior, divina o excepcional. Se nombran así en una relación jurídica. Pues bien, siguiendo este argumento los AnH también pueden ser nombrados como «objeto» o «sujeto reflejo de obligación».

Aquí cabe una precisión. La noción jurídica de «objeto» no significa cosa *(res);* la primera crea relaciones jurídicas, aunque sea incapaz de hecho; la segunda además de ser incapaz de hecho, lo es de «derecho», es decir, es incapaz de crear alguna obligación por parte del «sujeto de obligación». Entonces, para avanzar hacia la liberación de los AnH la ciencia jurídica tendría que modificar el concepto de «sujeto de derecho» y añadir el de «sujeto reflejo de obligación», pero además suprimir a los AnH de la categoría de cosa *(res)* en sus distintas versiones de bienes, muebles, inmuebles.

Esto aclara la falacia recurrente de quienes insisten en que los animales no pueden tener derechos porque no tienen obligaciones. Si se logra comprender que el «sujeto de obligación» es aquel que lleva a cabo una relación jurídica otorgada por un poder judicial a través de una norma que lo faculta, este poder puede reclamar el incumplimiento de dicha obligación (Kelsen, 2007: 148). Así se entiende que solo el «sujeto de obligación» en acto puede ser sujeto y objeto al mismo tiempo, mientras que el «objeto» o «sujeto reflejo de obligación», en acto, no puede ser «sujeto de obligación».

Los altos deficientes mentales nunca podrán ser «sujeto de obligación» en acto, los niños lo son en potencia, porque al crecer pueden llegar a serlo en acto. Pero en tanto niños y altos deficientes mentales,

---

[10]   Debería quedar claro con esto que Kelsen distingue derecho y moral, pero eso no significa que sea amoral o inmoral su filosofía.

«no tienen capacidad delictual y, por ende, carecen de capacidad de obligarse» (Kelsen, 2007: 169). Esto explica por qué ninguno de los dos «puede tener ningún derecho subjetivo, dado que carece de esa capacidad de actuar. Sólo su representante legal tiene esa capacidad. A él, al representante, y no al niño o al enfermo mental, confiere el orden jurídico ese poder jurídico» (Kelsen, 2007: 170). Como se observa, el énfasis jurídico está en el sujeto de obligación y no el «sujeto reflejo de obligación»; es aquel quien está facultado, cuenta con capacidad de actuar y delictual. Esta argumentación desvanece la noción de «persona» o «sujeto de derecho» de su metáfora antropomórfica y valoración moral humanocéntrica para abrir paso a una relación jurídica clara y que, como bien señaló Kelsen, los AnH podrían también, sin contradicción o violación a la ciencia del derecho, ser reconocidos como «sujeto reflejo de obligación».

Una cuestión más sobre la obligación. Es esta estrictamente jurídica y se basa en una relación en los mismos términos. Quien es portador de la obligación es un individuo, pero es su conducta la que constituye el contenido de aquella. Kelsen es claro cuando expone que el individuo no «porta» la obligación, sino su conducta y por ello «sólo en este sentido es admisible el concepto de sujeto de la obligación» (Kelsen, 2007: 131). Dicha conducta está normada por un orden jurídico que concibe al sujeto de obligación con capacidad delictual. Si seguimos la TPD de Kelsen, nos encontramos con una evidencia: suponemos que la ciencia del derecho es equivalente a un sistema jurídico, pero,

> La diferencia se muestra en que los enunciados deónticos formulados por la ciencia del derecho, que describen el derecho y que no obligan ni facultan a nada ni a nadie, pueden ser verdaderos o falsos, mientras que las normas producidas por la autoridad jurídica, que obligan y facultan a los sujetos del derecho, no son ni verdaderas ni falsas, sino sólo válidas o inválidas, de igual suerte que los hechos empíricos no son ni verdaderos ni no verdaderos, sino que existen o no existen, mientras que sólo los enunciados sobre esos hechos pueden ser verdaderos o no verdaderos (Kelsen, 2007: 86).

Esto quiere decir que la teoría no siempre empata con la práctica o la realidad, que el deber ante los AnH que he expuesto y analizado a partir de la TPD, tiene un sentido descriptivo, coherente, claro y no prescriptivo, son enunciados modales deónticos que pueden articularse en un silogismo lógico (Kelsen, 2007: 88), pero, no necesariamente se encuentran en un sistema jurídico. La TPD de Kelsen resulta coherente cuando postula obligaciones hacia los animales, sin embargo, en nuestros contextos iusnaturalistas humanocéntricos se enfrenta a una serie de ideologías que imposibilita que su argumentación clara y precisa se materialice en las instituciones judiciales vigentes.

Pero, qué duda cabe que Kelsen permite pensar que el tema sobre nuestras obligaciones jurídicas ante los AnH no es ni ajeno, ni absurdo al ámbito jurídico. Sobre lo anterior, el siguiente pasaje de Kelsen es tan claro y explícito que cuesta trabajo creer que haya pasado desapercibido en no pocas facultades de derecho:

> Que los órdenes jurídicos modernos sólo regulen la conducta de los hombres, y no la de los animales, las plantas o la de objetos inanimados, en cuanto dirigen sanciones sólo contra aquellos, pero no contra éstos, no excluye que esos órdenes jurídicos prescriban una determinada conducta humana no sólo en relación con seres humanos, sino también en relación con animales, plantas y objetos inanimados. Así, el dar muerte a ciertos animales, en general o en ciertas épocas, los perjuicios a ciertas especies animales, o los daños a edificios históricamente valiosos, pueden estar penalmente prohibidos. Pero esas normas jurídicas no regulan el comportamiento de los animales, plantas u objetos inanimados así protegidos, sino el comportamiento de los hombres contra los cuales se dirige la amenaza de castigo (Kelsen, 2007: 45-46).

Si el análisis de Kelsen sobre los AnH es desconocido en las escuelas de derecho, es mucho pedir que conozcan lo sucedido durante la Edad Media occidental, tiempo en que los AnH tuvieron personalidad jurídica. Sobre este dato, E. P. Evans (1906) recopila más de noventa casos de procesos judiciales contra animales durante esa época donde:

No solo los insectos, reptiles y pequeños mamíferos, como las ratas y los ratones, fueron legalmente procesados y formalmente excomulgados, sino también a los cuadrúpedos más grandes se les imponían penas judiciales, incluida la pena capital. En el informe e investigaciones sobre este tema, publicado por Berriat-Saint-Prix en las Memorias de la Real Sociedad de Anticuarios de Francia (París, 1829, Tomo VIII. pp. 403-50), se ofrecen numerosos extractos de los registros originales de tales procedimientos, así como una lista de los tipos de animales juzgados y condenados, que se extiende desde el comienzo del siglo XII hasta mediados del siglo XVIII, y que comprende en total noventa y tres casos[11] (Evans, 1906: 135).

En esa época, como en todo proceso jurídico penal, existía también algún defensor de los animales enjuiciados. Barthélemy de Chassenée fue un distinguido jurista francés del siglo XVI que logró su reputación como abogado de algunas ratas que habían sido juzgadas ante el tribunal eclesiástico de Autun. Para Chassenée:

Los animales, dice [De Chassenée] deben ser juzgados por tribunales eclesiásticos, excepto en los casos en que la pena implique el derramamiento de sangre. Un juez eclesiástico no es competente *in causa sanguinis* y solo puede imponer castigos canónicos, aunque puede tener jurisdicción en asuntos temporales y castigar crímenes que no implican una pena capital[12] (Evans, 1906: 135).

---

[11]   «Not only were insects, reptiles and small mammals, such as rats and mice, legally prosecuted and formally excommunicated, but judicial penalties, including capital punishment, were also inflicted upon larger quadrupeds. In the Report and Researches on this subject, published by Berriat-Saint-Prix in the Memoirs of the Royal Society of Antiquaries of France (Paris, 1829, Tome VIII. pp. 403-50), numerous extracts from the original records of such proceedings are given, and also a list of the kinds of animals thus tried and condemned, extending from the beginning of the twelfth to the middle of the eighteenth century, and comprising in all ninety-three cases». Traducción propia.

[12]   «Animals, he says [De Chassenée], should be tried by ecclesiastical tribunals, except in cases where the penalty involves the shedding of blood. An ecclesiastical judge is not competent *in causa sanguinis,* and can impose only canonical punishments, although he may have jurisdiction in temporal matters and punish crimes not involving a capital sentence». Traducción propia.

Otros abogados defensores de los animales, relata Evans, fueron el fiscal Pierre Falcon y el defensor Claude Morel. Al atender el contexto histórico-social es que se puede comprender, en buena medida, por qué se llevaban a cabo estos procesos judiciales.

En la persecución de los animales, la citación se publicaba comúnmente desde el púlpito parroquial y todo el proceso judicial tenía un carácter claramente eclesiástico. En la mayoría de los casos, el juez u oficial que precedía el proceso era el vicario de la parroquia, que actuaba como sustituto del obispo de la diócesis. Ocasionalmente, el cura oficiaba como tal. Algunas veces el juicio se celebraba ante un magistrado civil bajo la autoridad de la Iglesia, o el asunto se sometía a la adjudicación de un prestidigitador, que, designaba a dos procuradores para que alegaran, respectivamente, a favor del demandante y del demandado, para emitir su veredicto en la debida forma legal[13] (Evans, 1906: 32).

El poder se concentraba principalmente en la Iglesia y de manera significativa los procesos atendían esta situación, a las autoridades eclesiásticas también les interesaba mantener esta parodia y perversión, ya que fortalecía su influencia y extendía su autoridad al someter incluso a insectos como la oruga o el gusano a su dominio y control (Evans, 1906).

Estas prácticas normativas resultan, de manera general, absurdas a nuestras concepciones jurídicas actuales, pero en aquel momento «por lo menos nada debería ser increíble o imposible en la conducta de las criaturas, que fueron consideradas dignas de ser convocadas ante los tribunales eclesiásticos y que tuvieron éxito como criminales al recla-

---

[13]   «In the prosecution of animals the summons was commonly published from the parish pulpit and the whole judicial process bore a distinctively ecclesiastical character. In most cases the presiding judge or official was the vicar of the parish acting as the deputy of the bishop of the diocese. Occasionally the curate officiated in this capacity. Sometimes the trial was conducted before a civil magistrate under the authority of the Church, or the matter was submitted to the adjudication of a conjurer, who, however, appointed two proctors to plead respectively for the plaintiff and the defendant and who rendered his verdict in due legal form». Traducción propia.

mar la atención e invocar el conocimiento jurídico y la perspicacia de los juristas más grandes de su época»[14] (Evans, 1906: 49). Pero, aunque estos procesos nos resulten inverosímiles o aberrantes, en realidad son más racionales que nuestras actuales relaciones con los AnH. En esa época por lo menos se otorgó a los animales capacidad delictual: si un toro producía la muerte de un humano o langostas destruían cosechas, estos eran juzgados ateniéndose estrictamente a las formas de derecho. Digámoslo así: en este caso existía igualdad entre animales humanos y no humanos.

Si los juicios de animales en la Edad Media son un capítulo oscuro en la historia del derecho y la humanidad (Bondeson, 2000: 185), qué podemos decir de la historia presente en donde se comercia, explota, violenta, disecciona, tortura y extermina a millones de AnH en granjas industriales, mataderos, centros de investigación, fiestas tradicionales, criaderos, escuelas veterinarias e instituciones de sanidad animal. Sin duda este comportamiento será cuestionado por futuras generaciones de humanos cuyo periodo les parecerá un episodio sombrío de la «humanidad».

5.4. Límites de la obligación jurídica

Volvamos con Kelsen. Su trabajo expuesto en el apartado anterior ofrece argumentos para desplazar del derecho las ideologías humanocéntricas. Quienes siguen estas ideologías suponen que el concepto de «sujeto de derecho» o bien, se identifica con el de persona jurídica, o con los humanos, además de que creen que los derechos son naturales y, sobre todo, exclusivos de la especie *Homo sapiens.* Hasta aquí queda claro que toda esta retórica tiene poco que ver con la ciencia del dere-

---

[14] «At least nothing should be thought incredible or impossible in the conduct of creatures, which were deemed worthy of being summoned before ecclesiastical tribunals and which succeeded as criminals in claiming the attention and calling forth the legal learning and acumen of the greatest jurists of their day». Traducción propia.

cho y Kelsen es uno de los filósofos que habría que consultar para comprender esto.

Pero la filosofía jurídica de Kelsen también es útil para entender que para que exista cierto «derecho» de alguien debe existir previo una norma jurídica que estipule una obligación a quien se pueda reclamar esta. De igual manera, la teoría jurídica de Kelsen pone énfasis en el proceso analítico que permite la creación de normas en el derecho y no en juicios morales dogmáticos, sean estos religiosos o seculares. En la creación del derecho se puede producir normas contradictorias o que favorezcan la oposición de valores (Kelsen, 2007: 31). Esto quiere decir que, aunque ciertas normas tengan vigencia en un sistema jurídico, no son absolutas, pueden cambiar o corregirse. Pero si esto sucede no es una cuestión de la ciencia jurídica. Es decir, que si los AnH se acreditaran como sujetos reflejos de obligación, no sería más que acreditar la obligación jurídica de los «sujetos de obligación» a la que se llegó como resultado de un análisis y si esta no concuerda con el contenido del sistema moral en turno y suscita conflictos entre la obligación jurídica y el deber moral, esto no atañe a la ciencia jurídica porque «no se puede negar validez a ningún orden jurídico positivo por el contenido de sus normas» (Kelsen, 2007: 228).

Seguí a Kelsen para ofrecer argumentos sobre cómo mejorar la situación de los AnH a partir de positivar obligaciones porque acepto que la ciencia jurídica es una técnica social capaz de influir en la conducta humana. Si se toma el derecho en serio, entonces una técnica como esta podría ayudar a cambiar las relaciones actuales entre animales humanos y no humanos. No obstante, no soy ingenua. Sé que actualmente el tema de las obligaciones jurídicas ante los AnH se encuentra en el derecho civil, campo normativo hegemonizado por el iusnaturalismo. La TPD de Kelsen encuentra su primer límite aquí.

Es allí [en el derecho civil] donde el iusnaturalismo tiene su «teoría» más desarrollada. Es que el código civil es iusnaturalismo en acto: es un discurso montado sobre la idea del hombre que tiene derechos que el código no hace sino reconocer. […] No es que el iusnaturalismo apele al sentido común; es que el sentido común ha sido construido sobre una concepción naturalista de la ética y el derecho (Correas, 1989: 8).

En efecto, las nociones jurídicas sobre los AnH que aparecen en cualquier Código Civil de la actualidad, cuentan con un contenido que supone cierta idea de justicia-humanocéntrica que justifica un tipo de orden de dominio de humanos, por lo regular varones, aunque «naturalizado» en la idea de «necesidad humana». Dentro de esta «necesidad» por supuesto se encuentran los AnH comprendidos como cosas para la producción y el consumo. De esta manera se justifica la norma institucional del derecho civil.

Así, las eternas necesidades humanas coinciden con la estructura tradicional del derecho civil: tales necesidades siempre presentes incluyen, [...] el reconocimiento de las personas naturales y jurídicas, la necesidad de apropiación de las cosas para la producción y el consumo (los *iura in rem,* de los cuales la propiedad es el ejemplo quinta esencial), las necesidades de intercambio y circulación de bienes, servicios y capital (el llamado régimen de *iura ad rem,* que regula el derecho de las obligaciones y los contratos) los derechos legítimos (tanto personales y patrimoniales) que se derivan de la reproducción humana heterosexual [...] y por último, el reconocimiento de la «necesidad» de que exista un Estado que garantice el orden social y todas las reglas jurídicas anteriormente mencionadas (López, 2013: 364).

Otro límite al que se enfrenta el análisis de Kelsen son las ideas dominantes que abogados, jueces y profesores tienen sobre lo que es el derecho. Como apunta Diego López (2013), en América Latina la conciencia jurídica compartida por operadores jurídicos desde finales del siglo XIX hasta nuestros días presenta las siguientes características:

a) Legocentrismo: el derecho se entiende sub *specie legis:* es decir, el derecho legislado formalmente promulgado aspira a ser la única e incuestionable fuente de derecho. Esto ocurre en tal grado que la ley también tiene como función el establecimiento positivo de las reglas iusteóricas de segundo nivel que se requieren para manejar las reglas jurídicas de primer nivel.

b) Omnicomprensividad: se presupone que el sistema jurídico es omnicomprensivo o completo (esto es, no hay vacíos o lagunas en el derecho) porque siempre será posible identificar una regla positiva de derecho para cada caso individual que sea necesario resolver. Como corolario de lo anterior, el juez tiene la obligación de decidir todos los casos que se le presenten. Las decisiones de *non liquet* están vedadas dado que la omnicomprensividad del sistema las excluye.

c) Sistematicidad y coherencia: el sistema jurídico es coherente, esto es, o no hay antinomias a su interior o las antinomias existentes pueden ser resueltas por medio de la aplicación de las reglas en conflicto. Además, esto es muy importante, las antinomias son vistas como errores técnicos en el sistema, no como expresión de disenso político o hermenéutico. Se trata pues, de anomalías técnicas que se pueden solucionar, hacia el futuro, por medio de la promulgación de una mejor legislación, y para el presente y el pasado, por medio de la aplicación de reglas técnicas de segundo nivel que disuelven la antinomia.

d) Coercibilidad: las reglas jurídicas deben ser necesariamente coercibles para que sean aceptadas como parte de un sistema jurídico en sentido estricto. Las proposiciones meramente descriptivas, los principios políticos o morales, o, en general, las reglas que no determinen una consecuencia jurídica positivamente comprobable no tienen un peso normativo específico requerido para ser consideradas como derecho.

e) Pureza: el sistema jurídico es políticamente neutro, el análisis jurídico puede proceder de manera no ideológica y se exige que sus operadores jurídicos se comporten con neutralidad política: el derecho, ajeno a la política, es el que debe decidir la distribución contenciosa de ventajas, prerrogativas y derechos. Por lo tanto, el juez es en verdad la boca de la ley. La argumentación jurídica es concebida de manera mecánica y la única tarea del juez es comprobar los hechos. La ley se da y los hechos probados se subsumen en ella.

f) Literalidad: por último, la ley misma trae las normas de segundo nivel requeridas para la interpretación del derecho legislado. Entre todos los métodos de interpretación jurídica posibles, el textualismo debe ser la forma ampliamente preferida por el positivismo jurídico (López, 2013: 377).

Estos déficits intelectuales de quienes operan el derecho impiden cuestionar que lo legislado sea la única fuente jurídica de las normas o atender las contradicciones o posiciones políticas que se encuentran comúnmente en este campo normativo. De esta forma el análisis de Kelsen sobre la obligación ante los AnH se dificulta debido a que quienes operan las normas jurídicas, no renuncian a la arraigada costumbre de defender exigencias políticas, religiosas o de clase, en nombre de la ciencia del derecho (Kelsen, 2007: 8). La cultura jurídica dominante practica el derecho como si fuera teología, así, «ningún estudio externo de la sociedad puede vencerlo» (López, 2013: 387).

Ante estos límites y dificultades para positivar obligaciones ante los AnH hay que alzar la mirada más allá del ámbito jurídico convencional. El iusnaturalismo humanocéntrico y el positivismo jurídico no son los únicos caminos teóricos y prácticos para pensar la liberación de los animales. Existen fuentes dignas de ser desempolvadas y estudiadas a cabalidad. Es el caso del derecho natural de Ulpiano. En él encuentro elucubraciones teóricas para pensar la liberación animal.

TERCERA PARTE
MISERIA DEL DERECHO Y LIBERACIÓN ANIMAL

Capítulo 6
El otro derecho natural

6.1. El derecho natural de Ulpiano: principios para crear un orden jurídico para los animales no humanos

Como lo he tratado en esta obra, en la larga tradición iusnaturalista los AnH han sido, comúnmente, considerados bienes,[1] propiedades o cosas. Para entender por qué esto ha sido así, se requiere ir de las categorías jurídicas del presente hasta su origen: el derecho romano (Samuel, 2006: 220). El análisis de los conceptos antiguos no solo permite conocer su verdadero espíritu y apreciar su valor (Petit, 2013: 17), también posibilita comprender su relación descriptiva, y en el caso de los derechos de los animales, su alcance analítico y práctico.

Es verdad entonces que el derecho natural tuvo su origen en la antigua Grecia y mantuvo, de manera general, una postura humanocéntrica. Sin embargo, la noción de derecho natural no es exclusiva del humanocentrismo jurídico. Se tiene registro en el *Corpus iuris civi-*

---

[1] En *Nociones de historia del derecho civil* se puede leer sobre la influencia de los pueblos germánicos sobre la posesión y valor de los bienes muebles que tuvo para los romanos y posteriormente dentro del *Corpus iuris civilis* de Justiniano (Sin autor, 1908).

lis de una definición distinta a esta perspectiva. Dicha definición pertenece a Cneo Domicio Annio Ulpiano,[2] uno de los juristas más citado en el *Digesto*.[3] Para «Domicio Ulpiano —de origen fenicio [...] un prolífico autor de más de ochenta y tres libros sobre el *Edicto* tanto del Pretor Urbano como de los Ediles» (Beltrán, 2006: 114), el derecho natural abarcaba a todos los animales, incluidos los humanos. Dice Ulpiano:

> Es derecho natural el que la naturaleza enseñó a todos los animales, pues este derecho no es exclusivo de género humano, sino común a todos los animales que nacen en la tierra y en el mar, y también a las aves. De ahí proviene la unión del macho y la hembra, que nosotros llamamos matrimonio, de ahí la procreación de los hijos, de ahí su educación. Pues vemos que también los animales, incluso las fieras, parecen tener conocimiento de este derecho (Justiniano, 1990: 23, D.1,1,1,3).[4]

Lo primero que habría que resaltar de esta noción de derecho natural, es que su contenido es de una metafísica no sustancialista. Segundo, que su punto de partida es la animalidad de la que participan los humanos. Para Ulpiano no existen los humanos por un lado y los animales por otro; más bien los animales incluyen a los humanos. Por tanto, el derecho de vivir lo tienen todos los animales, así como el derecho de reproducirse y del cuidado de los más pequeños.

---

[2] Para mayor información sobre el nombre de Ulpiano, Julio Navarro (2015) realiza un análisis sobre el tema en el estudio introductorio a *Las reglas de Ulpiano*.

[3] El *Digesto* es una compilación legislativa de fragmentos de obras de jurisconsultos llevada a cabo por Justiniano en el siglo VI. Es importante resaltar que trecientos fragmentos del *Digesto* son de Ulpiano, la obra de este jurisconsulto representó una fuente importante para los compiladores del *Digesto* (Navarro, 2015: 45).

[4] «Ius naturale est quod natura omnia animalia docuit; nam ius istud non humani generis propium, sed ominium animalium, quae in terra, quae in mari nascuntur, avium quoque cummune est, hinc descendit maris atque feminae coniuncito, quam nos matrimonium appellamus, hinc educatio: videmus etenim cetera quoque animalia, feras etiam istius iuris pertia censeri». Este procedimiento de citación (D.1,1,1,3) la desarrollan los glosadores con el fin de que sea precisa y breve. La D significa *Digesto,* y los siguientes números atienden a los fragmentos y parágrafos de la obra.

Además de su definición, este derecho natural contiene tres grandes preceptos: *Juris preacepta sunt haec; honeste vivere, alterum non laedere, suum cuique tribuere.* Esto es: derecho es vivir honestamente, no dañar a otro y dar a cada uno lo suyo. En un sentido positivista solo los dos últimos se refieren al derecho. Vivir honestamente, es una regla moral que tiene su sanción en la conciencia y no en la ley (Petit, 2013: 19).

Ahora bien, aunque esto es cierto, no debería olvidarse que el reconocimiento jurídico de los actos supone siempre significados morales. Es decir, el derecho positivo y el derecho natural no se excluyen totalmente, existen por lo menos tres vínculos: i) a través de la inclusión de principios y argumentos morales en el derecho, ii) que el contenido del derecho sea delimitado por la moral y iii) que la moral fundamente un deber de obediencia al derecho (Alexy, 2016: 18).

La definición de Ulpiano además de ser clara y poco metafísica permite aproximarse a las fuentes del derecho desde nuevos ángulos (Monateri y Samuel, 2006: 99-100). Pero lo más relevante es la base del contenido del derecho: los animales deseamos vivir, decidir sobre nuestras vidas y cuidar de los más pequeños. Sin embargo, la inclusión de todos los animales en el derecho natural —que nacen en el cielo, la tierra y en el mar— no es aceptada por todos los pensadores del derecho natural en la jurisprudencia romana (Friedrich, 1988: 49). Tampoco, como lo he demostrado aquí, en la tradición iusnaturalista moderna. Para algunos filósofos marxistas ha resultado chocante la idea de Ulpiano porque «al extenderse el Derecho natural a todos los animales, pierde el Derecho natural humano su esplendor y su orgullo» (Bloch, 2011: 83).

Por lo anterior me dispongo a argumentar la relevancia de un derecho natural como el de Ulpiano y su vigencia en las sociedades del presente. Para comenzar expongo el punto de partida de mi argumento: al ser un derecho que acepta como punto de partida y hecho la animalidad de no humanos y humanos, no existe distinción ontológica entre estos en los procesos mentales, como el dolor y sufrimiento, que conciernen al campo moral, a la justicia y al derecho mismo.[5] Podría decirse que es un derecho natural animal, que versa sobre el ideal de la convivencia respetuosa entre animales.

Conviene una precisión. La definición de Ulpiano no implica que los animales tendrían los mismos derechos que los humanos, pues es obvio que solo señala hechos naturales en los que participamos humanos y no humanos. Lo relevante es lo que sostiene la definición de derecho natural de Ulpiano, a saber: sus preceptos. Vivir honestamente, no dañar a otro y dar a cada uno lo suyo, estarían a la base de cualquier contenido positivo del que aquí he llamado derecho natural animal. Si bien, a la definición de Ulpiano no se le dio una continuidad iusteórica, en la actualidad existen suficientes argumentos, evidencias y alternativas para teorizar y positivar los derechos de los animales, a partir de una perspectiva iusnaturalista animal. Si se quiere pensar el derecho natural más allá de lo humano, y contribuir a la creación de normas jurídicas a favor de los animales, Ulpiano es una fuente de investigación jurídica relevante.

Esto no es una vaguedad. Sin duda el principio *alterum non laedere* de Ulpiano es uno de los pilares de la responsabilidad civil de muchos ordenamientos occidentales de la actualidad.[6] Si esto es cierto, ¿qué impide que sea precepto también para una responsabilidad jurídica con los AnH? Lógica y conceptualmente, nada. De positivarse esta responsabilidad de los sujetos de obligación ante los AnH se establecería a partir de una relación jurídica la reparación del daño a su corporeidad o sus bienes (como podría ser su hábitat), porque se apelaría a una lesión de un bien jurídico protegido como es el derecho a la vida. El obstáculo para lograr esto es lo que he demostrado a lo largo de este trabajo: el derecho actual sigue siendo humanocéntrico.

---

[5] En los dos primeros capítulos se mostró la relación entre moral y derecho, por lo que se asume que estos fenómenos que son atendidos por la moral resultan relevantes a la hora de decidir positivar una norma que prohíbe dañar a otros.

[6] Desde la antigua Ley de las XII Tablas se encuentran ejemplos sobre los castigos que se debían llevar a cabo cuando se causaban daños a otros sujetos y la reparación de los mismos.

Por eso el derecho natural animal solo tendría su consagración en el momento en que los AnH sean libres, silvestres y no domesticados. Este derecho al ser positivado y guiado por el principio *alterum non laedere* protegería los bienes jurídicos básicos enunciados en la definición de Ulpiano: i) la vida: que implica el respeto de sus cuerpos y su entorno; y ii) el decidir sobre sus propias vidas: que se traduce en libertad. Estos bienes comprenderían la responsabilidad —civil o penal— de los sujetos de obligación en caso de violentar tales derechos.

De crearse, esta codificación sería transitoria, y tendría la función de regular la conducta de aquellos sujetos de obligación que infringieran derechos de los animales. Esta perspectiva sobre el derecho natural animal supone la idea de Kelsen sobre lo que es el derecho natural, esto es: aquel que incluye la conducta «del obligado: y esta obligación no se funda en la amenaza de un acto coactivo, sino en el simple hecho de que su conducta está establecida como debida» (Kelsen, 2010: 18). Aunque el obligado no está frente a un tribunal judicial, el derecho natural le ordena. De esta manera el derecho natural animal tendría, quizás, su culmen en la proclamación de una Declaración Universal de los Derechos de los Animales que tuviese como fin la positivación de estos.

Ahora bien, el principio *alterum non laedere* implica una idea de justicia. La conducta acertada o justa parece evidente para todos los humanos porque comparten una buena voluntad para vivir según su intención (Kelsen, 2010: 35). En el caso del derecho natural animal, la idea de justicia implica también una postura política, que asume crear y adoptar nuevas prácticas; aunque estas impliquen abandonar algunos de nuestros intereses que no ponen en peligro nuestra vida o bienestar, pero sí acarrean daño innecesario a otros sujetos. Esto es, si el concepto de justicia convencional adquiere su contenido a partir del valor de la igualdad entre humanos, para el caso del derecho natural animal lo adquiere a partir del principio *alterum non laedere,* esto es: todos somos animales que habitamos esta biosfera y este principio es la guía para el trato igualitario entre animales. Si bien el derecho positivo se despliega en las instituciones formales para garantizar seguridad jurídica, no es menos cierto que si incumple el principio en que se funda, la justicia, deja de ser derecho. Sobre todo «tratándose de leyes extremadamente injustas, cabe también la posibilidad de desconocer la validez de tales leyes, por razón de su injusticia» (Radbruch citado por Vigo, 2008: 35).

Si en la actualidad desplegamos el derecho natural animal y el principio *alterum non laedere,* la mayoría de los AnH se encuentran en condiciones que denominaríamos extremadamente injustas.[7] Estas condiciones se justifican a partir de los criterios del derecho tradicional humanocéntrico, es decir, bajo la concepción de que los AnH son cosas, bienes o mercancías.

En realidad, en términos conceptuales nada impide crear un orden jurídico especial para los AnH basado en el precepto *alterum non laedere,* cuyas fuentes, fundamentos, categorías y argumentos, permita la protección y liberación de estos. Si es derecho lo asentado conforme a un ordenamiento jurídico, esto no quiere decir que este sea eterno. Pierde validez cuando ya no tiene umbrales y da pie a la extrema injusticia, solo ahí «las normas promulgadas conforme al ordenamiento y socialmente eficaces pierden su carácter jurídico o su validez jurídica» (Alexy, 2008: 358). Si aplicamos este criterio basado en el precepto *alterum non laedere* no hay razones para no crear un derecho natural animal porque estos, en su gran mayoría, padecen a diario extrema injusticia.

Con respecto al tercer precepto de Ulpiano, el *suum cuique tribuere* es atribuible a todos los animales. De hecho, la extrema injusticia no solo la padecen los AnH, también millones de humanos que enfrentan des-

---

[7] Pensemos en los AnH utilizados en la industria cárnica a gran escala, los laboratorios, incluso los llamados animales de compañía. Sobre esto último, Charles Danten, en *Un veterinario encolerizado,* describe la condición en la que se encuentran y viven millones de animales criados como mascotas, un ejemplo es: «La sobrepoblación y las condiciones de higiene, a veces lamentables […] comparable a la de animales de granja destinados al rastro […] Confinados, amarrados, sin ningún estímulo sensorial ni contacto con el exterior, rebajados a calidad de máquinas, son obligados a producir crías continuamente, sin reposo entre ciclos» (Danten, 2008: 56-58).

pojo en sus territorios por parte de las industrias, en especial la agroindustria y el sistema industrial de la ganadería. De aquí que dar a cada
uno lo suyo tiene que ver con los derechos de los animales incluidos los
humanos. Por ejemplo, hoy la industria ganadera sobrecarga las funciones ambientales y deteriora la calidad ambiental de la biósfera, misma
que habitamos y compartimos con otros animales no humanos (Riechmann, 2005: 115-131). La justicia entre iguales presupone que la justicia
distributiva ha otorgado a los participantes, por lo menos el mismo estatus, en este caso: ser sujetos autónomos, sujetos capaces de desarrollar
sus intereses a partir del dar a cada uno lo suyo. Organizaciones de humanos se han defendido y resistido por lo menos desde hace dos siglos
de las injusticias, algunas extremas, que causan Estados, terratenientes,
ganaderos, industriales, criminales y ejércitos. A su defensa se han soli-
darizado otros humanos que muchas veces son de otra clase, etnia o
nación. No pocas veces el criterio de esta solidaridad tiene su fuente
moral en la compasión ante el sufrimiento de los otros y basa su actuar
en las nociones jurídicas de libertad, igualdad y justicia que tienen pretensiones universales. ¿Por qué en el caso de los AnH no podría poner-
se en operación tal criterio? ¿Qué le faltaría si los AnH son los más in-
defensos ante cualquier injusticia y sufren como los animales humanos?

Para responder estas cuestiones el derecho humanocéntrico no
solo es defectuoso, «sino que más bien lo que ocurre es que estamos
ante un caso de ausencia de Derecho, porque no se puede definir el
Derecho, incluso el derecho positivo, si no es diciendo que es un orden establecido con el sentido de servir a la justicia» (Radbruch citado
por Vigo, 2008: 41). Es defectuoso e injusto en tanto que sus conceptos recurren frecuentemente a la metáfora antropomórfica de manera
arbitraria, dejando de lado tanto el proceso histórico de los mismos
conceptos, o cierta objetividad que podría ofrecer un análisis descriptivo del acto o conducta con significado jurídico como el expuesto por
Kelsen. Para que el *suum cuique tribuere* de un derecho natural animal
no sea arbitrario habría que apelar a las evidencias científicas y sólidos
argumentos filosóficos sobre la sintiencia de los AnH, nuestra similitud con ellos y nuestra igualdad como animales. Estos conocimientos

deberían ser suficientes para considerarlos sujetos de derecho, personas o sujetos reflejos de obligación y hacer justicia.

En el actual sistema capitalista global a los AnH se les daña sistemáticamente, su objetivación jurídica y la ausencia de deberes ante ellos o derechos para ellos, exige nuestra atención en aras de su liberación. La justicia distributiva basada en el *suum cuique tribuere* implica significativamente atender el daño sistemático que provocamos a todos los animales, por lo que los derechos de los animales requieren salir de los parámetros del humanocentrismo y el antropomorfismo que satura de sentido los conceptos de persona y sujeto de derecho. Se requiere mirar por encima del horizonte del humanocentrismo y antropomorfismo para indagar otras categorías de derecho con las que se pueda pensar la liberación animal. Pero también orientarse por las evidencias y una moral consciente del daño o bienestar que implica positivar una norma a favor de los animales. Para esto se requiere cuestionar la arbitrariedad con la que se establecen normas jurídicas basadas exclusivamente en el placer o los intereses humanos egoístas. Para lo primero, Ulpiano es una ruta. Exploraré esto a continuación.

6.2. LA SIMILITUD FUNCIONAL DEL ESCLAVO HUMANO Y LOS ANIMALES NO HUMANOS

En el Occidente antiguo la idea de un derecho natural del que participan todos los humanos permitió desobjetivar y mejorar las duras condiciones de vida de los esclavos *(servitus)* y acortar la separación que existía entre gente libre y no-libre. Sostengo que, de manera análoga, la definición de Ulpiano sobre el derecho natural animal supondría construir normas jurídicas para desobjetivar y reconocer a los AnH en el campo del derecho actual. La historia del derecho en Occidente es rica en conceptos jurídicos. De hecho, algunos de esos conceptos continúan en uso en la actualidad. Tal es el caso de la categoría de persona. En la Roma antigua existieron algunas figuras jurídicas (esclavo, liberto, ingenuo y manumisión) que se aplicaban a algunos humanos y que hoy están en desuso. Lo están porque se replantearon las bases normativas que regularían las relaciones entre los humanos y no porque estos conceptos fueran falsos. Más bien dejaron de cumplir su función y descripción de ciertas relaciones jurídicas en el campo del derecho. Entonces, si partimos del principio de que las normas jurídicas se construyen al interior del derecho, esto es, con sus conceptos y sus argumentos, son válidas no por poseer determinado contenido ni porque alguna autoridad suprajurídica, dios o la naturaleza lo dispusieron, sino por haber sido producidas dentro del campo del derecho y no de la religión o las ideologías.

La definición de derecho natural de Ulpiano puede ser fuente de validez para crear nuevas normas jurídicas que comprendan a los AnH y lograr los derechos de los animales, si y solo si se construyen a partir de conceptos y argumentos propios del derecho. El principio *alterum non laedere* de Ulpiano y una concepción de justicia distributiva cimentarían las bases para teorizar y bridar contenido a las normas jurídicas para los AnH. Pero, siempre teniendo en cuenta que el derecho natural animal desde la misma definición de Ulpiano, para realizarse, requiere que los AnH sean libres. Ulpiano en su definición no menciona que el derecho natural de los animales sea estar al servicio de los humanos, es decir ser domesticados, sino más bien supone que este se observa y lleva a cabo cuando los AnH están en libertad y realizan sus intereses.

En lo que sigue, exploro una reactivación de estos conceptos para respaldar el análisis teórico que incite a la reflexión sobre los derechos de los animales en la actualidad. Es importante tener conciencia que al usar estos conceptos se pone el énfasis en su función y descripción, y no en su concepción antropomórfica. En una palabra, no son conceptos exclusivos para el humano, sino para el debate en torno a la creación de un orden jurídico que incluya a los AnH. Me interesa atender de manera primordial las características descriptivas de los conceptos de esclavo, liberto e ingenuo, porque facilitan la exposición y analogía en cuanto describen una acción que ha sido considerada jurídica. La finalidad es argumentar la manera como se podría establecer obligaciones ante los AnH o, mejor dicho, para estar a tono con los movimientos animalistas: derechos de los animales. Como experimento mental esta es una propuesta filosófica que debe ser debatida bajo los criterios del mejor argumento. Esto quiere decir que no debería tomarse como una propuesta práctica sin antes ser discutida, pero si no logra ser refutada, nada debía impedir que fuese un ideal regulativo para el derecho y una herramienta política para la lucha por la liberación animal.

El derecho natural que iguala animales no humanos y humanos prescribe que si todos los animales participamos de este derecho entonces debemos respetarlo. Esta igualdad natural tiene su base en el hecho de que antes de ser iguales, todos nacemos animales. Este derecho natural se fundamenta en la participación de la animalidad y no en una norma positiva. Esto quiere decir que cualquier norma positiva sobre los animales se deriva de tal fundamento.

Ahora bien, es cierto que la desigualdad existe como hecho: algunos somos humanos, otros felinos, unas hembras otros homosexuales, unos adultos otros infantes, etcétera. Pero tal desigualdad en realidad es diferencia o distinción y tal característica no invalida la animalidad ni como hecho ni como fundamento. El hecho de la diferencia se corrompe cuando se traslada al campo moral y crea desigualdades en forma de desprecio: inferioridad moral y/o jurídica tanto de los AnH como de los humanos. Por ejemplo, en el caso de la filosofía moral de Aristóteles para quien algunos humanos que «pertenecen» a otros humanos son, por «naturaleza» y no por otra causa, esclavos (Aristóteles, 1988: 56). Su naturaleza es obedecer, esta, les ha dotado de un cuerpo útil para realizar los trabajos necesarios (Aristóteles, 1988: 58). También es el caso de los AnH. Por ello para este filósofo, ninguno cuenta con la facultad deliberativa, de ahí que se puedan categorizar jurídicamente como *fructus, usus* y *abusus*.[8] De esta forma, la objetivación se

---

[8] En líneas generales el *usus* es el derecho de servirse de la cosa, el *fructus* designa el derecho de percibir los productos, entre ellos se encuentran los hijos de las esclavas, y el *abusus* es el derecho de disponer, enajenar y destruir la cosa (Bravo y Bravo, 2012: 203). Véase también el capítulo 2, apartado 2.3.

materializa en la apropiación, uso y abuso, así como en dotar de inferioridad moral y jurídica a quién es considerado como *res*.

Esto que estoy afirmando es un hecho histórico. Esta distinción se positivó y formó parte del derecho romano en la época de Justiniano. En efecto, en el siglo VI se «incluyó la colección más completa jamás reunida de leyes acerca de la esclavitud» (Finley, 1986: 106). Esta base legal se afianza en la existencia de conceptos que, al designar a sujetos como cosas, bienes o propiedades, posibilitan la objetivación y ausencia de reconocimiento moral y jurídico de aquellos. Fue de esta manera que «el esclavo se convirtió en simple instrumento de trabajo y se le ubicó en la categoría de *res mancipi*» (Bialostosky, 2007: 44).

En Roma antigua, el hecho de haber sido engendrado por padres esclavos era condición para ser categorizado como *res*.[9] Incluso la capacidad jurídica de humanos libres podía disminuirse al perder su ciudadanía o libertad. A esta pérdida se le denominó *capitis deminutio* la cual era una «máxima que afecta a toda persona libre que cae en esclavitud *iurecivili;* abate completamente la personalidad jurídica, el hombre que cae al rango de cosa, no tiene ya estatus, le es quitada su fama, o sea su situación de dignidad ilesa, su buen nombre» (Bravo y Bravo, 2012: 112). La objetivación expresada por la institución de la esclavitud se sirve de juicios de valor. Ser esclavo no solo expresa una relación jurídica, sino además refleja desprecio de quienes son categorizados como cosas. El esclavo «Se halla amordazado por toda una ideología, por medidas jurídicas precisas, por actitudes cotidianas que lo aíslan, lo desvinculan del resto de la Humanidad hasta el punto de excluirlo. Se ha convertido verdaderamente en una cosa o en un animal, y como tal lo considera el derecho» (Thébert, 1991: 178). Obsér-

---

[9]   Según Bialostosky, las fuentes de la esclavitud son el derecho de gentes y el derecho civil. «Del *ius gentium* son: i) El nacimiento. Nace esclavo el hijo de madre esclava. ii) La cautividad de guerra. El Derecho civil romano sólo considera esclavos a los extranjeros apresados por los romanos durante una guerra declarada. La cautividad era la fuente más antigua y más importante de la esclavitud, los prisioneros devenían propiedad del Estado quien los destinaba a servicios públicos o los vendía a particulares en subasta pública» (Bialostosky, 2007: 44-45).

vese que esta desigualdad está basada en una moral desde la que se hace un tipo de derecho limitado a individuos con plena capacidad jurídica. Es decir,

> En Roma la plena capacidad jurídica no es reconocida, sin más, al individuo, sino al individuo cualificado, y, precisamente, por concurrir en él la triple condición de libre, ciudadano y no sujeto a potestad paterna —*homo sui iurius*. [...] Al tenor de tal concepción el paterfamilias, el sujeto no alienado, independiente, es el gran protagonista del derecho privado (Iglesias, 1993: 105).

En esta época el paterfamilias era considerado capaz de discernir entre lo correcto e incorrecto, el esclavo no; el libre no estaba sujeto a potestad, el esclavo sí; los libres eran los sujetos de obligación con capacidad delictiva; los esclavos no contaban con obligaciones jurídicas por tanto no podían reclamar justicia, aunque sí podían ser responsables de hechos delictivos (Beltrán, 2006: 180-181). El esclavo es solo una cosa: *servile caput nullum ius habet;* no tenía capacidad de goce, pero sí podía cometer delitos por los que el *dominus* o paterfamilia tenía que responder mediante la *actio noxalis*. Podía «liberarse de la correspondiente condena pecuniaria, entregando al esclavo a la persona perjudicada —*noxae deditio*» (Iglesias, 1993: 114).

Aunque en Roma clásica se codificaron algunas leyes para el «bienestar de los esclavos» estos no dejaban de ser cosas *(res),* a veces tan solo se mitigaban los castigos. Algunos emperadores y juristas elaboraron una serie de disposiciones legales para aliviar la situación de los esclavos que eran víctimas de tratos violentos y crueles. Muestra de estas disposiciones son: i) un edicto del emperador Claudio (41-54 d. n. e.) que prohíbe al dueño abandonar esclavos viejos o enfermos; ii) Justiniano introduce un principio innovador: el esclavo abandonado por su dueño se considera liberto; iii) Antonio el Piadoso equipara la muerte de un esclavo a un homicidio (Bialostosky, 2007: 46); iv) a su vez, este mismo decretó la venta obligada de los esclavos maltratados por su dueño, con prohibición de que este volviera a comprarlos (Beltrán, 2006: 181). Estas disposiciones menguaron la brutalidad que podían ejercer los amos sobre los esclavos. Algunas de estas leyes permitieron revelar el poder cruel que ejercían algunos amos contra sus esclavos.

> [...] la *Lex Petronia* del año 19 de nuestra era, el esclavo ya no podía ser condenado por su dueño para ser devorado por las fieras ni tampoco ser vendido para después revenderse para entregarse a las acciones del circo. Los emperadores cristianos buscaron frenar las crueldades de los dueños al establecer que si se mataban u ordenaban la muerte del propio esclavo se penaría como si se hubiera dado muerte al esclavo ajeno y aún se calificó de —*homicidium*— la muerte intencionada de un esclavo según el código Teodosiano y la interpretación de Gayo sobre la *Lex Cornelia de Sicariis* (Beltrán, 2006: 180).

Ahora bien, la esclavitud como institución pertenecía al derecho de gentes y también era regulada por el derecho civil, pero no puede decirse que fue reconocida por el derecho natural, porque este considera que todos los hombres nacen libres e iguales (Bravo y Bravo, 2012: 114). De ahí que la idea sobre la existencia de un derecho natural fue clave para desobjetivar y mejorar las condiciones de la situación del esclavo. Pues bien, lo que sostengo es que de manera similar es posible partir de la definición de Ulpiano sobre el derecho natural como fuente para desobjetivar y mejorar las condiciones de los AnH.

En efecto, de manera análoga a la actual discusión sobre el derecho de los animales, en el derecho romano existió una contradicción entre las leyes que objetivan al esclavo y su naturaleza biológica que lo determinaba como humano o ser sintiente. Esta condición fue reclamada siempre por el derecho natural que se guiaba por el principio de justicia. Con el tiempo, los hechos hacían contradictorias e insostenibles las premisas morales y jurídicas con que se mantenía el esclavismo. Al ser los humanos sujetos sintientes y no cosas, el esclavismo sucumbió como filosofía moral y jurídica. ¿Qué falta para que de manera análoga se desmonten los prejuicios humanocéntricos que suponen que los AnH son cosas?

En sentido estricto la categoría de esclavo podría adjudicarse a algunos AnH.[10] Si la esclavitud es la condición de que un ser sintiente o sujeto se encuentra bajo la potestad y la propiedad de un dueño, entonces un buen número de AnH deberían ser categorizados como esclavos. El derecho natural reclamó en su tiempo que los esclavos estuvieran catalogados como cosas porque contradecía la igualdad y la libertad de la que participaban todos los humanos. Hoy la gran mayoría de los códigos civiles de los estados establecen que los AnH son cosas a pesar de que está demostrado que son seres sintientes. Como puede observarse, el actual derecho civil está en contradicción con la definición de Ulpiano sobre el derecho natural.

Para transitar hacia la construcción de un derecho de los animales, una de las tareas que habría que hacer, en el esquema filosófico que presento, es desantropomorfizar la categoría de esclavo, esto es, desvincularla de su valoración moral y poner énfasis en su función y descripción. El actual derecho civil al categorizar a los AnH como *res* posibilita su uso y abuso, pero según la definición del derecho natural animal todos los animales, incluidos los humanos, nacemos animales, esto es, en igualdad, por lo que apelar a este derecho implica exigir vivir libres para realizar nuestros propios intereses.

La función y descripción de esclavos y AnH, en términos jurídicos, es análoga. No es casualidad que «en las ciudades griegas es frecuente que una única y misma ley se apliqué a esclavos y animales, y esta asociación se encuentra a menudo con el derecho romano, por ejemplo, en Ulpiano, jurista del siglo III, que asimila en varias ocasiones fugas de esclavos con las pérdidas de ganado» (Thébert, 1991: 166). Jurídicamente esclavo es aquel a quien se le priva de libertad a partir de una norma positiva y no por derecho natural. Está al servicio de una persona reconocida jurídicamente como propietaria. Pero también puede

---

10   «Los esclavos se definen mediante un estatus jurídico que, de un modo general, les priva de personalidad, los convierte en objetos de propiedad que puede venderse y comprar, les remite a la autoridad del amo, en fin, que los asemeja a los animales domésticos» (Thébert, 1991: 166).

estarlo como *servi sine dominio* (Iglesias, 1993: 111), esto es, sin dueño y con posibilidades de ser apropiado: *res nullius* o bienes mostrencos. De ahí mi argumento que la categoría de esclavo, en su función y descripción es compatible para animales humanos y no humanos.[11]

De igual manera, el esclavo es aquel a quien no se le permite disponer de su vida o sus intereses, es instrumento de adquisición de riqueza, está bajo potestad[12] y no puede obligar[13] a su amo, a no ser por sus delitos y aún en este caso la obligación del amo se reduce a hacer el abandono del esclavo a la víctima (Bravo y Bravo, 2012: 118). Todas estas características se cumplen en algunos AnH, ejemplo de ello son los considerados «ganado». También los esclavos se convirtieron en mero instrumento de trabajo (Iglesias, 1993: 112), hoy en día el trabajo que realizan algunos AnH es de diversas índoles, pero no dejan de ser instrumentos para realizar algún trabajo en «beneficio» de algún humano. Existen sorprendentes analogías entre esclavos y AnH una vez que analizamos a ambos a partir de las categorías jurídicas. Por ejemplo:

[…] los esclavos del campo se encuentran en su mayor parte destinados a los trabajos de producción, sin apenas contacto con su amo, a menudo

---

[11] Agnès Dufau (2017) aclara la distinción entre estos términos y nos muestra lo relevante de su uso para atender de manera efectiva la situación de muchos animales —enfocándose en los gatos ferales y callejeros o abandonados—. En líneas generales existen gatos que nunca tuvieron dueño y otros que lo tuvieron, aunque los llamados gatos ferales no son aptos para estar en hogares, esto no significa que alguien no se los pueda apropiar.

[12] «Antes de los cambios de la época helenística, el esclavo, al menos en la medida en que era propiedad de un particular, se encontraba inserto en las relaciones que unen a los diferentes miembros de la familia bajo la autoridad del Paterfamilias. Sería ciertamente excesivo afirmar que éste ejerce una *potestas* similar sobre sus hijos que sobre sus esclavos. […] Sin embargo, no debemos engañarnos; por muy grande que sea el peso de la patria *potestas* sobre el hijo, subsiste una diferencia entre él y el esclavo. El primero está destinado a convertirse él mismo en ciudadano y en padre de familia, mientras que el segundo se quedará como es» (Thébert, 1991: 177).

[13] El esclavo podía contar con capacidad de obrar, aunque no tenía capacidad jurídica, esto es, podía realizar negocios jurídicos, pero los efectos de los mismos se producían con relación al *dominu*s (Bravo y Bravo, 2012).

sometidos a una severa disciplina que apunta a la máxima explotación de su fuerza de trabajo. A pesar de la diversidad de situaciones, a este grupo se le aplica mejor la fórmula de *ascholoi,* desprovistos de placeres (Thébert, 1991: 167).

Actualmente es común que a los AnH destinados para el consumo humano, se les desprecie y reduzca fácilmente a meras cosas. Sus intereses y capacidad de sufrir no resultan ser hechos suficientes para considerar su vida e integridad. En el caso de los esclavos en Roma antigua, existía una distinción entre la situación de los que se encontraban en una familia rústica y los esclavos de una familia urbana, con la advertencia de que estos últimos eran favorecidos con ciertos privilegios (Iglesias, 1993: 106). Si hacemos una analogía con los AnH, veremos que la manera diferenciada como se aprecia a las mascotas (gatos, perros, conejos, serpientes) en las zonas urbanas frente a los AnH denominados ganado, es considerable.

Desde luego que las ganancias económicas y los intereses particulares de poder, también se imponen a los argumentos, evidencias y alternativas que se promueven dentro del tema de derechos de los animales. Los esclavos tenían un valor por su rendimiento cualitativo, por su fuerza de trabajo, por su eficacia y rentabilidad (Finley, 1986: 97). Obviamente los animales también han sido valorados por estos parámetros. Dentro de este mismo tenor, los hijos de los esclavos al nacer eran propiedad del amo (Finley, 1986: 67). Lo mismo sucede con los AnH que se utilizan en la crianza. Así, era común que al esclavo se le «asociara frecuentemente al de otros elementos del patrimonio: se le vende según las mismas reglas que rigen para un trozo de tierra, se le incluye en una herencia entre los instrumentos o los animales. Es ante todo un objeto, una *res mobilis*» (Thébert, 1991: 164). Hoy los animales también son considerados como bienes muebles, incluso también como inmuebles.

Es verdad que la objetivación de los animales y las consecuencias que esto trae consigo están arraigadas de manera general en nuestras sociedades, pero la esclavitud también se «arraigó en las costumbres de los pueblos de tal modo que no podía concebirse una sociedad sin ella, es por esto que los grandes espíritus, cegados por la fuerza de este hecho, no vacilaron en justificarla» (Bravo y Bravo, 2012: 114). Pues bien, lo que argumento es que al igual que se batalló para la creación de normas jurídicas que desobjetivaron a los esclavos, podría suceder algo análogo en el caso de los AnH.

Otorgar importancia al derecho natural, darle seriedad a la sintiencia del esclavo y a la semejanza biológica con cualquier humano sirvieron «de palanca para el mejoramiento de su estado jurídico y de punto de apoyo y expresión teórica de las nuevas exigencias sociales» (Ciccotti, 2005: 247). De manera análoga, si los AnH son seres sintientes, conscientes e inteligentes, con intereses y capaces de ser dañados física y psicológicamente, el derecho natural de Ulpiano puede ser la palanca para construir un derecho para estos. Las exigencias sociales para mejorar su situación aumentan cada día. Un primer paso, aunque parezca contradictorio, sería categorizarlos análogamente como esclavos para desobjetivarlos. Quizás, mediante una forma de manumisión no antropomórfica se pueda poner fin a cualquier clase de crueldad humana sobre ellos.

6.3. La manumisión y la cuasi liberación del liberto, analogías de función y descripción con los animales no humanos

El principal recurso jurídico para desobjetivar y otorgar ciertos beneficios a los esclavos en el mundo clásico de Occidente fue la manumisión. La *manumissio* significa *datio libertatis,* otorgamiento de libertad jurídica que norma a los esclavos como libertos *(libertini),* pero no los hace iguales a los paterfamilias o ingenuos[14] (Andreau, 1991: 208). Entonces, «aunque el liberto adquiere la libertad —*status libertatis*— y participa, casi siempre, en la ciudadanía —*status civitatis*— y en la

---

[14] En el derecho romano el ingenuo dícese de aquellas personas procedentes de una *gens* o familia romana (patricios) nacidas libres sin ser nunca esclavas en el orden jurídico.

situación familiar —*status familiae*—, no logra, ni en lo público o en lo privado equipararse plenamente al ingenuo» (Iglesias, 1993: 122).

Según Ulpiano había en la Roma antigua:

[...] tres tipos de libertos: ciudadanos romanos, latinos junianos, y los considerados, en la categoría de los dediticios. Los libertos ciudadanos romanos son quienes legítimamente *han sido manumitidos por la vindicta,* por legítimo censo o por testamento, siempre que no exista ningún obstáculo legal [...] son libres de pleno derecho por la Ley Junia,[15] la cual denomina latinos junianos a los manumitidos entre amigos. Los últimos eran los esclavos que habían sido procesados, hallados culpables y castigados por algún delito o los que fueron entregados para que luchasen con la espada o contra las bestias, o los que fueron conducidos *por alguna razón a los juegos del circo* o a prisión y luego se les manumitió de cualquier manera. Así lo dice la *Ley Elia Sencia* (Ulpiano, 2015: 81-83).

La manumisión es la salida de la *manus,* de la potestad del *dominus.* Ulpiano en sus Instituciones, libro I, señaló:

Las manumisiones son también derecho de gentes. Mas derívase manumisión de *manu missio* (suelta de la mano), esto es dación de libertad; porque mientras está uno en esclavitud, está sometido a la mano y potestad, y manumitido se libra de la potestad. Lo cual tomó su origen del derecho de gentes, pues como por derecho natural todos los hombres nacieran libres (Justiniano, 1990: 25).

Para llevar a cabo la manumisión era necesaria la declaración de voluntad del *dominus.* Esto era relevante debido a que dicha libertad trascendía en la esfera pública ya que el liberto se convierte en *civis,* en miembro de la comunidad ciudadana (Iglesias, 1993: 117).

---

[15] La Ley Junia o Lex Iunia Norbana se emitió en el año 19 a. C. Según esta ley los esclavos manumitidos de manera informal no se convertían en ciudadanos romanos, sino en latinos junianos. Para estos existía la desventaja jurídica de no poder realizar testamento ni recibir nada por este medio. De esta forma quienes les manumitiese mantenían el control sobre sus bienes (Ulpiano, 2015: 174).

Los modos de manumisión del antiguo Derecho civil son: i) Por un proceso fingido *(manumissio vindicta)*. Ante el magistrado, el *dominus* se acompaña de un amigo quien declaraba, tocando al esclavo con una varita, que era hombre libre, el dueño no se oponía y el pretor, cónsul o gobernador, confirmaba la declaración *(addictio libertatis)*. ii) Por la inscripción del esclavo en el censo *(manumissio censu)* podía hacerse cada cinco años. El dueño inscribía al esclavo en la lista de censo de ciudadanos. Esta forma de manumisión desapareció a fines de la República. La manumisión por testamento *(manumissio testamento)* que consistía en la declaración de la libertad hecha por el *dominus* en su testamento; ya fuera de modo directo, nombrándolo heredero, o en forma indirecta, indicándole a su heredero que manumitiera a determinado esclavo (Bialostosky, 2007: 47).

Cabe destacar que, en el derecho romano, tanto esclavos como animales formaban parte de las *res mancipi* o cosas susceptibles de propiedad. Por esto para Ulpiano los bienes *mancipi* son tanto los predios rurales como urbanos, «como el derecho de vía, de paso o de conducción, así como el derecho a pasar agua por predio ajeno, también esclavos o cuadrúpedos que se uncen del dorso o del cuello, como bovinos, mulas, caballos y asnos»[16] (Ulpiano, 2015: 120). De ahí que los esclavos para dejar de ser *res mancipi,* debían ser manumitidos. De otra forma eran considerados como *res nullius,* cosas que no pertenecen a nadie, pero susceptibles de ser apropiables *(primi capientis)* (Iglesias, 1993: 117).

Con la reconstrucción formal de estas categorías se podría crear una manumisión para el caso de los AnH. Se trataría de normas jurídicas para el bienestar animal cuya base sería la desobjetivación de estos. Pero para lograrlo la categoría de manumisión tendría que comprenderse a partir de su función y descripción jurídica, no de ideologías o morales humanocéntricas. Reconstruir esta figura jurídica no solo desobjetivaría a los animales, sino también evitaría su apropia-

---

[16] «Mancipi res sunt praedia in Italico solo, tam rustica, qualis est fundus, quam urbana, qualis domus; item iura praediorum rusticorum, velut via, iter, actus, aquaeductus; item servi et quadrupedes, quae dorso collove domantur, velut boves, muli, equi, asini».

ción, ya que muchos de ellos son capaces de sobrevivir sin ser domesticados, por ejemplo, los animales liminales, ferales o silvestres. A través de un recurso similar a la manumisión permitiría avanzar hacia una categoría similar a la del ingenuo, esto es: aquel sujeto que es libre desde que nació. Incluso ciertos animales podrían adquirir su liberación a partir de otra forma de manumisión amparada por el *ius postliminii*:

> El *postliminium*, según la tradición fundada en la equidad y admitida en el derecho, el prisionero deja de ser esclavo cuando escapa y vuelve a su patria, entonces se dice que disfruta del *ius postliminii*, por cuyo efecto el cautivo vuelto a la libertad recobra en principio todos los derechos que le pertenecían en el día en que fue hecho cautivo (Bravo y Bravo, 2012: 119).

Todos aquellos animales que han sido cautivos y escapen por diversos medios podrían adquirir el derecho a la libertad según los intereses de cada especie. Un ave a transitar por los cielos, un cetáceo en el agua, un gato feral en algún poblado humano, etcétera. Esta libertad podría estar justificada bajo una forma de manumisión análoga al *ius postliminii*. Soy consciente que estas figuras jurídicas no existen en nuestros marcos jurídicos, pero en el experimento mental filosófico que argumento, podrían auxiliarnos a pensar y diseñar otras categorías para tratar el tema sobre los derechos de los animales, más allá de la persona o el sujeto de derecho tan celadas por los humanos, sobre todo varones, blancos y capitalistas.

Un argumento para justificar elaborar un recurso jurídico similar a la manumisión es pensar en el bienestar de la mayoría de todos los animales que habitamos esta biosfera a partir de la concepción de una justicia distributiva donde todos somos importantes y necesitamos realizar nuestros intereses evolutivos. Esta justicia distributiva estará amparada por el derecho natural animal, basado en las evidencias sobre la sintiencia, conciencia y afectividades animales, así como el daño medioambiental y de salud pública que acarrea el continuar desplazándolos de sus territorios, consumiéndolos a gran escala o domesticándolos para beneficio individual de quienes viven en las grandes ciudades industriales del planeta.

Entonces, al igual que los libertos antiguos, apelando al derecho natural animal de Ulpiano, al principio *alterum non laedere* y a la idea de justicia distributiva, los animales podrían llegar a ser categorizados como ingenuos. La relevancia de analizar esta figura jurídica antigua, inexistente hoy, radica en incitar a la reflexión y a la posible creación de similares formas de manumisión en el derecho moderno. Teniendo la manumisión animal como fundamento de validez, se podría considerar el siguiente proceso argumental para los derechos de los animales en los sistemas jurídicos de la actualidad:

- que una cosa *(res)* en el derecho, no siempre permanece como tal, sino que han existido formas jurídicas como la manumisión que posibilitaron la desobjetivación de esas «cosas» como fue el caso de los esclavos;
- que la misma importancia que se le ha otorgado a la idea elaborada y escrita en el *Digesto* sobre la existencia de un derecho natural que comprende a todos los humanos, se le debe otorgar a la definición de Ulpiano sobre el derecho natural para desobjetivar y crear derechos que incluyan a todos los animales;
- que es contradictorio categorizar a seres sintientes como cosas, porque las evidencias, pruebas e investigaciones sobre la sintiencia y subjetividad en otros animales no humanos existen, por lo que una forma de manumisión podría ser la vía para desobjetivarlos;
- que el derecho tiene como una de sus pretensiones ser justo y en la actualidad el maltrato, uso y abuso que padecen millones de animales no humanos queda en cuestión, tanto por las evidencias científicas de su sufrimiento, como por las alternativas que existen en las ciudades para dejar de usarlos.

La moderna estructura del saber jurídico vigente amparado en el iusnaturalismo humanocéntrico y el positivismo jurídico, han agotado sus recursos conceptuales e intelectuales en la trama de la vida humana. Con dificultad avanzan hacia los problemas llamados medioambientales o de la naturaleza. Pero carecen de herramientas filosóficas y jurídicas para tratar en serio el problema de los AnH. «El agotamiento y la crisis del actual paradigma de la ciencia jurídica tradicional (en cualquiera de las dos vertientes antes mencionadas) develan, lenta y progresivamente, el horizonte hacia el cambio y la reconstrucción de paradigmas, modelados por contradiscursos crítico-desmitificadores» (Wolkmer, 2017: 20-21). La miseria del derecho actual, en lo que concierne a la justicia para los AnH, nos obliga a alzar la mirada más allá de ese derecho para elaborar estos contradiscursos.

6.4. EL INGENUO NO HUMANO Y LA LIBERACIÓN ANIMAL

La descripción de la figura del esclavo en la antigua Roma se enmarca en el sometimiento y en ser propiedad de alguien. Este hecho es reconocido por una norma jurídica que otorga un poder superior al propietario y una valoración menor o nula a la *res,* a la *res mancipi* o a la *res nullius:* el esclavo. Las formas de apropiación de las cosas son diversas, pueden encontrase estas disponibles *(res nullius),* por lo que, aunque un esclavo viviera «libre» (como los toros de lidia, las gallinas criadas en piso o los gatos domésticos de hoy) esto no significaba que dejara de ser propiedad de alguien.

El recurso jurídico de la manumisión, inexistente en nuestros marcos jurídicos, resultó relevante en otras épocas porque desobjetivizó a los humanos considerados *res;* acortó la brecha entre ingenuos y esclavos; posibilitó el reconocimiento de cierta igualdad y rechazó la crueldad hacia los esclavos, a través de positivar algunas normas de bienestar para estos. En el caso de los AnH, el desobjetivarlos jurídicamente implica en buena medida reconocerlos como seres sintientes en el ámbito del derecho. Sin duda este sería un paso importante para menguar la crueldad hacia ellos, pero sería insuficiente porque, como el caso de los libertos antiguos, estaría aún bajo potestad de los amos.

Para superar esta condición habría que crear una figura como la del ingenuo en el mundo clásico.

El ingenuo, si había sido esclavo y recobraba su libertad, no era considerado nuevamente como ingenuo sino como liberto (Ulpiano, 2015: D.1,5,5 2-3). Solo en casos donde el ingenuo consigue su libertad *iure postliminii* queda ingenuo. En el caso de los AnH podríamos elaborar derechos a partir de una forma de manumisión para todos aquellos animales que han sido domesticados o capturados. Pensemos en los que se encuentran en los zoológicos o circos. Si recobrasen su libertad serían considerados de manera similar al liberto, pues la mayoría de ellos son incapaces de sobrevivir en estado silvestre. Incluso, los animales que viven «libres» (gallinas, toros de lidia, caballos) no podrían ser considerados como ingenuos-animales, si no han sido previamente desobjetivados en el ámbito jurídico. En ese estado continuarían siendo *res nullius,* porque pueden ser apropiados en cualquier momento. También las llamadas especies en peligro de extinción, se encuentran bajo la categoría jurídica de *res*. Pero aquellos animales que nacieron libres podrían categorizarse de manera similar a los ingenuos, atendiendo el *iure postliminii,* así como aquellos animales que hubiesen conseguido escapar y pudieran sobrevivir por sus propios medios.

Entonces, la ruta de la liberación animal comenzaría con la desobjetivación jurídica de todos los animales. Esto permitiría a través de alguna forma de manumisión, categorizarlos de manera similar a los libertos. También, un decreto como el *iure postliminii* podría usarse para categorizar animales de manera similar al ingenuo. Todo esto a la luz de la construcción de un derecho natural animal y del principio *alterum non laedere,* fundado, no en creencias metafísicas o religiosas como el derecho natural humanocéntrico, sino en pruebas científicas de la sintiencia, conciencia y afectividad animal, así como en las actuales innovaciones que existen para dejar de utilizar a los AnH como mercancías (carne, bolsos, artículos procesados, investigación) y una concepción de justicia distributiva de la que todos los animales participamos.

Desde luego que en el ejercicio por analogía que hago, existen límites. De ahí que la imaginación jurídica tendría que aplicarse a buscar maneras de resolver pequeños inconvenientes a la hora de fundamentar normas. Por ejemplo, el ingenuo romano es *cives optimo iure,* ciudadano de pleno derecho. Es obvio que los AnH no pueden acreditar esta categoría dentro de nuestras instituciones. Sin embargo, si apelamos nuevamente a la definición de Ulpiano sobre el derecho natural animal, estos podrían realizar sus intereses evolutivos plenamente en estado silvestre, contarían con una forma de agencialidad entre sus congéneres. De esta manera podrían ser considerados de manera similar al ingenuo.

De esta forma, así como la función del *cives optimo iure* se materializa en realizar diversos derechos propios y óptimos *(ius suffragii, ius honorum, ius provocation),* los animales categorizados de manera semejante al ingenuo solo podrán gozar plenamente de sus derechos o mejor dicho de sus intereses, cuando cuenten con la libertad plena. El derecho natural animal prodría alcanzar la justicia, una vez que todos los animales realicen de manera libre sus intereses y no estén bajo el dominio de los humanos. De lograrse esta justicia, la teoría del derecho natural tradicional que supone que existen tendencias comunes a todos los humanos (Bobbio, 2018: 197), extendería lo común a todos los animales porque los humanos son solo una especie animal entre otras. Se comprendería que cada especie tiene sus propios intereses. Si el interés de los humanos es la perfección de su naturaleza, aquello que consideran el bien, según el derecho natural animal, este no podría ser a costa de los demás animales. Si es verdad lo que supone el derecho natural tradicional, que los humanos «están impulsados por una suerte de interior necesidad a hacer, llegado el caso, lo acertado, lo justo» (Kelsen, 2010: 32), no veo por qué no podría aceptarse el derecho natural animal.

En suma, el trabajo filosófico de Ulpiano nos abre el horizonte del iusnaturalismo y permite argumentar rutas jurídicas para construir derechos de los animales. Aunque las figuras de esclavo, liberto, ingenuo y la manumisión son inexistentes hoy, podemos apoyarnos en sus descripciones y justificarlas desde su significado jurídico. Quienes cuestionen de anacronismo estas rutas, basta recordarles que en la actualidad los animales son categorizados jurídicamente como *res,* tal como los definió el derecho romano hace siglos. Si hoy continúa en funciones una categoría jurídica tan antigua, ¿por qué no podrían cumplir algunas funciones similares a las de esclavo, liberto o ingenuo? Reitero: lo relevante sería darles a estas funciones una significación jurídica con la finalidad de que, a través de algunas formas de manumisión, los animales sean desobjetivados al igual que lo fueron los esclavos en la Roma antigua. La definición del derecho natural de Ulpiano podría fungir como la base para teorizar, argumentar y fundamentar la idea de un derecho natural animal, como lo fueron las definiciones sobre el derecho natural de los estoicos o cristianos enmarcadas en la postura humanocéntrica.

Los AnH no son reconocidos por las instituciones vigentes como sujetos de derecho, personas o sujetos reflejos de obligación. A pesar de las evidencias científicas y argumentos filosóficos sobre la sintiencia, conciencia o subjetividad de los AnH, estos continúan bajo la categoría de *res.* En algunas ocasiones se les ha descrito como seres sintientes, pero sin que esto signifique su juridificación como personas o sujetos de derecho. El tema sobre los derechos de los animales no pocas veces es minimizado por la postura jurídica humanocéntrica, la cual ignora los análisis jurídicos de Hans Kelsen que permiten justificar la creación de obligaciones ante aquellos y la historia de los juicios jurídicos a algunos animales en la Edad Media.

No son pocos, quienes hoy piensan y practican el derecho, los que ignoran que los AnH alguna vez fueron considerados sujetos con personalidad jurídica, al menos para ser juzgados por delitos (Bondeson, 2000: 185); que adjudicar la categoría de *res* a alguien no significa que esta situación deba permanecer para siempre pues está el caso de los esclavos que eran considerados *res* y en algún momento de la historia fueron desobjetivados; que el derecho natural es una construcción jurídica no una elección divina; y que este derecho no es exclusivo de los humanos. Ignorar todo ello, hace mísero el derecho.

A lo largo de los capítulos demostré que todo lo anterior no solo es debatible sino cuestionable. Al hacer una historización de los fundamentos de la moral y el derecho de Occidente se puede mostrar el núcleo humanocéntrico que subyace en las ideas comunes sobre el derecho natural y el contenido normativo de los sistemas jurídicos de la actualidad. Cuestioné que el término «natural» en el derecho sea considerado cuasirreligioso o metafísico a partir del análisis iusteórico de la *Teoría pura del derecho* de Hans Kelsen. Con ello argumenté que cualquier derecho, incluso el derecho natural, es una construcción teórica y conceptual que se elabora en la historia concreta de los pueblos. Fue esta ruta la que me permitió utilizar la definición del derecho natural de Ulpiano para elaborar el experimento mental filosófico sobre la construcción de un derecho natural animal.

Mi argumentación tiene como finalidad comprender que todas las figuras jurídicas están situadas dentro del movimiento histórico que las engendra, pero que a la vez estas tienen su función y descripción al margen de cualquier ideología, esto es, no son sustancias sino constructos sociales. Esta es la razón por la que me atrevo a des-antropomorfizar el concepto romano de persona; o a recurrir al análisis iusteórico positivista de Kelsen sobre los deberes ante los animales; o a sacar conclusiones sobre los juicios a animales en la Edad Media en cuyos procesos se otorgó a estos personalidad jurídica (Bondeson, 2000: 185). Desde luego que no concibo el derecho derivado de categorías abstractas independientes de las relaciones históricas reales. Precisamente por ello argumento que el contenido de este no es sustantivo, sino que se ha construido no desde el «movimiento de la razón pura», sino en plena lucha intelectual y política.

Sin embargo, soy consciente que los «éxitos» del derecho hasta ahora solo han comprendido la esfera de la existencia humana por lo que no ofrecen rutas seguras para desobjetivar a otros animales. Esto me incita a pensar en nuevos espacios normativos y modelos de referencia que posibiliten relaciones más respetuosas hacia los AnH. Por esta razón, en el siguiente y último capítulo enfatizo que las categorías jurídicas son expresiones teóricas de las relaciones de producción en que se encuentran situadas. Esto explica por qué en la actualidad las categorías jurídicas (*res,* bienes, propiedades) impuestas a los animales, están en armonía con las relaciones industriales vigentes donde impera la ideología del sobreconsumo y la acumulación de capital. Estas mismas categorías se fortalecen con la ciencia del bienestar, la cual postula que los animales son medios para fines humanos. Por esto sostengo que el derecho fortalece y normaliza con la objetivación animal, el valor de cambio de los animales que los cosifica, para ser concebidos mercancías dentro de las sociedades industriales.

La tesis que defiendo es esta: el derecho actual mantiene una relación estrecha con el modo de producción capitalista. En términos de Karl Marx sigue siendo una superestructura. En las sociedades capitalistas la riqueza se presenta como un enorme cúmulo de mercancías (Marx, 2016: 43), en estas, el derecho, objetiva a los animales legalizando las distintas formas de su producción y consumo. Si en sus figuras jurídicas el derecho desobjetivara a los animales, esto es, los juridificara como personas, sujetos de derecho o bajo otra categoría que implique el respeto de derechos básicos como la vida o la libertad, esto tendría consecuencias enormes en el mercado capitalista.

Por todas estas razones, en el siguiente y último capítulo se atenderá el tema del derecho y los derechos de los animales a la luz de la liberación animal. Se trata de una concepción sobre la liberación animal que tiene las siguientes consideraciones:

i) que existen otras formas de regular nuestras relaciones con los AnH más allá del derecho estatal;

ii) que el respeto por la vida y libertad de los AnH no tiene su base solo en las evidencias científicas de las capacidades de estos (sufrimiento, conciencia, subjetividad, intereses);

iii) que el antropomorfismo hacia «los otros animales» no es la base para otorgar o negarles derechos;

iv) que tanto la objetivación jurídica como la cosificación capitalista y el humanocentrismo son ideologías que deben erradicarse para construir nuevas relaciones, concepciones y prácticas a favor de los animales, incluidos los humanos;

v) que una teoría crítica enmarcada en la negatividad puede contribuir a pensar otras formas de cohabitar esta biosfera con otras especies.

CAPÍTULO 7
Repensar otro derecho para los animales a la luz de la liberación animal

7.1. El derecho en el capitalismo y su relación con los animales no humanos

El tema sobre los derechos de los animales se enfrenta a diversos obstáculos teóricos e ideológicos enmarcados en concepciones humanocéntricas. Casi todas las categorías o conceptos del derecho como el de persona o sujeto de derecho, comúnmente se enlazan con la metáfora antropomórfica imposibilitando su aplicación a otros individuos que no pertenezcan a la especie humana. Aunado a esto, la categoría de *res,* impuesta a los animales en diversas normatividades jurídicas, posibilitó su objetivación y con ello la hicieron legal. Esta, se considera un derecho humano incuestionable, porque los animales forman parte de las cosas consideradas bienes, propiedades o cosas al servicio de los humanos.

Estos obstáculos para juridificar a los animales como personas o sujetos de derecho no solo radican en que estos se enmarcan en la metáfora antropomórfica y en las fuentes humanocéntricas del derecho. También se debe a que las categorías jurídicas que objetivan a los AnH están en sintonía con las relaciones capitalistas actuales.

El capitalismo al cosificar a los AnH, se vale de la objetivación dada en el ámbito jurídico para normalizar el desprecio de aquellos a través de su uso, abuso y apropiación a gran escala. Esto da como resultado un consumo y producción desmesurado de mercancías-sintientes.

Ahora bien, la objetivación es la categorización jurídica de los animales como *res,* que se materializa en la apropiación, uso y abuso legal. A su vez, permite que los concibamos como seres inferiores y medios disponibles a nuestro servicio. Por eso los tratamos con desprecio moral y jurídico. Esta objetivación se ha extendido y normalizado a lo largo de la tradición occidental. Con el arribo de las sociedades industriales capitalistas dicha objetivación dio paso al fenómeno de la cosificación animal.

Georg Lukács usó la categoría de cosificación para explicar cómo «una relación entre personas cobra carácter de una coseidad y, de este modo una objetividad fantasmal que con sus leyes propias rígidas, aparentemente conclusas del todo y racionales, esconde toda huella de su naturaleza esencial, el ser una relación entre seres humanos» (Lukács, 1985: 8). De manera análoga, al interior de las sociedades industriales capitalistas, los AnH que se utilizan y nombran como mercancías cobran el carácter de una coseidad (Lucano, 2017: 52). Entran en una relación mercantil que se manifiesta conclusa y racional: un animal equiparable a una cosa, a una mercancía, entra en relación con un animal humano que «satisface sus necesidades». Se esconde en esta relación el vínculo entre animales, entre animales de distintas especies, entre seres capaces de sufrir daños físicos y psíquicos.

En el capitalismo, como lo demostró Karl Marx, las relaciones sociales entre sus miembros se establecen no entre humanos, sino entre poseedores de mercancías. Los AnH al ser mercancías son solo valor de cambio. Ningún rastro queda del valor de uso que las sociedades precapitalistas otorgaban a un caballo, buey, mula o elefante. En el capitalismo los animales son considerados como cualquier otra mercancía en el momento en que se conciben como objetos inter-cambiables: dinero o capital (Lucano, 2017: 43).[1]

Los AnH son categorizados como mercancías en los marcos jurídicos porque su valor se determina por su utilidad. Extendiendo una idea de Marx a la cuestión aquí planteada, en el sistema capitalista esa utilidad es transformada en valor de cambio en el momento en que la corporeidad del animal-mercancía, esto es, sus propiedades sensibles, se esfuma (Marx, 1985: 47). De ahí que los animales-mercancías cuando son concebidos como valores de cambio, su dolor y sufrimiento se abstraen, invisibilizan y se presentan acríticamente como necesarios. O bien son vistos como cosas, productos, dinero o capital, como bien lo expresó Marx para el caso del fetichismo de la mercancía (Marx, 1985: 62).

Para el caso de los AnH que se utilizan como productos, mercancías o instrumentos aparecen como iguales, indiferenciables, idénticos, repetibles, etcétera, porque se abstrae su corporeidad, son portadores de valor y pueden equipararse con cualquier mercancía. Todos son vistos como mercancías (producto, chaqueta, comida, instrumento de investigación), esto los desindividualiza, cosifica y aleja de toda reflexión ética (Lucano, 2017: 43-44).

La cosificación animal tuvo como antecedente la objetivación jurídica, por ello ahora las relaciones con otras especies dentro de la lógica capitalista no solo se establecen como *res,* sino como mercancías, como objetos redituables, vinculados estrechamente a las necesidades mercantiles del capital: crear y aumentar la riqueza. Tanto la objetivación jurídica como la cosificación coinciden en que los AnH son medios, pero sin duda la cosificación «revela con mayor crudeza el carácter deshumanizador y deshumanizante de la relación mercantil» (Lukács, 1985: 18). Con esta, los animales son reducidos a mercancías y esto posibilita la abstracción de su corporeidad. De ahí que el sufrimiento que padecen los animales-mercancías dentro de las industrias,

---

[1]   Para más información sobre el tema del valor de cambio en los AnH, revisar Lucano (2017).

como la ganadera, no puede considerarse relevante ni para el que acumula riqueza a través de su mercantilización, ni para quien consume o adquiere parte de su cuerpo, porque la abstracción de una categoría como lo es la mercancía nos aleja de pensar lo concreto como el dolor o sufrimiento animal.

El animal solo se nos presenta —a través de las normas jurídicas y la publicidad capitalista— como un producto, no como un ser específico, único e irrepetible. A esto se suma una objetivación histórica, socialmente normalizada y legalizada, que se traduce comúnmente en la ausencia de implicaciones morales o jurídicas. La mercancía, al ser un concepto abstracto y aplicarse a los AnH, impide que la razón la relacione con un ser vivo capaz de experimentar sufrimiento, tener experiencias de vida o intereses, por lo tanto, evita que sea referente de nuestra propia animalidad, de nuestras experiencias desagradables y de nuestros deberes morales con el otro igual (animal) y diferente a mí (humano).

Ahora bien, el derecho legaliza la cosificación de los animales a través de categorizarlos como bienes, cosas o propiedades, otorgándoles diversos valores económicos. Por ejemplo, la legalización del consumo de una especie animal (aves de corral, porcinos, bovinos, peces) trae consigo un valor económico distinto al que tiene un animal considerado jurídicamente como una plaga (roedores, insectos, algunas aves). A los primeros se les otorga un valor económico que supone estandarización con las demás mercancías, pero el derecho crea normas para proteger a las mercancías, no al animal en cuestión. De ahí que, en México, la Ley Federal de Sanidad Animal en su artículo 24 señale que

La importación de las mercancías que se enlistan a continuación, queda sujeta a la inspección de acuerdo a las disposiciones de sanidad animal aplicables y a la expedición del certificado zoosanitario para importación en el punto de ingreso al país. I. Animales vivos; II. Bienes de origen animal [...] IV. Cadáveres, desechos y despojos de animales [...] VII. Vehículos, embalajes, contenedores u otros equivalentes en los que se transporten las mercancías mencionadas.

De esta forma, el valor de cambio, la cosificación o reducción a meras mercancías de los animales están protegidos y normalizados por el derecho. El animal vivo al igual que el cadáver de otro, sus partes o sus productos, son equivalentes a los vehículos, embalajes o contenedores; todos ellos son mercancías, valores de cambio que producen riqueza. Los animales considerados plagas no son equiparables a las mercancías, por lo que su aniquilación, bajo esta lógica, resulta necesaria para proteger las ganancias que genera el animal-mercancía. El derecho también regula esta aniquilación creando diversas normas, siendo una de las atribuciones de la Secretaría de Agricultura y Desarrollo Rural (SADER) en México. En La Ley Federal de Sanidad Animal la fracción XVI del artículo 6 señala: «Realizar diagnósticos o análisis de riesgo, con el propósito de evaluar los niveles de riesgo zoosanitario de una enfermedad o plaga a fin de determinar las medidas zoosanitarias que deban adoptarse».

Tanto el derecho vigente como la lógica capitalista conforman dos formas de desprecio a los AnH: objetivación y cosificación. Aunque son arbitrarias construcciones ideológicas, mientras que la animalidad o la sintiencia hechos reales, de manera extraña, socialmente las primeras aparecen como hechos reales y la animalidad o sintiencia de manera contingente. Esto es posible por los aparatos ideológicos que el derecho y las instituciones que sostienen el modo de producción capitalista producen. Uno de esos aparatos es la ciencia del bienestar.

En el cuarto capítulo, revisamos la relación y compromiso que tiene la ciencia de bienestar con la postura humanocéntrica y algunas organizaciones internacionales que promueven la normalización del uso de animales para fines humanos. Una conexión que existe entre la ciencia del bienestar, el derecho y la ideología capitalista, es el acuerdo de que los animales son medios y no fines. Suponen que podemos mantener deberes indirectos con ellos, por esta razón se piensa y promueve socialmente, que lo único a lo que se puede aspirar es a evitar la crueldad hacia los animales, pero no a una consideración que respete sus vidas porque no son fines. Esta supuesta «no crueldad» presenta a la ciencia del bienestar, al derecho y a la ideología capitalista, como las únicas y apropiadas vías para crear los derechos de los animales. De las tres, emanan propuestas para dar «soluciones» al maltrato o crueldad animal. Los derechos de los animales se abordan, generalmente, ajustándolos a los estándares jurídico-científico-económicos humanocéntricos y capitalistas. La producción y el consumo de animales se regula y rige bajo un acuerdo derivado de esos estándares, invisibilizando la raíz del daño y la crueldad hacia los animales, como son los efectos de la objetivación y cosificación.

Si bien es cierto que los animales pueden ser descritos como seres sintientes por la ciencia del bienestar, esto no significa que sus vidas deban respetarse; y, de igual manera, el derecho los describe como seres sintientes o seres sensibles, pero no los juridifica como sujetos de derecho o personas, lo que significa que podemos continuar apropiándonos de sus cuerpos y de sus vidas. Para la lógica capitalista la conclusión que ofrece la ciencia del bienestar y el derecho es idónea para justificar, normalizar la sobreproducción, sobreconsumo de animales y sus derivados.

La crítica a la relación entre derecho y capitalismo en materia de los derechos animales debe tomarse en serio. Sobre todo, porque ambas son procesos históricos, no destinos inamovibles. El derecho es una construcción humana que puede modificarse o transformarse a favor de los animales. A su vez, el capitalismo es una formación social basada en la producción privada, la explotación del trabajo vivo y la acumulación de capital. No es una formación social eterna. Esto quiere decir que la lucha por los AnH es también anticapitalista y proderechos, pero lo más importante, se entiende que podemos crear nuevas formaciones sociales para dejar atrás la objetivación y cosificación animal.

La crítica al derecho y su relación con el capitalismo requiere pensar y construir un «derecho alternativo», más allá del modelo de organización institucional de Estado burocrático-nacional, que busque e implemente valores insurgentes, engendrados a partir del reconocimiento del «otro» en una dimensión radical no humanocéntrica, priorizando el respeto por la vida de quienes habitamos esta biosfera. La actual condición intelectual del derecho con respecto a los AnH es mísera. Desdeña hechos tan evidentes como la sintiencia, afectividad y conciencia existentes en otros animales, así como el daño a la salud pública y al medioambiente vinculado con la producción y consumo excesivo de animales.

A su vez, se mantiene en la contradicción histórica al considerar a los animales como *res,* a pesar de las evidencias científicas. Esta contradicción teórica y epistémica que genera cotidianamente daño a millones de animales manifiesta una contradicción interna: el derecho, al menos en el caso de los AnH, olvida uno de sus objetivos más nobles: la justicia. También, el derecho, al tomar una postura humanocéntrica no es objetivo sobre el uso de categorías y fuentes con respecto a los AnH. Muy al contrario del trabajo intelectual de Hans Kelsen, olvida otro de sus fines: ser imparcial. Luego, al vincularse con el capitalismo, legaliza la cosificación normalizando e incrementando el daño innecesario a millones de animales.

Ante esto, es necesario comenzar un trabajo intelectual y práctico de desobjetivación y descosificación de los AnH. Es necesario hacer política[2] guiada por diversos saberes que pongan en cuestión las ideas y prácticas del derecho, en la ciencia del bienestar y en el modo de producción capitalista. Este modo de producción es un peligro para todos los que habitamos el planeta. En los últimos tres siglos ha generado una crisis medioambiental sin precedentes, una crisis alimentaria, ha provocado la extinción de miles de especies y ha incrementado el sufrimiento de animales humanos y no humanos a gran escala. El motor que hace posible esta barbarie es el fetiche de la propiedad privada del que los AnH también son parte.

---

[2] La política entendida como la unión entre la acción y el discurso, una subversión ante el orden establecido que genera violencia, barbarie o injusticia. El sujeto político, en este caso se guía por diversos saberes —filosóficos, jurídicos, sociológicos, medioambientales— sobre los animales, para unir el ser con el deber ser. Por poner un ejemplo: el predicado sobre el dolor o sufrimiento animal se traduce para el sujeto político en un deber de justicia: esto es, una cuestión política.

7.2. El imperio de la propiedad privada sobre la vida de los animales

Desde los tiempos antiguos en Occidente, los animales han sido considerados propiedades. Como mostré en el segundo capítulo, el concepto de propiedad se vinculó a la noción metafísica de naturaleza desde una postura humanocéntrica. La idea de naturaleza suponía que la propiedad, estaba basada en un orden o en una determinación natural. No es casualidad que una de las formas más rudimentarias que se vinculan con la apropiación para generar riqueza fue el *pecus* o posesión de rebaños (Petit, 2013: 169). Esto era así porque existía la idea antropocéntrica que suponía que los humanos (varones) eran los *dominium* (Pipes, 2002: 32) del mundo.

De hecho, el ganado «desempeñó las funciones de dinero y sirvió como tal en aquellas épocas» (Engels, 2017: 87). Los animales, específicamente el rebaño o ganado, funcionaron como mercancías, como cosas apropiables, como partes de la propiedad humana, que generaba riqueza. Pero si bien el propietario lo era a partir de un derecho propio o en virtud de su carácter de jefe hereditario de una *gens,* lo cierto es que no debemos confundirlo con el propietario en sentido moderno (Engels, 2017: 20). La apropiación sistemática de los animales provocó en buena medida su legalización (Madrazo, 2016: 66), pero estaba muy lejos de ser la propiedad privada que se construyó en los procesos ideológicos y materiales de la modernidad.

El concepto de propiedad privada se gesta junto al nacimiento del Estado moderno y el derecho privado. Tuvo como uno de sus creadores intelectuales a John Locke.[3] Es sabido que para Locke la propiedad

---

[3]   «El libro de Locke se centra en la propiedad como la fuente y *raison d'être* de todo gobierno. Muchos analistas han sostenido que Locke usa el término de propiedad en dos sentidos; unas veces en el sentido estricto de activos materiales (bienes), y en otras ocasiones en el sentido amplio de los derechos generales, tal y como se establecen en el Derecho Natural. Sin embargo, un estudio más profundo revela que él usa el concepto, de forma coherente, en su última acepción, es decir, en su sentido más amplio. Como dice en cierta ocasión: "Cuando utilizo la palabra propiedad, aquí y en otros momentos, se debe enten-

representa un derecho natural e individual por lo que es un derecho inviolable (Bobbio, 2002: 26). Por su parte, la teoría del Estado moderno tiene su raíz en la filosofía política de Maquiavelo a Hegel. Sobre estas bases teóricas se construyó el tema de los derechos civiles y humanos. La propiedad, al ser considerada como un derecho natural, pasó a conformar parte de los derechos positivados establecidos por el Estado. El Estado no solo se pensó como el poseedor del poder para establecer normas reguladoras de las relaciones sociales, sino que, además, las normas establecidas por este son consideradas como jurídicas, ya que son las únicas que se respetan gracias a la coacción del mismo. Y en este momento, deja de tener valor el derecho natural, y el único derecho que vale es el civil o estatutario (Bobbio, 1998: 52). De esta forma, la idea de la propiedad como un derecho natural y positivado se justificó a través de diversas concepciones, entre ellas, la idea de progreso, este último también como parte de la naturaleza humana. Se pensaba que a medida que el hombre se desarrolla, se vuelve más apegado a lo que posee, en una palabra, más propietario (Thiers, 1844: 39).

En el mundo moderno los AnH ingresaron al contenido de la noción de propiedad privada en su forma jurídica y en la estructura del modo de producción capitalista. En un lenguaje convencional, se postula que forman parte fundamental de la economía y la riqueza material de las naciones. En el derecho civil son parte fundamental de la propiedad de quien lo acredite. Son bienes protegidos por la ley. Aunque retóricamente se diga que conforman parte de la naturaleza, en realidad forman parte de las relaciones de producción, intercambio, distribución o consumo del mundo, basado en la propiedad privada. El derecho define a la propiedad privada como:

> el dominio excluyente de una persona sobre una cosa, definición mediante la cual es distinguida de los derechos a exigir algo, fundantes solamen-

---

der aquella propiedad que los hombres tienen sobre sus personas, así como sus bienes". Esto es, vida, libertades y patrimonio. La esfera que en latín le llama *suum* y en español propiedad, en la que cada ser humano es soberano» (Pipes, 2002: 60).

te de las relaciones jurídicas personales. Esta distinción, importante para la sistemática del derecho burgués, tiene un notorio carácter ideológico. Dado que el derecho, como sistema social, regula la conducta de los hombres en su relación —inmediata o mediata— con otros hombres, la propiedad no puede consistir, jurídicamente, sino en determinada relación de un hombre frente a otros hombres, a saber: en la obligación de éstos en no impedir la disposición que éste haga de determinada cosa, sin intervenir de ninguna manera en sus actos de disposición. Lo que se designa como dominio exclusivo de una persona sobre una cosa, consiste en la exclusión estatuida por el orden jurídico de todos los demás de la disposición de la cosa. El «dominio» del primero no es jurídicamente más que el reflejo de la exclusión de los otros (Kelsen, 2007: 143-144).

Esta idea sobre el derecho a la propiedad privada afecta de manera directa a millones de animales,[4] y se agudiza la situación con el establecimiento de la ideología capitalista, esto es, los animales al igual que la naturaleza son vistos como materia[5] que cumplen fines determinados.

Los contenidos de estos fines, siguiendo a Marx, no solo son histórico-sociales, sino también están condicionados por la estructura de la materia misma. De esta forma, según la especie animal (su estructura material) y su fin establecido socio-históricamente (como alimento, compañía, productor o reproductor) proporcionan diversas posibilidades de utilidad, de producción y consumo. Así, los:

poseedores de mercancías [...] deben relacionarse mutuamente como personas cuya voluntad reside en dichos objetos, de tal suerte que el uno, sólo con acuerdo de la voluntad del otro, o sea mediante un acto voluntario común a ambos, va a apropiarse de la mercancía ajena al enajenar a la propia. Los dos, por consiguiente, deben reconocerse uno al otro como

---

4   Por ejemplo, en México en el Código Civil Federal, Título Cuarto, «De la propiedad», en su Capítulo II, titulado «De la Apropiación de los Animales», que van del artículo 854 al 874, se establecen una serie de formas y vías legales para apropiarse de ellos.

5   Para Marx, la materia no la ha creado el ser humano, lo que llega a crear es toda capacidad productiva de la materia solo bajo el presupuesto de esta (Marx, 1985).

propietarios privados. Esta relación jurídica cuya forma es el contrato, es una relación entre voluntades en la que se refleja la relación económica (Marx, 1985: 103).

La propiedad que se tiene del animal-mercancía se establece como una relación jurídica dada por la relación económica misma, a partir del supuesto de que el animal es un valor social, una mera existencia natural, o una materia que forma parte del proceso productivo. Parafraseando a Marx, el valor del animal queda expresado en el cuerpo de la mercancía denominado como bistec, jamón, chaqueta, bolso, etcétera; en otras palabras, en cuanto valor de uso el animal es una cosa sensorialmente distinta del bistec, jamón, chaqueta o bolso, pero en cuanto valor es igual a ellos (todos son valores de cambio) y, en consecuencia, el animal tiene el mismo aspecto que el bistec, jamón, chaqueta o bolso (Marx, 1985: 64).

Ahora bien, el valor de intercambio de una mercancía no contiene absolutamente ningún material natural, porque es producto humano, de una fuerza de trabajo. Este valor es indiferente respecto a las cualidades naturales del animal, su determinación como mercancía se establece socialmente mediante la producción. Las propiedades naturales de los animales-mercancías se diferencian cualitativamente de los animales aún no cosificados, de todos aquellos que no han sido sometidos a la actividad humana, siendo la forma de valor de las mercancías una forma socialmente vigente, por lo que la magnitud del valor de la mercancía es la que rige las relaciones de intercambio (Marx, 1985: 78). Los animales-mercancías entran en una relación basada en la enajenación con los propietarios, su ontología de seres sintientes es ajena y lo que importa es que son valores sociales vigentes: animales-mercancías enajenables, y la repetición constante de intercambio hace de estos animales-mercancías un proceso de intercambio mercantil social regular.

El derecho, al consagrar la propiedad privada como un derecho subjetivo, instauró las bases para que el modo de producción capitalista a través de la cosificación animal normalizara y generalizara toda forma de mercantilización de los cuerpos de otros animales. Los propietarios basados en la lógica capitalista son ajenos —casi siempre— a cualquier vínculo emotivo con los animales, porque estos conforman parte del incremento de la riqueza. De esta forma, «No es difícil de entender por qué la ideología de la subjetividad se liga al valor ético de la libertad individual, al valor ético de la personalidad autónoma, cuando en esa libertad se incluye siempre la propiedad» (Kelsen, 2007: 181).

El animal-mercancía aparece como igual, idéntico o repetible a cualquier otro animal-mercancía, incluso a cualquier otra mercancía. Su vida, dolor o sufrimiento en sí mismos son ajenos al proceso de producción capitalista. La propiedad privada «santificada» que prima sobre ellos no permite dar cuenta de las acciones brutales que pueden padecer, una crítica a la propiedad privada sobre ellos resulta profana:

> Se ha pretendido justificar la palabra *abusar* diciendo que significa, no el abuso insensato e inmoral, sino solamente el dominio absoluto. Distinción vana, imaginada para la santificación de la propiedad, sin eficacia contra los excesos de su disfrute, los cuales no previene ni reprime. El propietario es dueño de dejar pudrir los frutos en su árbol, de sembrar sal en su campo, de ordeñar sus vacas en la arena, de convertir una viña en erial, de transformar una huerta en monte. ¿Todo esto es abuso, sí o no? En materia de propiedad el uso y el abuso se confunden necesariamente (Proudhon, 2005: 43).

El derecho a la propiedad privada sobre la vida de seres sintientes, conscientes, afectivos, vinculado al fenómeno de la cosificación, posibilita el actual y excesivo dolor y sufrimiento que viven millones de animales.[6] Por estas razones es que «ahora es la misma propiedad sobre la que tenemos razones para considerarla como amenaza contra la posibilidad misma de la vida» (Laval y Dardot, 2015: 24-25).

---

[6] Sobre las diversas formas en que se usa y abusa de los animales-mercancías, revisar Lucano (2017).

7.3. LA NEGACIÓN COMO CRÍTICA A LA APROPIACIÓN SOBRE LOS ANIMALES

La unión entre la cosificación capitalista (que convierte en mercancías a los animales) y la objetivación jurídica (que legaliza la apropiación, uso y abuso de los animales) se lleva a cabo dentro de un contexto socio-histórico como es el capitalismo. Karl Marx en el primer capítulo de *El capital* mostró los misterios que encierra la estructura de la mercancía, así como su necesaria existencia dentro de las sociedades capitalistas. Para Marx, el cúmulo de mercancías que domina en estas sociedades se traduce como riqueza (Marx, 1985). Extendiendo este juicio, millones de animales conforman buena parte de lo que se considera mercancía y por tanto riqueza. Sin duda, el derecho a la propiedad privada y la legalidad de la objetivación animal son factores relevantes que dificultan crear leyes abolicionistas en torno a la apropiación, uso, abuso y matanza de millones de animales.

El derecho, al encontrarse enmarcado dentro de este modo de producción, da cuenta en sus diversas normas que tenemos ciertos deberes indirectos hacia los animales, lo que se traduce, cuando mucho, en normas basadas en el bienestarismo. Normas que prolongan y normalizan la apropiación, uso y abuso de los animales. La crítica a la mercancía en relación con su aplicación a los animales no podía dejar de lado la crítica al derecho, pues la unión entre la objetivación jurídica y la cosificación capitalista agudiza la situación lamentable que padecen millones de AnH. Las relaciones sociales basadas en el intercambio de mercancías son un problema estructural y central de las sociedades capitalistas que afecta a todas las manifestaciones vitales y a las diversas formas de subjetividad, entre ellas las de los animales. Después del análisis crítico realizado en este trabajo, es claro que todo ello se presenta como inadecuaciones de la razón y la realidad.[7]

---

[7] En cuanto a la inadecuación a la realidad revisamos en anteriores capítulos diversos estudios y evidencias sobre la sintiencia, afectividad y conciencia animal, y en cuanto a la inadecuación a la razón revisamos diversos argumentos filosóficos y la propuesta analítica de Hans Kelsen.

En lo que sigue, presento una discusión conceptual necesaria para enfrentar en un nivel teórico la triada que anteriormente hemos criticado: capitalismo, derecho y ciencia del bienestar animal. Se trata de los primeros pasos para pensar de otro modo la liberación animal. De ninguna manera deberá entenderse este esbozo terminado. Es necesario su crítica y enriquecimiento o en su defecto la construcción de otras rutas que abonen la lucha a favor de los AnH.

7.4. ANIMALES NO HUMANOS Y DIALÉCTICA NEGATIVA

El concepto de animal no humano no es la negación de la animalidad humana o su esencia afirmativa. Como la dialéctica negativa que pensó Theodor Adorno, su formulación atenta contra la tradición y es antisistema (Adorno, 2008: 9). En esta dialéctica se desarrolla una filosofía de la no identidad porque se niega a aceptar que pensamiento y realidad coinciden sin más. Es verdad que he dicho que el concepto de animal no humano refiere a la similitud que comparten todos los animales, incluidos los humanos: la animalidad. Pero no se debe olvidar que la animalidad también es un concepto que tiene su punto de partida en las categorías de la filosofía de la identidad. Por tanto, si sigo el camino de una dialéctica negativa debo comprender que esta es partícipe de la lógica de la identidad y por tanto falsa (Adorno, 2008: 143). Para corregir este punto de partida debo seguir el proceso crítico que cuestiona la filosofía sin contemplaciones. La ruta es pensar la no identidad.

El concepto de «lo no humano» es una negación que excluye lo animal de diversas formas del ser y hacer humano. Es decir, en un sentido dialéctico-negativo implica la no adecuación o afirmación de «lo animal» a la multiplicidad de expresiones de las prácticas humanas como el ámbito jurídico o el mercado capitalista. Es parte de un pensamiento crítico negar que lo no humano se afirme en las instituciones y se objetive o se cosifique su contenido. Pensar y nombrar lo no humano es una resistencia contra toda filosofía de la identidad que impone sentido a las cosas. Lo no humano no remite a una cosa, un producto, una propiedad o una mercancía, pero no puede encerrarse en un concepto porque la experiencia de la existencia de cada no humano no se puede conocer por medio del concepto. Este es solo un instrumento del pensamiento y el lenguaje que trata sobre lo no idéntico que lo excede. Además, «lo no humano» tampoco es la simple negación de «lo humano», pues esto significaría volver a la identidad. Esto es lo que he criticado en todas estas páginas: la identidad del pensamiento humanocéntrico que ejerce violencia sobre «lo otro» al ajustarlo dentro de un mundo que es meramente «humano». Con este juicio de la identidad se le obliga a lo no humano a permanecer como «cosa, propiedad, mercancía o incluso como ser sintiente» para ejercer «derecho» sobre él.

En el pensamiento de la identidad «lo humano» significa pensar que es posible conocer la «esencia de lo humano» para negar la animalidad. En efecto, a lo largo de la historia occidental, el empeño por mostrar características distintas entre el animal humano y el no humano se trasladó al ámbito moral y se convirtió en un dogma que establecía la añorada excelencia humana. Había que encontrar lo que era exclusivo del humano, lo que lo distinguía de sus parientes animales. Por ello el concepto de «humano» debía negar u ocultar su animalidad, de otra forma el vínculo con los demás animales sería un peligro latente, era una posibilidad para incluirlos al círculo moral y jurídico.

La negación de la animalidad humana, se materializó en ideas, teorías y prácticas filosóficas, religiosas, jurídicas o morales. Lo no humano debía presentarse inferior y ausente de consideración moral o jurídica. De esta forma los fundamentos e ideologías antropocéntricas y humanocéntricas elaboradas por el derecho han posibilitado, a lo largo de la historia occidental, la normalización de la apropiación, uso y abuso de los cuerpos de millones de animales. La *res* jurídica mostró que era posible la aceptación social de la contradicción evidente entre ser al mismo tiempo una cosa y un humano: esclavo. Lo excelente de lo humano —razón, logos o alma— se negó en los esclavos. De esta forma, la *res* jurídica se estableció como una categoría no equivalente a la excelencia humana. La especie animal *Homo sapiens* al ser reconocidos como *humanos,* dejaron de ser *res,* pero la *res* continuó utilizándose como el distintivo por excelencia entre lo humano y lo no humano.

La afirmación de lo no humano en el derecho, se conoce mejor como la objetivación de los animales no humanos como meras *res.* A pesar de que el concepto de *res* en el derecho mostró su contradicción en el caso humano de los esclavos, el mismo sigue funcionando para categorizar a otros animales que evidentemente no son cosas. La *res* en el caso de los animales no humanos mantiene una autonomía y una esencia incuestionable. La defensa de su autonomía se expresa cuando se niega su vínculo con el contexto histórico-social (la personificación de los animales en la Edad Media, la posibilidad de desobjetivar a las «cosas» como en el caso de los esclavos); cuando no se atienden los datos científicos (la sintiencia, conciencia o afección animal); cuando el concepto de justicia no atiende la realidad actual (la abusiva distribución de derechos y recursos, en las manos de unos cuantos, que afecta a la mayoría que habitamos esta biosfera).

El derecho al conceptualizar a los animales bajo el principio de identidad les objetiva y cosifica, se les determina, se les identifica con nuestros conceptos, vivencias, creencias o percepciones humanas. La identidad que les otorgamos está determinada por nuestros parámetros, este proceso «se la saborea como adecuación a la cosa en ella reprimida» (Adorno, 2008: 144). Se reprime parte de la animalidad del animal, aquella que resulta distinta a la que les otorgamos: la vaca, el cerdo, la gallina se identifican con «la comida» y se reprimen todos los intereses que no se ajusten a esa identidad.

Como bien lo expresa Adorno, «el pensamiento identificador objetualiza por medio de la identidad lógica del concepto. La dialéctica por su lado subjetivo, tiende a pensar que la forma del pensamiento ya no hace a sus objetos inmutables, siempre idénticos a sí mismos; la experiencia niega que lo sean» (Adorno, 2008: 180). Los animales-comida, como cualquier otra comida, se enmarcan dentro de ciertas normas y procesos ya establecidos, el cuidado que se le otorga es en beneficio humano, sea este de salud o económico. La ciencia del bienestar animal tiene presente esta identidad sobre el animal-comida que se traduce en el proceso de producción y consumo en el animal-mercancía.

De esta forma, el derecho niega la animalidad (lo diferente) y afirma «lo no humano» del animal (la identidad capitalista que objetiva y cosifica a lo diferente), niega su animalidad (ser sintiente) en sus normatividades a través de sus conceptos ya dados (*res,* bien, propiedad) y en su vínculo con el capitalismo (mercancía). Afirma lo no humano del animal cuando institucionaliza, conceptualiza y determina las experiencias de los animales. En otras palabras, supone que el uso, abuso o apropiación de los animales es necesaria y por supuesto niega la posibilidad de abolir el uso, abuso o apropiación jurídica sobre ellos.

En un pensamiento dialéctico-negativo, la negatividad de lo no humano y la afirmación de la animalidad en el concepto «animal no humano», critica una contradicción histórico-jurídica (ser sintiente-cosa) que ha sido instaurada por los poderosos y vencedores; no acepta objetivar o cosificar a los animales porque cepilla «la historia a contrapelo» (Benjamin, 2008: 43) y atiende con prontitud la falsedad de las filosofías afirmativas; a su vez, cuestiona que «lo animal» (todas las formas de experiencias de vida animal) pueda ser reducido a nuestras precepciones (antropomorfización) o ajustarse a nuestras instituciones (legales, económicas, religiosas).

Ninguna experiencia de vida si se comprende como una forma única de sentido debería determinarse ni conceptual ni prácticamente. El concepto de animal no humano encierra la dialéctica negativa, una negación que no pretende conservar la afirmación en su poder, esto es que, en el caso de los animales, no pretende objetivarlos clasificándolos o determinándolos bajo estándares humanos. De ahí la frase de Adorno: «lo negado es negativo hasta que desaparece» (Adorno, 2008: 154). Dejar en paz a los animales para que realicen sus experiencias de vida, únicas e irrepetibles, es parte de la dialéctica negativa que encierra el concepto de animal no humano porque «la dialéctica no tiene su contenido de experiencia en principio, sino en la resistencia de lo otro a la identidad; de ahí su fuerza» (Adorno, 2008: 155).

El concepto de animal no humano, desde la dialéctica negativa, corresponde con la aceptación de la animalidad humana y la negación de lo no humano del animal (lo enigmático), que se expresan en prácticas que no se afirman o ajustan a lo establecido en las instituciones e ideologías que objetivan o cosifican a los animales. Estas prácticas son parte de una forma de comprender la liberación animal, que tiene como algunos de sus fines la abolición de la domesticación de los animales, su uso, abuso, apropiación por parte de los humanos. Además, tiene como soporte un sinnúmero de hechos, datos, evidencias, argumentos, ideas, teorías, alternativas o nuevas prácticas con las que podría hacerse real la liberación de los animales. Si bien, es sabido que el conocimiento, las evidencias, la argumentación y la razón nunca han dirigido realmente la realidad social, hoy, de manera general, los diferentes saberes han renunciado a la tarea de enjuiciar moral y políticamente acciones y modos de vida de los humanos (Horkheimer, 2002: 50), que perjudican a otros humanos, a otras especies y a la vida en general. Por lo que resulta necesario y urgente llevar a cabo una lucha a favor de los animales de forma teórica y práctica.

El análisis de la mercancía, el fenómeno de la objetivación y cosificación animal muestran continuamente las contradicciones con las que se conceptualiza a los animales. La objetivación y cosificación animal están reconciliadas con el modo de producción capitalista, la afirmación de lo no humano del animal se expresa bajo el desprecio que ha sido determinado a través de conceptos y prácticas: *res* y mercancía, apropiación, uso y abuso.

En suma, nombrar al animal no humano desde la dialéctica negativa implica no aceptar afirmarlos nuevamente en las instituciones humanas, de lo contrario continuaremos reificándolos; este concepto encierra más bien una ignorancia de lo que los animales son, de sus experiencias de vida. La indeterminación del animal no humano es lo que promueve el respeto hacia cada uno de ellos, porque se les supone únicos, irrepetibles e irremplazables. He aquí otra herramienta política de la liberación animal. Esta indeterminación también se vincula con la negación a su apropiación. De esto versará el siguiente apartado.

7.5. El animal como inapropiable: un principio de liberación

La crítica a la objetivación jurídica y la cosificación capitalista impuesta a los animales, desde la dialéctica negativa, requiere la no afirmación de ellos dentro de nuestras instituciones o representaciones sociales. Usar el concepto de animal no humano niega su conceptualización, su reificación o adecuación a nuestras representaciones. Supone que sus experiencias de vida al ser únicas e irrepetibles son inconmensurables al pensamiento humano. Pero este movimiento intelectual, que surge ante el dolor y sufrimiento innecesario infringido a los animales, es el motor que exige una práctica, un hacer. El concepto del animal no humano lo construyo para referirme a esas experiencias de vida distintas a las nuestras, porque, si bien las distintas realidades requieren el uso de conceptos, estos deberían ampliar la mirada del conocimiento y no reificar las realidades.

El concepto de animal no humano, al no determinar, objetivar o cosificar a estos, trata de resaltar esta indeterminación cognoscitiva al resaltar su unicidad y su ser irrepetible. Desde esta perspectiva, el animal no humano es inapropiable no solo para el pensamiento sino también para las prácticas de quienes encuentran en ellos lo bueno-moral. De aquí que la liberación animal es teoría y práctica. La una no es extraña a la otra.

La liberación animal entendida como abolición de la objetivación jurídica y cosificación capitalista animal (uso, abuso, apropiación, mercantilización, domesticación), es práctica derivada de una crítica teórica. Si nos atenemos al conocimiento probado de que el capitalismo es la amenaza más terrible para la biosfera en la que habitamos humanos y no humanos, comer animales a gran escala es parte de esta amenaza. Esto lo comprendieron perfectamente Adorno y Horkheimer cuando expresaron: «Los seres humanos viven del horror. Esto está en relación también con el comer carne» (Adorno y Horkheimer, 2014: 71).

La liberación animal es una crítica teórica y práctica del sistema capitalista y aquellas instituciones que la avalan, porque seguir con la lógica de apropiación de los cuerpos de animales en el gran mercado global del ganado es seguir manteniendo en pie un sistema que amenaza con aniquilarnos (Adorno y Horkheimer, 2014: 31). Esta liberación implica construir nuevas relaciones y concepciones más allá de la moral, del derecho o la lógica capitalista humanocéntrica; también sospechar y criticar los conceptos que entrañan violencia y afirman el *statu quo,* conceptos que se han apoderado de la conciencia y acción social. Pero los obstáculos a los que se enfrenta la liberación animal no solo son ante las instituciones, ante las ideas establecidas, también ante la anestesia de la imaginación de los sujetos, en buena medida hace que pensemos que «el horror consiste en que hoy vivimos por primera vez en un mundo en que ya no nos es posible imaginar lo mejor» (Adorno y Horkheimer, 2014: 71).

La liberación animal supone también la necesidad de sacar a los animales del sistema jurídico, esto es, negar lo que los ha negado. La liberación animal no busca la afirmación de ellos en el derecho, no supone que los animales deban ser meramente categorizados ni como personas, ni como sujetos de derecho, como sucedió con la naturaleza o *pachamama* en Ecuador o Bolivia, porque esto no significó dejar de usarla y explotarla, sino buscar mecanismos para dejarlos en paz y libres para realizar sus experiencias de vida. Tenemos que proceder a pensar la liberación animal de otro modo.

Para ello es necesario concebirlos como seres inapropiables. ¿Qué es lo inapropiable? Lo inapropiable no es ni siquiera «lo público» porque esto también es propiedad que no debería entenderse como «protección de lo común, sino una especie de forma "colectiva" de propiedad privada, reservada a la clase dominante, que puede disponer de ella a su antojo y expoliar a la población de acuerdo con sus deseos e intereses» (Laval y Dardot, 2015: 19). Lo inapropiable tampoco es *res nullius* (cosas sin dueño), porque estas «cosas» están inapropiadas pero son potencialmente apropiables. Lo inapropiable es la nuda realidad de la que no podemos disponer porque es imposible determinar sustancia alguna. De lo inapropiable solo podemos ver, contemplar, respetar y reconocer su alteridad radical. Este principio filosófico lo aplico a la cuestión de los animales para cuestionar la jerga del ámbito jurídico que discurre sobre estos como cosas comunes, bienes comunes o los bienes públicos.

La alteridad radical de lo inapropiable en los animales radica en que sus mundos son tantos y variados que es imposible determinarlos. De esta manera las diversas experiencias de vida de ellos al considerarse como inapropiables, no podrían continuar conceptualizándose bajo las categorías jurídicas humanas, como la de persona o sujeto de derecho. No solo porque el término tiene sus bases en el humanocentrismo sino también porque dentro del capitalismo todo es reducido a valor de cambio. Como bien dice Horkheimer: «Es como si el pensamiento mismo se hubiese quedado reducido al nivel de los procesos industriales, sometido a un plan exacto y convertido, en una palabra, en un elemento fijo de la producción» (Horkheimer, 2002: 59).

De esta manera «lo inapropiable» y el concepto de «lo no humano» en los animales, los construyo para combatir la afirmación, apropiación y determinación que sufren estos en la jerga del derecho y el modo de producción del capitalismo. En suma, tanto la objetivación jurídica como la cosificación capitalista son dos construcciones humanas que se postulan dentro del humanocentrismo y ambas necesitan del apoyo de la categoría de propiedad para justificar su *statu quo*. El dejar a los animales en paz, se liga con el concepto de inapropiable, porque la libertad consiste sencillamente en no ser propiedad de nadie. Lo inapropiable implica que reconocemos en los portadores de este derecho, que son propietarios de sus propios cuerpos, de sus vidas, de sus ecosistemas.

Por todo lo anterior postulo que es hora de negar las construcciones valorativas negativas de desprecio hacia otras especies, no para superarlas y afirmarlas dentro de la institución que las construyó y afianzó, sino para negar su afirmación en ellas. El humanocentrismo base de esta institución ha sostenido que los animales están naturalmente atados al servicio humano por el hecho de pertenecer a otros tipos de especies. Al conceptualizar o categorizar a los animales se les objetiva, nos apropiamos de sus identidades, las convertimos en híperidentificaciones que suponen que todas las gallinas, vacas o cerdos son iguales, sustituibles o repetibles.

Es aquí donde el pensamiento dialéctico entra en acción. Al ser dinámico y negativo, refiere a los animales no humanos a algo no idéntico, y es precisamente la no identidad la que posibilita no pensarlos en conceptos ya dados. Al permanecer en la negación, el animal no humano es desobjetivado, porque ni se identifica ni se opone totalmente al humano, pero obliga con la negación, a practicar el principio de la inapropiabilidad. El animal no humano, es un ser cuya valía no puede fundarse y depender del humano quien impide realizar sus intereses de manera general y sistemática. Lo inapropiable es un derecho que le debemos a los animales no humanos; negar esto es ningunear el sufrimiento de millones de animales que en el momento en que escribo estas líneas están siendo torturados y liquidados por la gran maquinaria del horror industrial jamás antes vista. Entonces, a la luz del pensamiento de Adorno, concluyo: toda filosofía de la identidad queda desmentida aunque la huella del sufrimiento sin sentido fuera mínima… porque mientras siga habiendo un animal torturado o sometido, seguirá habiendo mito (Adorno, 2008: 191).

Consideraciones finales

En los últimos años, las luchas a favor de los animales han centrado su atención en los derechos de los animales.[1] Se entiende por esto, ideas o prácticas morales y/o jurídicas cuya finalidad es que se reconozca a los animales miembros del círculo moral y/o jurídico humano, para con ello proteger sus intereses y positivar normas a favor de aquellos. El contenido de estas luchas es variado, por ejemplo, no todas consideran la totalidad de las especies, ni todos sus intereses, tampoco todos sus derechos. En lo que sí coinciden es que estas luchas casi nunca cuestionan qué implicaría en términos jurídicos, la posibilidad teórica y práctica de juridificar como persona o sujeto de derechos a los animales. Hacerlo implicaría en buena medida abandonar su uso, abuso y apropiación como cualquier otra *res*. Estos hechos

---

[1] Ejemplos sobre la lucha a favor de los animales enmarcada en los derechos son las distintas leyes generales de bienestar animal, que nos obligan a comportarnos de determinadas formas hacia ellos, pero no reconocen a los animales como personas o sujetos de derecho. Por decir algo, si bien la abolición de las corridas de toros en las comunidades de Canarias, Cataluña o alguna entidad federativa de México prohíbe que se lleve a cabo esta forma de crueldad hacia los toros dentro de ellas, al no ser considerados estos animales aún como personas o sujetos de derecho siempre se corre el riesgo de que se reformen estas leyes y retornen las corridas.

me llevaron a cuestionar lo siguiente: ¿qué posibilidades reales existen en el sistema jurídico vigente para otorgar derechos a los animales?

Este trabajo ofrece una respuesta crítica a esta interrogante en el siguiente orden. Primero se indagó sobre las fuentes occidentales que sustentan nuestra moral y nuestro derecho con la finalidad de mostrar las posibilidades de apertura que pueden ofrecer estos dos sistemas sociales normativos en el campo de la lucha por los derechos de los AnH. Lo que concluimos con el estudio fue que ambos sistemas normativos se edificaron a través de ideas filosóficas, metafísicas, políticas y religiosas, que tienen como común denominador una postura humanocéntrica. Esta, a diferencia del antropocentrismo no es un paradigma, es una cosmovisión expresada en ideas y prácticas en las que los animales ontológicamente hablando, ocupan un lugar subordinado con respecto a los humanos. Este común denominador, es el que permite desplegar una serie de narrativas metafísicas o religiosas, las cuales justifican la posesión exclusiva de la naturaleza (*physis*) por parte de los humanos por tener alma (*psyché*) o razón (*nous, logos*), a diferencia de los animales. Este, también tiene su efecto en el derecho.

En un segundo momento se realizó una breve revisión histórica sobre las teorías e ideas humanocéntricas que fundaron nuestra moral y nuestro derecho. Mostré la fuerte influencia de estos sistemas normativos para categorizar a los animales no humanos como cosas (*res*), bienes o propiedades. En la narrativa metafísica y religiosa de Occidente, la idea sobre la existencia de una *physis* que determina el orden y fin de todas las substancias, incluida la humana, se relacionó con la posesión de un derecho natural justo, pero exclusivo para el humano. La creencia de un derecho natural tiene su mérito al vincularlo con el ideal de la justicia, pero es limitado si solo vela por los intereses de los humanos. No es congruente el que, derivado del derecho natural, se repruebe la violencia, el daño o maltrato entre semejantes humanos, pero se permita realizarlo, no pocas veces de manera dramática, a otros seres como son los animales no humanos.

En este trabajo, al encontrar las fuentes de la noción del derecho natural humanocéntrico, se demostró que la ley jurídica habitualmente se confunde, con una ley natural, con una ley verdadera, naturalmente necesaria, con la *ratio divina,* con la *voluntas Dei* o con la *ratio juris.* No se piensa como una ley creada por humanos, esto es, imperfecta que pueda anularse por ser susceptible de ideologías y causante de injusticias. En otras palabras, no se hace la distinción entre derecho natural y derecho positivo. Por eso se confunden las normas del derecho natural aceptadas porque proceden de la *physis,* de Dios o la razón, con las normas del derecho positivo que se ejercen por haber sido producidas de cierta forma y legisladas por ciertos humanos (Kelsen, 2010: 21).

La fuente cristiana sobre la noción del derecho natural y su relación con una criatura racional (el humano) que está sometida a la providencia divina de un modo más excelente, es una herencia que se mantiene viva de manera «secular» bajo las ideas de que los animales fueron hechos para satisfacer las necesidades o caprichos humanos, o que los humanos son más dignos o son mejores que otros animales. Estas ideas se positivan en nuestros marcos jurídicos categorizando a los animales como *res,* bienes o propiedades, por lo que son concebidos como seres sin dignidad; solo son medios y no fines.

Las ideas de *physis* o de un derecho natural pertenecientes al humano se establecieron a partir de que a este se le había otorgado la facultad interior capaz de comprender y conocer esas normas. A esta facultad interior se le denominó alma *(psyché, pneuma),* razón *(noús)* o entendimiento *(logos),* siendo la capacidad del escrutinio reflexivo —en sus distintas versiones— una herencia filosófica, en algunas épocas, como elemento necesario (en acto o potencia) para acreditar personalidad jurídica. La crítica a esta premisa consiste en que esta facultad que ha servido para teorizar no puede traducirse necesariamente en considerar exclusivamente —moral o jurídicamente— a los humanos, porque no todos ellos cuentan con dicha capacidad, y porque esta exclusión resulta arbitraria ya que lo relevante en el ámbito moral es la capacidad para ser dañados física o psicológicamente.

Se podría argüir que en el campo jurídico quienes no cuentan con esta capacidad no son considerados sujetos de derechos, sin embargo, es sabido que los niños pequeños y altos deficientes sí son considerados como sujetos de derecho —con capacidad de goce— aunque no cuenten con dicha facultad. Por lo anterior, habría que poner en cuestión nuestras fuentes tradicionales de la moral y el derecho, así como realizar una revisión sobre sus postulados humanocéntricos que han negado el reconocimiento de derechos morales y/o jurídicos a los animales no humanos.

Además de esto, en nuestra indagación, se presentó parte de la trayectoria y transformación de algunas de las instituciones, categorías o conceptos diseñados por el derecho romano como fuente de normatividad genealógica y valorativa de nuestro derecho vigente, para comprender, en buena medida, la situación actual de los AnH categorizados y conceptualizados en el actual Código Civil. El derecho romano tuvo fuertes vínculos teóricos con la iglesia católico-cristiana y la filosofía estoica. Este vínculo permite entender que los contenidos de los conceptos de persona y propiedad se concibieron como metáfora antropomórfica para el primer caso y, para el segundo, como derecho natural exclusivamente humano.

En cuanto al concepto de persona, este fue identificado por una parte con el derecho natural postulado por un legislador supremo (*physis, nous, logos* o Dios) a través de la creencia de que la persona compartía parte de la naturaleza suprema. Por ello, no pocas veces se pensó, que atentar contra el derecho natural era atentar contra la propia naturaleza humana. Aunque la concepción antigua de persona no abarcaba a todos los humanos y consideraba a otras entidades no humanas como la Iglesia, asociaciones o el Estado, su fuerte vínculo con la Iglesia llevó a otorgar a este concepto un sentido de dignidad, excelencia, jerarquía y esencialidad humana. Se generó una conexión entre persona y ser humano, y se aceptó de manera general, al grado de apelar a la metáfora antropomórfica para negar los derechos de los animales.

Por su parte, la noción de propiedad, vinculada a la idea de la existencia de un derecho natural humanocéntrico, se sacramentó como derecho natural fundamental del humano y, a su vez, permitió desde sus registros más antiguos considerar a los animales como *res* (cosas). Esto explica por qué la apropiación sobre los animales estaba plenamente legalizada desde tiempos antiguos al ejercerse un *dominium* sobre ellos. Desde entonces se mantuvo la idea de que se podía ejercer un derecho pleno sobre los animales para usarlos, venderlos o destruirlos. De esta forma, podemos relacionar el concepto de persona y propiedad, pues, desde un plano valorativo la primera era entendida como lo más excelente, un fin. Mientras que las cosas que constituían la noción de propiedad eran consideradas únicamente como medios, entes carentes de toda consideración moral. En la actualidad los animales continúan categorizados en nuestros códigos civiles bajo la categoría de *res*.

Posteriormente evidencié diversos datos e investigaciones sobre la sintiencia, afectividad y conciencia animal. Esto permitió fortalecer la argumentación sobre la contradicción jurídica de concebir a los animales como *res,* así como cuestionar el valor que se le da a los datos científicos cuando se trata de abordar el tema sobre el respeto hacia los animales. El conocimiento en general que tenemos sobre la sintiencia, afectividad y conciencia animal ya no puede ser la fuente y guía para posicionarnos a favor de los animales, porque, aunque sea evidente que contamos con los suficientes conocimientos y argumentos para abandonar el uso, abuso y apropiación que tanto daño les causa a millones de animales, las instituciones de justicia no lo reconocen.

Para hacer justicia a la ciencia del derecho, mostré que, en este campo, el positivismo representado por Hans Kelsen puso a salvo el derecho del ámbito metafísico para llevarlo al terreno de la política (Correas, 1989: 8) y evidenció la arraigada costumbre de defender exigencias políticas en nombre de la ciencia del derecho (Kelsen, 2007: 8). En consecuencia, cuestioné si el rechazo común para crear derechos de los animales se funda más bien sobre el contenido político e ideológico y no sobre un análisis de la forma y función del derecho. Kelsen al salir del discurso de los derechos y dar paso al tema de los deberes, clarifica que la generación de una obligación no crea derechos, y esto es sumamente importante en el tema de los derechos de los animales, porque se cree, comúnmente, que una obligación genera derechos. Nada más alejado de la realidad: mientras los animales no sean juridificados como personas o sujetos de derechos no tendrán derechos, por más obligaciones que nosotros tengamos hacia ellos.

Para llegar a sentenciar que nosotros tendríamos deberes hacia los animales, Kelsen lleva a cabo una deconstrucción de la metáfora antropomórfica sobre los conceptos de persona y sujeto de derecho, considerándolos más bien como conceptos auxiliares que hacen más intuitiva la exposición de una situación jurídica. Ahora bien, para Kelsen el sujeto obligado, es el sujeto con capacidad de hecho, y los AnH nunca contarán con esta capacidad. Pero esto no se traduce en la imposibilidad de establecer obligaciones ante ellos, pues al igual que los niños pequeños y los deficientes mentales, pueden categorizarse como «sujetos reflejos de obligación». Para Kelsen, la tesis de que los animales no son sujetos de los derechos reflejos, por no ser «personas», es equivocada, porque al generarse una relación con respecto a una obligación, los animales son al igual que cualquier otro humano, objetos de esa conducta.

Además, señala que también es equivocada la idea de negar categorizar a los animales como sujetos reflejos de obligación por el hecho de que ellos no puedan esgrimir pretensiones vinculadas a dicha obligación, dado que esta facultad no es esencial para la presencia de un derecho reflejo. No es casualidad que, en el actual campo del derecho, de la iusteoría positiva de Kelsen solo se rescate, de manera general, las ideas o tesis que son acordes a la postura humanocéntrica y se invisibilice o preste poca atención a su análisis sobre el tema de los deberes hacia otros animales.

Este análisis de Kelsen resulta claro y coherente cuando postula obligaciones hacia los animales, pero sin duda se enfrenta a una serie de ideologías políticas, económicas, sociales o religiosas que se encuentran en el campo jurídico e imposibilitan que se traduzca inmediatamente en una positivación. Por ello, desmontar las ideas y teorías humanocéntricas es una tarea necesaria a la hora de interrogar sobre la posibilidad de otorgar derechos a los animales no humanos.

Más adelante también traté de hacer justicia al concepto de derecho natural. Presenté la relevancia que ha tenido la idea de la existencia del derecho natural en materia de positivar los derechos humanos, con el fin de que otorgar la misma relevancia —y justificar la vigencia a pesar de los siglos de distancia— a una de las definiciones que se encuentra en el *Corpus iuris civilis,* como es la de Cneo Domicio Annio Ulpiano sobre el derecho natural, para incluir a los animales no humanos en la creación del derecho de los animales y quizás, también, para la liberación animal. La definición de Ulpiano no implica que los animales tendrían los mismos derechos a los nuestros, pues es obvio que él solo señala hechos naturales en los que participamos humanos y no humanos. Al igual que el derecho natural humanocéntrico, esta iusteoría se fortalecería con los argumentos filosóficos antiguos y actuales que promueven el respeto hacia los demás animales. Para argumentar esta idea recurrí a las figuras del esclavo, liberto e ingenuo, así como el recurso jurídico de la manumisión como fuentes del derecho. Aunque en la actualidad se encuentran en desuso, una resignificación basada en sus características y funciones podría apoyar en la argumentación para desarrollar los derechos de los animales.

Como los sistemas jurídicos vigentes y el modo de producción capitalista practican la cosificación animal legalizada, cuestioné esta mediante una disquisición del concepto «animal no humano» mediada por la dialéctica negativa. La dialéctica negativa permitió relacionar el uso del concepto de animal no humano como vía teórica y práctica para el desarrollo de la liberación animal, pues era evidente que existe en este concepto una negatividad de «lo no humano», así como la afirmación de la animalidad, esto es, una contradicción histórico-jurídica (ser sintiente-cosa) que ha sido instaurada por los poderosos y vencedores; a su vez, este mismo concepto, muestra que «lo animal» (todas las formas de experiencias de vida animal) no puede ser reducido a nuestras precepciones (antropomorfización) o ajustarse a nuestras instituciones (legales, económicas, religiosas), por lo que este concepto muestra su negatividad a ser objetivado y cosificado; y esto se logrará teórica y prácticamente a través de la liberación animal, a través de buscar los mecanismos y prácticas para dejarlos en paz. Habrá que pensar lo impensable y proteger la libertad y autonomía de cada uno de los animales que habitan esta biosfera.

Ahora bien, es cierto que, al interior de la lucha a favor de los animales, existen logros como la positivación de algunos deberes humanos ante los animales, vinculados a la mejora de las condiciones y experiencias que viven actualmente. Sin embargo, esta positivación ha mostrado, de manera general, que sus linderos están establecidos bajo el bienestarismo, doctrina que supone que los animales deben continuar bajo las regulaciones normativas estatistas humanocéntricas. Bajo esta perspectiva se corre el riesgo de que se normalice la idea de que los animales son apropiables y podemos continuar usándolos en diversas actividades.

En toda esta discusión reconozco la nobleza de quienes piensan que el derecho es una técnica social capaz de influir en la conducta humana, y así cambiar la relación actual entre animales humanos y animales no humanos. Sin embargo, postulo la necesidad de tener en cuenta las fuentes humanocéntricas de nuestra moral y nuestro derecho, su fuerte influencia a la hora de crear derechos de los animales, así como los vínculos entre el derecho, la ciencia del bienestar y las instituciones internacionales (FAO, OIE) que se mantienen en los linderos del bienestarismo. Aunado a esto, planteo que el derecho no es ajeno al contexto histórico-social en el que se desarrolla, por lo que habrá que tener presente, también, su relación con el actual modo de producción capitalista. En síntesis, no debería olvidarse que el derecho crea normas basadas en una ideología, una moral, una tradición, bajo ciertos valores y compromisos políticos y económicos.

Por todo lo anterior, considero que la lucha a favor de los animales por lograr obligaciones y/o derechos jurídicos hacia estos, debe articularse con una lucha por su liberación. El derecho como un sistema social-normativo no ha dado muestras para pensar que la situación injusta que viven millones de animales cambie pronto, a pesar de las evidencias sobre la sintiencia, conciencia o afectividad animal; de los buenos argumentos filosóficos; de las consecuencias negativas que acarrea el gran consumo de animales —al medio ambiente, a la salud humana y por supuesto a los animales—; del reclamo social; de las propuestas teóricas y prácticas para abandonar el uso u otorgar derechos a los animales, por lo que se deben buscar y crear mentalidades que se traduzcan en prácticas a favor de los animales humanos y no humanos.

Una tarea será desobjetivar a los animales en el ámbito jurídico, para erradicar su normalizado uso, abuso y apropiación, así como para sacarlos de nuestra tutela jurídica, pensarlos como sujetos autónomos que pueden realizar sus vidas sin la necesaria intervención humana. Se podrían establecer parámetros de ayuda para los animales ya liberados a partir de un desastre natural, una invasión humana a sus territorios o erradicar alguna enfermedad curable. He argumentado a lo largo de estas páginas que los obstáculos para juridificar a los animales como personas o sujetos de derecho no solo radican en que estos se enmarcan en la metáfora antropomórfica, y en que las fuentes del derecho son humanocéntricas, además, en que las categorías jurídicas que objetivan a los AnH son acordes a las relaciones socio-históricas actuales impuestas por el capitalismo. La ideología capitalista también cosifica nuestra relación con los AnH, se vale de la objetivación ya dada en el ámbito jurídico para normalizar el uso, abuso y apropiación a gran escala de diversas especies. El derecho ya nos mostró que puede crear obligaciones jurídicas ante los animales, sin embargo, estas obligaciones no crean derechos para ellos. Para que esto fuera posible es necesario desobjetivarlos y juridificarlos como personas o sujetos de derechos, este reconocimiento posibilitaría obtener mejores resultados, por una parte, porque los animales difícilmente volverían a ser considerados como *res,* y por otra, porque se crearía una nueva mentalidad cuya regla será el respeto y la excepción el daño. Por tanto, mientras no existan evidencias reales sobre la posibilidad de crear derechos de los animales, habrá que pensar otras vías como la liberación animal, más allá del derecho estatista y de la mentalidad industrial capitalista. De aquí la miseria del derecho para el caso de los animales, que por sus fuentes, categorías y fundamentos humanocéntricos bloquean su capacidad reflexiva. Miseria que deriva de ideologías y valoraciones arbitrarias pero envestidas de ciencia jurídica. Miseria que niega las evidencias sobre la sintiencia o conciencia de los animales o sobre la historia del mismo derecho. Miseria que se materializa en consecuencias terribles para los animales no humanos.

Quienes hayan llegado hasta estas líneas podrán comprender que en mi reflexión y praxis a favor de los animales no estoy sola. De hecho, en esta obra evidencié toda una serie de pensamiento filosófico que sí considera a los animales como sujetos de derechos. Sobre este punto conviene destacar que es escandaloso que, por lo menos en México, en el ámbito filosófico contemporáneo, en las aulas, centros de investigación jurídica u otros espacios académicos donde se generan debates filosóficos, se desconozcan las aportaciones de Pitágoras, Empédocles, Aristóteles, Plutarco, Sexto Empírico, Porfirio de Tiro, Montaigne, Voltaire, Condillac o Hume sobre la importancia de crear relaciones más respetuosas hacia los animales. Es importante resaltar que los argumentos son variados. Por ejemplo, Pitágoras y Empédocles asumieron la creencia sobre la metempsicosis, siendo «La norma fundamental de esta ordenación la prohibición de matar» (Kelsen, 2010: 59). Plutarco argumentó que los animales son inteligentes, resuelven problemas y son racionales, por lo que criticó el consumo de carne y la racionalidad humana que no ponía freno a sus pasiones y deseos, ocasionando daño a otros animales. Aristóteles desde sus observaciones cuestionó nuestro desprecio sobre el estudio de los animales. Para el estagirita: «si alguien considera que el estudio de los animales es despreciable, es preciso que piense también del mismo modo sobre el estudio de sí mismo» (Aristóteles, 2000: 74). En aquellos tiempos, también la escuela escéptica, bajo uno de sus representantes como lo fue Sexto Empírico, reconoció en los animales distintas similitudes con los humanos. Para Sexto Empírico no se podían establecer valoraciones entre nuestras representaciones mentales y las de los demás animales pues ellos también poseían una fiabilidad de sus conocimientos empíricos (Sexto Empírico, 1993). Porfirio de Tiro (siglo III) postuló que el trato que debemos a los animales estaba enmarcado en el principio de justicia. Para él la justicia consiste en «la abstención y salvaguarda de daño de cualquier ser inocente [...] De modo que la justicia, que se fundamenta en la ausencia del daño, debe hacerse extensiva también a los animales» (Porfirio de Tiro, 1984: 180).

En la Edad Media, Francisco de Asís interpretó los Evangelios de manera distinta y consideró que toda la creación compartía una hermandad con los humanos. En el siglo XVI, Michel de Montaigne argumentó sobre los límites del conocimiento humano, y a partir de la incertidumbre y no de la creencia de un conocimiento total sobre ellos, es que adoptó una postura de respeto e igualdad hacia los animales. Voltaire retoma la tradición pitagórica y refuta la teoría mecanicista, argumenta sobre una dieta vegetariana, mientras que Condillac argumenta sobre la inteligencia y sintiencia animal refutando las tesis de Buffon, seguidor de la teoría cartesiana. Immanuel Kant, de manera indirecta promueve el buen trato hacia los animales. David Hume argumentó a favor de los animales como poseedores de inteligencia y sensibilidad.

En el siglo XIX, Jeremy Bentham cuestionó que los antiguos juristas hubiesen denigrado a otros humanos y los AnH al estatuto de cosas (Bentham, 1960: 411). Y desde su teoría utilitarista, resaltó el hecho de que en el campo moral lo que interesa es la capacidad de sufrir y ser dañados, y no así, hechos biológicos como el color de piel, el sexo o la pertenencia a una especie. Joseph Proudhon postuló que la diferencia entre humanos y animales solo era de grado y no de esencia. David Thoreau afirmó su postura sobre asumir un vegetarianismo: estaba convencido de que los humanos debíamos respeto a los animales porque ellos tenían el mismo derecho de vida que el humano (Thoreau, 2005: 205). Por su parte, León Tolstói después de visitar algunos mataderos calificó el consumo de carne como uno de los placeres crueles que se han normalizado. Henry Salt postuló una nueva forma de comprender los derechos, en su postura subyace «un sentido de la justicia [...] una exigencia de la libertad para vivir su propia vida, con sujeción a la necesidad de respetar la igual libertad de otros seres» (Salt, 1999: 29).

En el siglo XX, algunos miembros de la primera Escuela de Frankfurt como Max Horkheimer, Theodor Adorno y Herbert Marcuse denunciaron el poco o nulo interés del sufrimiento animal que se genera comúnmente, para sostener las «comodidades» de las sociedades industrializadas. En el siglo pasado, y en lo que va de este siglo XXI, el tema sobre los deberes que tenemos hacia los AnH ha tomado nuevos rumbos auxiliándose de la biología, neurociencia, etología, psicología o ciencias ambientales, alejándose de un problema meramente metafísico, para dar paso a nuevas discusiones éticas, jurídicas o políticas. Insisto, en esta lucha teórica y práctica no estoy sola. Cada vez se escucha más la voz a favor de los animales de Peter Singer, Martha Nussbaum, Sue Donaldson, Will Kymlicka, Jorge Riechmann, Tom Reagan, Angela Davis, Carol Adams o Frans de Waal.

En fin, esto es solo una muestra de quienes se postularon y postulan a favor de los animales. Todos y todas, aparezcan o no en esta obra, son una esperanza para pensar que es posible cambiar la situación injusta que viven millones de animales no humanos. Pero falta lo que falta: la praxis de la liberación animal. Esta falta pasa por reconocer que los derechos de los animales suponen no solo el bienestar de estos, sino la abolición de su uso, abuso y apropiación. Este es un desafío para todo pensamiento crítico de hoy, el cual deberá comprender a fuerza de dejar atrás su humanocentrismo, que la lucha por la liberación animal supone también la liberación humana. Sé que todavía es temprano para entender esto, sobre todo porque las luchas feministas, anticoloniales o anticapitalistas no han conectado del todo con este principio, el cual, ya forma parte del programa de la insurrección que viene.

BIBLIOGRAFÍA

Adame, Jorge (1996): *Naturaleza, persona y derechos humanos,* UNAM.

Adams, Carol (1990): *The sexual politics of meat, A feminist-vegetarian critical theory,* Bloomsbury.

Adorno, Theodor (2008): *Dialéctica negativa, la jerga de la autenticidad,* Akal.

Adorno, Theodor y Horkheimer, Max (2014): *Hacia un nuevo manifiesto,* Eterna Cadencia.

Alexy, Robert (2008): «Una defensa de la fórmula de Radbruch», en Vigo, Rodolfo (coord.) (2008), *La injusticia extrema no es derecho. De Radbruch a Alexy,* Fontamara.

— (2016): *La institucionalización de la justicia,* Comares.

Álvarez, Saturnino (2006): «La edad media», en Camps, Victoria (ed.) (2006), *Historia de la ética. De los griegos al Renacimiento,* Crítica.

Andreau, Jean (1991): «El liberto», en Giardina, Andrea (1991), *El hombre romano,* Alianza.

Arendt, Hannah (1984): *La vida del espíritu. El pensar, la voluntad y el juicio en la filosofía y en la política,* Centro de Estudios Constitucionales.

— (2002): *La condición humana,* Paidós.

Argüello, Luis (1998): *Manual de derecho romano,* Ástrea.

Aristóteles (1988): *Política,* Gredos.

— (1989): *Ética nicomaquea, Política,* Porrúa.

— (1990): *Historia de los animales,* Akal.

— (1995): *Metafísica,* Austral.

— (2000): *Partes de los animales, Marcha de los animales, Movimiento de los animales,* Gredos.

— (2002): *Retórica,* UNAM.

Asamblea Nacional Constituyente (1978): *Declaración de los Dderechos del Hombre y del Ciudadano de 1789,* https://www.conseil-constitutionnel.fr/sites/default/files/as/root/bank_mm/espagnol/es_ddhc.pdf, consultado el 30 de mayo de 2024.

Augusto, Carlo (1996): *Historia de la ciencia jurídica europea,* Tecnos.

Balmond, Louis *et al.* (2019): *Déclaration de Toulon,* Colloques sur la personnalité juridique de l'animal, Universidad de Toulon, 29 de marzo de 2012, https://www.univ-tln.fr/IMG/pdf/declaration-de-toulon-29032019.pdf, consultado el 28 de noviembre de 2019.

Bekoff, Marc (1998): «Sentido común, etología cognitiva y evolución», en Cavalieri, Paola y Singer, Peter (1998), *El proyecto Gran Simio, Igualdad más allá de la humanidad,* Trotta, pp. 133-140.

— (2003): *Nosotros los animales,* Trotta.

— (2010): *Encyclopedia of animal rights and animal welfare,* ABC, CLIO.

Bekoff, Marc y Pierce, Jessica (2009): *Wild Justice, The moral lives of animals,* University of Chicago Press.

— (2017): *The Animals Agenda, Freedom, Compassion and Coexistence in the Human Age,* Beacon Press.

Beltrán, Joaquín (2006): *Prontuario elemental de derecho romano y sus fuentes,* Porrúa.

Benjamin, Walter (2008): *Tesis sobre la historia,* Itaca.

Bentham, Jeremy (1960): *A Fragment on Government and an Introduction to the Principles of Morals and Legislation,* Basil Blackwell.

Berman, Harold (1996): *La formación de la tradición jurídica de Occidente,* FCE.

Bialostosky, Sara (2007): *Panorama del derecho romano,* Porrúa.

Bloch, Ernst (2011): *Derecho natural y dignidad humana,* Dykinson.

Bobbio, Norberto (1992): *Teoría general del derecho,* Debate.

— (1997a): *El tercero ausente,* Cátedra.

— (1997b): *El problema del positivismo,* Fontamara.

— (1998): *El positivismo jurídico,* Debate.

— (2002): *Estado, Gobierno y Sociedad. Por una teoría general de la política,* FCE.

— (2018): *Iusnaturalismo y positivismo jurídico,* Trotta.

Bondeson, Jan (2000) *La sirena de Fiji y otros ensayos sobre historia natural y no natural,* Siglo XXI.

Bravo, Agustín y Bravo, Beatriz (2012): *Derecho romano,* Porrúa.

Brentano, Franz (2002): *El origen del conocimiento moral,* Tecnos.

Carrillo, Ignacio y Esquivel, Javier (1979): *Conceptos dogmáticos y teoría del derecho,* UNAM.

Cavalieri, Paola y Singer, Peter (1988): *El proyecto Gran Simio, Igualdad más allá de la humanidad,* Trotta.

Célorio, Felipe (2005): *Derecho natural y positivo, origen y evolución histórico-jurídica,* Porrúa.

Chan, Sarah y Harris, John (2013): «Human animals and nonhuman persons», en Beauchamp, Tom y Frey, Raymond (eds.) (2013), *The Oxford Handbook of Animal Ethics,* Oxford University Press.

Chapman, Colin y Huffman, Michael (2018): «Why do we want to think humans are different?» en *Animal Sentience,* 23(1).

Chapouthier, Georges (2006): *¿Qué es el animal?,* Akal.

— (2015): «From Animal Intelligence to Animal Rights», en Favre, David y Giménez-Candela, Teresa (eds.) (2015), *Animales y derecho,* Tirant lo Blanch.

Ciccotti, Ettore (2005): *La esclavitud en Grecia, Roma y el mundo cristiano. Apogeo y ocaso de un sistema atroz,* Círculo Latino.

Cicerón, Marco Tulio (1989): *La república y las leyes,* Akal.

— (2003): *De los fines, De los bienes y los males,* UNAM.

Condillac (2004): *Traité des animaux,* Librairie Philosophique.

Contexto Ganadero (2016): «Estos son los 3 sistemas de crianza de los terneros», *Contexto Ganadero,* 12 de agosto de 2016, https://www.contextoganadero.com/ganaderia-sostenible/estos-son-los-3-sistemas-de-crianza-de-terneros.

— (2023): «Aprovechar el potencial de la ganadería para impulsar el desarrollo sostenible» *Contexto Ganadero,* 28 de febrero de 2023, https://www.contextoganadero.com/blog/aprovechar-el-potencial-de-la-ganaderia-para-impulsar-el-desarrollo-sostenible.

Correas, Óscar (comp.) (1989): *El otro Kelsen,* UNAM.

Crisipo de Solos (2006): *Testimonios y fragmentos,* Gredos.

Cuevas, Francisco (2003): *Las memorias de Hugo Grocio, Narración histórico-jurídica,* Escuela Libre de Derecho, Secretaría de Relaciones Exteriores de México.

Damasio, Antonio (2006): *El error de Descartes,* Drakontos Bolsillo.

Danten, Charles (2008): *Un veterinario encolerizado, Ensayo sobre la condición animal,* FCE.

Darwin, Charles (2003): *El origen del hombre,* Editores Unidos Mexicanos.

Davidson, Donald (1995): *Ensayo sobre acciones y sucesos,* UNAM.

De Aquino, Tomás (1954): *Suma Teológica,* Tomo IV, BAC.

— (1976): *Compendio de la Suma teológica,* Primera parte, Tradición.

— (1994): *Suma teológica (selección),* Austral.

De Hipona, Agustín (1994): *Obras completas,* BAC.

De la Torre, Jesús (2000): *Derechos humanos desde el iusnaturalismo histórico analógico,* Porrúa.

De Lora, Pablo (2003a): *Entre el vivir y el morir,* Doctrina Jurídica Contemporánea.

— (2003b): *Justicia para los animales, la ética más allá de la humanidad,* Alianza.

— (2010): *Memoria y frontera. El desafío de los derechos humanos,* Alianza.

De Waal, Frans (2002): *El simio y el aprendiz de sushi, reflexiones de un primatólogo sobre la cultura,* Paidós.

— (2007a): *El mono que llevamos dentro,* Tusquets.

— (2007b): *Primates y filósofos, la evolución de la moral del simio al hombre,* Paidós.

— (2016): *¿Tenemos suficiente inteligencia para entender la inteligencia de los animales?,* Tusquets.

Dennett, Daniel (1995): *La conciencia explicada, Una teoría interdisciplinar,* Paidós.

— (2000): *Tipos de mente, Hacia una comprensión de la conciencia,* Debate.

Descartes, René (1979): *Discurso del método,* Porrúa.

Diógenes Laercio (1984): *Vida de los filósofos más ilustres,* Porrúa.

Domínguez, Jorge (2006): *Derecho Civil, Parte general, personas. Cosas, negocios jurídicos e invalidez,* Porrúa.

Donaldson, Sue y Kymlicka, Will (2011): *Zoopolis, A political Theory of Animal Rights,* Oxford University Press.

Donovan, Josephine (1990): «Animal rights and feminist theory», en Donovan, Josephine y Adams, Carol (eds.) (2007), *The feminist care tradition in animal ethics,* Columbia University Press.

Duchrow, Ulrich y Hinkelammert, Franz (2004): *La vida o el capital, alternativas a la dictadura global de la propiedad,* Dríada.

Dufau, Agnès (2017): *Estatuto jurídico del gato callejero en España, Francia y Reino Unido,* Tirant lo Blanch.

Edgar, Joanne; Paul, Elizabeth y Nicol, Christine (2013): «Protective mother hens: cognitive influences on the avian maternal response», en *Animal Behaviour,* 85(2), pp. 223-229.

Engels, Friedrich (2017): *El origen de la familia, la propiedad privada y el Estado,* Edición Progreso.

Evans, Edward Payson (1906): *The criminal prosecution and capital punishment of animals,* William Heinemann.

FAO (2008): *Creación de capacidad para la implementación de buenas prácticas de bienestar animal,* Informe de la Reunión de expertos de la FAO, Roma, septiembre y octubre de 2008, http://www.fao.org/3/a-i0483s.pdf, consultado el 2 de enero del 2020.

Feinberg, Joel (1974): «The rights of animals and unborn generations», en Blackstone, William T. (1974), *Philosophy and Environmental Crisis,* University of Georgia Press.

Ferrajoli, Luigi (2005): *Los fundamentos de los derechos fundamentales,* Trotta.

— (2016): *Derechos y garantías, La ley del más débil,* Trotta.

Finley, Moses I. (1986): *La economía de la antigüedad,* FCE.

Francione, Gary (2004): «Vivisección, una pregunta trampa», en Tafalla, Martha (ed.) (2004), *Los derechos de los animales,* Idea Books.

— (2015): *Animal Rights: The abolitionist approach,* Exempla.

Friedrich, Carl Joachim (1988): *La filosofía del derecho,* FCE.

García, Carlos (2006): «Los sofistas y Sócrates», en Camps, Victoria (ed.) (2006), *Historia de la ética, de los griegos al Renacimiento,* Crítica.

García, Eduardo (2007): *Filosofía del derecho,* Porrúa.

Gieling, Elise; Nordquist, Rebecca y Van der Staay, Franz (2011): «Assessing learning and memory in pigs» en *Anim Cogn.,* 14(2), pp. 151-73, https://doi.org/10.1007/s10071-010-0364-3.

Goodall, Jane y Bekoff, Marc (2003): *Los diez mandamientos, para compartir el planeta con los animales que amamos,* Paidós.

Griffin, Donald (1984): *Animal Thinking,* Harvard University Press.

Gruen, Lori (2004): «Empathy and vegetarian commitments», en Donovan, Josephine y Adams, Carol (eds.) (2007), *The feminist care tradition in animal ethics,* Columbia University Press.

Guthrie, W. K. C. (2003): *Orfeo y la religión griega,* Siruela.

Hart, H. L. A. (1977): *Obligación jurídica y obligación moral,* UNAM, Instituto de Investigaciones Filosóficas, https://derechousmp.com/sapere/ediciones/edicion_5/articulos/1_Obligacion_juridica_y_obligacion_moral.pdf.

— (2002): *La decisión judicial, El debate Hart-Dworkin,* Siglo del Hombre.

— (2004): *El concepto de derecho,* Abeledo-Perrot.

— (2014): «El positivismo y la independencia entre el derecho y la moral», en Dworkin, Ronald (comp.) (2014), *La filosofía del derecho,* FCE.

Heráclito (1985): *Heráclito, la sabiduría presocrática,* Sarpe.

Heródoto (2007): *Los nueve libros de la historia,* Porrúa.

Herrera, Alejandro (1993): «Leibniz y los animales no humanos» en *Revista Iztapalapa de Ciencias Sociales y Humanidades,* 13(31), pp. 117-128.

— (1997): «Los intereses de los animales y sus derechos», en Platts, Mark (comp.) (1997), *Dilemas éticos,* UNAM, Instituto de Investigaciones Filosóficas, FCE.

Hervada, Javier (1996): *Historia de la ciencia del derecho natural,* Eunsa.

Hesíodo (2014): *Obras y fragmentos,* Gredos.

Hobbes, Thomas (2017): *Leviatán,* FCE.

Horkheimer, Max (2000): *Anhelo de justicia, Teoría crítica y religión,* Trotta.

— (2002): *Crítica de la razón instrumental,* Trotta.

Horkheimer, Max y Adorno, Theodor (2005): *Dialéctica de la Ilustración, Fragmentos filosóficos,* Trotta.

Hume, David (1998): *Tratado de la naturaleza humana,* Tecnos.

Hunt, Lynn (2009): *La invención de los derechos humanos,* Tusquets.

Huxley, Julian (1939): *El pensamiento vivo de Darwin,* Losada.

Iglesias, Juan (1993): *Derecho romano, historia e instituciones,* Ariel.

Jaeger, Werner (1998): *Paideia: Los ideales de la cultura griega,* FCE.

Justiniano (1990): *El Digesto, Libro I,* Fondo Editorial PUCP.

Kant, Immanuel (1975): *Fundamentación de la metafísica de las costumbres, crítica a la razón práctica, La paz perpetua,* Porrúa.

— (1988): *Lecciones de ética,* Crítica.

— (1991): *Prolegómenos a toda metafísica del porvenir,* Porrúa.

— (2005): *Fundamentación de la metafísica de las costumbres,* Tecnos.

Kelsen, Hans (1988): *Teoría general del derecho y del Estado,* UNAM.

— (2007): *Teoría pura del derecho,* UNAM.

— (2010): *La idea del Derecho Natural y otros ensayos,* Ediciones Coyoacán.

Korsgaard, Christine (2000): *Las fuentes de la normatividad,* UNAM.

Laval, Christian y Dardot, Pierre (2015): *Común,* Gedisa.

Locke, John (2003): *Segundo ensayo sobre el gobierno civil,* Losada.

— (2005): *Ensayo sobre el entendimiento humano,* Porrúa.

López, Diego (2013): *Teoría impura del derecho, la transformación de la cultura jurídica latinoamericana,* Legis.

López, Juan Antonio (2015): *Historia de la literatura griega,* Cátedra.

López, Rafael y Casp, Ana (2004): *Tecnologías de mataderos,* Mundi-Prensa.

Lorenz, Konrad (1974): *Sobre la agresión: el pretendido mal,* Siglo XXI.

— (1992): *La ciencia natural del hombre,* Tusquets.

Low, Philip *et al.* (2012): *The Cambridge Declaration on Consciousness,* Proceedings of the Francis Crick Memorial Conference, Churchill College, Cambridge University, 7 de julio de 2012, pp. 1-2, https://fcmconference.org/img/CambridgeDeclarationOnConsciousness.pdf.

Lucano, Hilda (2016): «Reseña: Sue Donaldson y Will Kymlicka (2011), Zoopolis, A political Theory of Animal Rights» en *Piezas,* II época, vol. VII, núm. 23, pp. 88-93.

— (2017): *A Favor de los animales. Fragmentos filosóficos contra el especismo,* Centro Universitario de los Lagos.

— (2018): «Derecho animal en el Estado democrático de derecho», en Chavolla, Arturo y Sánchez, Eduardo (coords.) (2018), *Atisbos de un Estado justo,* Universidad de Guadalajara.

— (2021): «Vivir del horror. Los animales no humanos en el mundo administrado» en *Revista Latinoamericana de Estudios Críticos Animales,* año VIII, vol. II, pp. 239-260.

Lukács, Georg (1985): *Historia y conciencia de clase,* Orbis.

Luxemburgo, Rosa (2019): *Cartas de la prisión,* Akal.

Madrazo, Alejandro (2016): *Revelación y creación, Los fundamentos teológicos de la dogmática jurídica,* FCE.

Mann, Geoff y Wainwright, Joel (2018): *Leviatán climático, Una teoría sobre nuestro futuro planetario,* Biblioteca Nueva.

Marino, Lori (2017): «Thinking chickens: a review of cognition, emotion, and behavior in the domestic chicken» en *Animal Cognition,* 20(2), pp. 127-141, https://doi.org/10.1007/s10071-016-1064-4.

Marino, Lori y Colvin, Christina (2015). «Thinking Pigs: A Comparative Review of Cognition, Emotion, and Personality in Sus domesticus» en *International Journal of Comparative Psychology,* 28, pp. 1-22, https://www.

wellbeingintlstudiesrepository.org/cgi/viewcontent.cgi?article=1042&
context=acwp_asie.

Martínez, Ángel (2000): *El derecho, los valores éticos y la dignidad humana*,
Porrúa.

Marx, Karl (1979): *Miseria de la filosofía*, Siglo XXI.

— (1985): *El capital*, Siglo XXI.

— (2016): *Elementos fundamentales para la crítica de la economía política
(Grundrisse) 1857-1858*, Siglo XXI.

Mason, Georgia (2017): «Capítulo 11: comportamientos estereotipados en
los animales en cautividad: bases e implicaciones para el bienestar animal
y otros aspectos» en *Comportamiento animal estereotipado: fundamentos*,
http://animalbiosciences.uoguelph.ca/~gmason/StereotypicAnimalBeha-
viour/PDF/chapter_summaries_spanish.pdf, consultado el 3 de febrero de
2020.

Medina, Daniela (2014): «¿A qué saben el dolor y el miedo?», *Sin embargo.
mx*, 28 de septiembre de 2014, https://www.sinembargo.mx/28-09-
2014/1124443.

Monateri, Pier Giuseppe y Samuel, Geoffrey (2006): *La invención del derecho
privado*, Siglo del Hombre.

Mondolfo, Rodolfo (1986): *Heráclito, Textos y problemas de su interpretación*,
Siglo XXI.

Montaigne, Michel (2014): *Ensayos,* edición bilingüe, Galaxia Gutenberg.

Morell, Virginia (2015): «Crabs feel pain. Study finds elusive evidence for
pain in crustaceans», *Science,* 10 de noviembre de 2015, https://www.
science.org/content/article/crabs-feel-pain-rev2.

Mosterín, Jesús (1995): «El dolor de los animales», en Riechmann, Jorge y
Mosterín, Jesús (1995), *Animales y ciudadanos, indagación sobre el lugar
de los animales en la moral y el derecho de las sociedades industrializadas*,
Talasa.

— (1999): «Introducción a la obra de Henry Salt», en Salt, Henry (1999), *Los
derechos de los animales,* Catarata.

— (2003): «Prólogo» en De Lora, Plablo, *Justicia para los animales. La ética
más allá de la humanidad*, Alianza.

— (2007): «La ética frente a los animales», en González, Juliana (coord.)
(2007), *Dilemas de bioética*, FCE.

— (2010): *A favor de los toros*, Laetoli.

— (2013): *El reino de los animales*, Alianza.

— (2014): *El triunfo de la compasión,* Alianza.

Muñoz Pérez, Enrique (2015): «El Aporte de Jakob von Uexküll a Los conceptos fundamentales de la metafísica. Mundo, finitud, soledad (1929-1930) de Martin Heidegger» en *Diánoia,* vol. LX, núm. 75, pp. 85-103.

Nava, César (2015): *Debates jurídico-ambientales sobre los derechos de los animales. El caso de tlacuaches y cacomixtles versus perros y gatos en la reserva ecológica del pedregal de San Ángel de Ciudad Universitaria,* UNAM.

— (2018): *Estudios ambientales,* UNAM, Instituto de Investigaciones Jurídicas.

— (2019): «Los animales como sujetos de derecho» en *Derecho animal,* 10(3), pp. 47-68, https://doi.org/10.5565/rev/da.444.

Navarro, Julio (2015): «Estudio introductorio», en Ulpiano (2015), *Las reglas de Ulpiano,* Amazon México Services.

Nussbaum, Martha (2007): *Las fronteras de la justicia,* Paidós.

OCDE y FAO (2017): *Perspectivas agrícolas 2017-2026,* OCDE, FAO, http://www.fao.org/3/a-BT089s.pdf, consultado el 1 de diciembre de 2019.

— (2023): *Perspectivas agrícolas 2023-2032,* OCDE, FAO, https://openknowledge.fao.org/server/api/core/bitstreams/c956f2e4-57ca-4d1e-a185-81afe10626e8/content, consultado el 29 de mayo de 2023.

OIE (2023): «Título 7: Bienestar de los animales», en OIE (2023), *Código Sanitario para los Animales Terrestres,* pp. 1-4, https://www.woah.org/fileadmin/Home/esp/Health_standards/tahc/current/chapitre_aw_introduction.pdf, consultado el 2 de enero de 2020.

OIE (s. f.): *Organización Mundial de Sanidad Animal: Proteger a los animales, preservar nuestro futuro,* https://www.woah.org/fileadmin/vademecum/esp/PDF_WORD_Vademecum/Texte%20XL_ES_FINAL.pdf.

Pearce, John (1998): *Aprendizaje y cognición,* Ariel.

Periago, Miguel (1987): «Introducción a la obra de Porfirio de Tiro», en Porfirio de Tiro (1987), *Vida de Pitágoras, Argonáuticas órficas, Himnos órficos,* Gredos.

Petit, Eugène (2013): *Tratado elemental de derecho romano,* Porrúa.

Pezzetta, Silvina (2018): «Una teoría del derecho para los animales no humanos. Aportes para la perspectiva interna del Derecho» en *Bioética y Derecho,* 44, https://scielo.isciii.es/scielo.php?script=sci_arttext&pid=S1886-58872018000300012.

Pimentel, Julio (2009): *Diccionario Latín-Español, Español-Latín,* Porrúa.

Pipes, Richard (2002): *Propiedad y libertad, dos conceptos inseparables a lo largo de la historia,* FCE.

Platts, Mark (comp.) (1997): *Dilemas éticos,* UNAM, Instituto de Investigaciones Filosóficas, FCE.

Platón (1996): *Diálogos,* Porrúa.

Plutarco (2002): *Moralia, Obras morales y de costumbres,* Gredos.

PNUMA (2010): *PNUMA Anuario: avances y progresos científicos en nuestro cambiante medio ambiente,* PNUMA.

Porfirio de Tiro (1984): *Sobre la abstinencia,* Gredos.

— (1987): *Vida de Pitágoras, Argonáuticas órficas, Himnos órficos,* Gredos.

Proudhon, Pierre-Joseph (1870): *Sistemas de las contradicciones económicas o filosofía de la miseria,* Librería de Alfonso Durán.

— (2005): *¿Qué es la propiedad? Investigaciones sobre el principio del derecho y del gobierno,* Utopía Libertaria.

Regan, Tom (2016): *En defensa de los derechos de los animales,* FCE, UNAM.

Reza, Gloria (2017): «La crueldad contra los animales en los mataderos de México, documentada por un fotoperiodista español», *Revista Proceso,* 21 de noviembre de 2017, https://www.proceso.com.mx/reportajes/2017/11/21/la-crueldad-contra-los-animales-en-los-mataderos-de-mexico-documentada-por-un-fotoperiodista-espanol-195247.html.

Riechmann, Jorge (2004): *Ética ecológica, propuesta para una reorientación,* Nordan-Comunidad.

— (2005): *Todos los animales somos hermanos, ensayos sobre el lugar de los animales en las sociedades industrializadas,* Catarata.

— (2017): *En defensa de los animales,* Catarata.

Riechmann, Jorge y Mosterín, Jesús (1995): *Animales y ciudadanos. Indagación sobre el lugar de los animales en la moral y el derecho de las sociedades industrializadas,* Talasa.

Ritchie, Hannah (2019): «Qué países del mundo consumen más carne (y hay uno de Latinoamérica)», *BBC News Mundo,* 4 de febrero de 2019, https://www.bbc.com/mundo/noticias-47119001.

Sabine, George (2004): *Historia de la teoría política,* FCE.

Salt, Henry (1999): *Los derechos de los animales,* Catarata.

Samuel, Geoffrey (2006): «Derecho romano y capitalismo moderno», en Monateri, P. G. y Samuel, Geoffrey (2006), *La invención del derecho privado,* Siglo del Hombre.

Sánchez, Walter (2019): «La conciencia y su función en el comportamiento animal», en Aguilera, Bernardo; Lecaros, Juan y Valdés, Erik (eds.) (2019), *Ética animal: Fundamentos empíricos, teóricos y dimensión práctica,* Universidad Pontifica Comillas, pp. 57-70.

Schaeffer, Jean-Marie (2009): *El fin de la excepción humana,* FCE.

Schneewind, Jerome B. (2009): *La invención de la autonomía, Una historia de la filosofía moral moderna,* FCE.

Séneca (2014): *Consolaciones, Diálogos, Epístolas morales a Lucilio,* Gredos.

Sexto Empírico (1993): *Esbozos pirrónicos,* Gredos.

Simón, René (1987): *Moral. Curso de filosofía tomista,* Herder.

Singer, Peter (1999): *Liberación animal,* Trotta.

Sin autor (1908): *Nociones de historia del derecho civil,* Imprenta Revista Católica.

Sin autor (1965): *Florecillas de San Francisco de Asís,* Porrúa.

Sin autor (1996): *Los estoicos antiguos,* Gredos.

Steinfeld, Henning *et al.* (2009): *La larga sombra del ganado: problemas ambientales y opciones,* FAO, https://openknowledge.fao.org/server/api/core/bitstreams/6a8c6ec9-3756-40f1-940d-cf1d6ba4d101/content.

Tafalla, Martha (ed.) (2004): *Los derechos de los animales,* Idea Books.

Tamayo y Salmorán, Rolando (1976): *Sobre el sistema jurídico y su creación,* UNAM.

Thébert, Yvon (1991): «El esclavo», en Giardina, Andrea (1991), *El hombre romano,* Alianza.

Thiers, Adolphe (1844): *De la propriété,* Paulin, Lheureux et Cie.

Thoreau, Henry David (2005): *Walden o la vida en los bosques,* Tomo.

Tinbergen, Niko (1979): *Estudio de etología,* Alianza Universidad.

Tolstói, León (1902): *Placeres crueles,* Maucci.

Trujillo, Isabel (2015): «Iusnaturalismo tradicional, clásico e ilustrado» en *Enciclopedia de Filosofía y Teoría del Derecho,* vol. I, UNAM, Instituto de Investigaciones Jurídicas.

Truyol y Serra, Antonio (1976): *Historia de la filosofía del derecho y del Estado I, De los orígenes a la baja Edad Media,* Biblioteca de la Revista de Occidente.

Ulpiano (2015): *Las reglas de Ulpiano,* Amazon México Services.

Vigo, Rodolfo (coord.) (2008): *La injusticia extrema no es derecho: De Radbruch a Alexy,* Fontamara.

Voltaire (1989): *Traité sur la tolérance,* GF/ Flammarion.

— (1990): *Filosofía de la historia,* Tecnos.

— (2014): *Pensées végétariennes,* Mille et Une Nuits.

Von Uexküll, Jakob (2010): *A foray into the worlds of animals and humans. With, A theory of meaning,* University of Minnesota Press.

— (2016): *Andanzas por los mundos circundantes de los animales y los hombres,* Cactus.

Wilkinson, Iain (2005): *Suffering. A sociological introduction,* Polity Press.

Wolkmer, Antonio (2017): *Teoría crítica del derecho desde América Latina,* Akal.